云智阅读
RICH READING

IPO审核》

☑审核要点 ☑应对策略 ☑案例分析

袁梦月◎著

人民邮电出版社
北京

图书在版编目（CIP）数据

IPO审核 : 审核要点、应对策略、案例分析 / 袁梦月著. -- 北京 : 人民邮电出版社, 2023.3（2023.6重印）
ISBN 978-7-115-59485-3

Ⅰ. ①I… Ⅱ. ①袁… Ⅲ. ①上市公司－财务审计－研究－中国 Ⅳ. ①F239.65

中国版本图书馆CIP数据核字(2022)第113078号

内容提要

在注册制政策利好的形势下，我国企业背靠我国资本市场良好的融资环境，迎来发展的好时机。近两年来，企业IPO被否率较核准制时有所降低，但还是有部分企业IPO被否。本书依据监管层对注册制下中小企业IPO审核的重点，结合2019年6月—2022年6月注册制下（注：上交所科创板注册制始于2019年6月，深交所创业板注册制始于2020年6月，北交所注册制始于2021年10月）中小企业IPO过程中的50余个成功与被否案例，从主体资格与历史沿革、独立性、规范运行、内部控制有效性、财务数据、持续经营能力、募资用途、信息披露等方面，对注册制下中小企业IPO审核的重点、难点、痛点进行深入揭示，从而帮助拟IPO企业及保荐人、会计师事务所、律师事务所等中介机构提高IPO申报成功率，为机构投资者进行充分的尽职调查提供帮助。

本书作为IPO申报的指导书，适合在证券投资银行处理IPO业务的专业人员、项目经理阅读，也适合在会计师事务所、律师事务所等中介机构处理IPO业务的专业人员阅读，还可以作为高校教学与研究工作者的参考用书。

◆ 著　　　　袁梦月
责任编辑　刘晓莹
责任印制　周昇亮
◆ 人民邮电出版社出版发行　　北京市丰台区成寿寺路11号
邮编　100164　　电子邮件　315@ptpress.com.cn
网址　https://www.ptpress.com.cn
北京七彩京通数码快印有限公司印刷
◆ 开本：700×1000　1/16
印张：19.75　　　　2023年3月第1版
字数：310千字　　　2023年6月北京第2次印刷

定价：89.80元

读者服务热线：(010)81055296　印装质量热线：(010)81055316
反盗版热线：(010)81055315
广告经营许可证：京东市监广登字20170147号

前言

PREFACE

中小企业是国民经济和社会发展的生力军，是扩大就业、改善民生、促进国家创业创新的重要力量。据工业和信息化部副部长徐晓兰介绍，截至 2021 年年末，全国企业的数量达到 4 842 万户，增长 1.7 倍，其中 99% 以上都是中小企业。中小企业对国计民生影响巨大，不仅贡献了 60% 以上的 GDP、50% 以上的税收，还创造了我国约 80% 的城镇就业机会。全国股转公司董事长、北交所董事长徐明在 2021 金融街论坛年会平行论坛上介绍，中小企业贡献了我国 70% 以上的技术创新成果，创造了 80% 以上的新产品。毫无疑问，中小企业已成为国民经济的重要组成部分。建设创新型国家，实现科技自立自强，需要推动大批创新型中小企业加速成长。

目前，国家非常重视中小企业的发展，并将支持中小微、民营企业的发展创新上升到国家战略层面。2019 年 4 月，中共中央办公厅、国务院办公厅印发了《关于促进中小企业健康发展的指导意见》，并发出通知，要求各地区各部门结合实际认真贯彻落实。2021 年 11 月 15 日，专门服务于中小企业高质量发展的北京证券交易所开市。这不仅给中小企业家吃了“定心丸”，更将在未来深刻影响我国的经济发展格局，成为稳定支持中小企业发展的“定海神针”。在中央政策的影响下，地方政府也纷纷行动起来。有些地方甚至出台了“千人助千企”计划，建立中小企业课堂、民营企业家学院。可以预见，我国中小企业发展将迎来又一个春天。

我自中央财经大学会计硕士毕业以后，即加入了资本证券市场，一直从事中小企业的推荐挂牌、上市辅导与申报工作。我在深入基层进行尽职调查的过程中，深深感受到中小企业的诸多不易。如若中小企业主能加强对资本市场的了解，快速加入资本市场，成为上市公司，会更利于企业的发展壮大。

能够完成本书，我要感谢我的硕士生导师——中央财经大学的陈均平教授，她对我关于中小企业发展的相关内容提出了指引方向；感谢我的博士论文导师——中国社会科学院的王宏伟教授，她在工作之余为本书提出了宝贵意见和建议；感谢华夏理财另类投资部总经理王汉魁先生、银泰证券总经理甘韶球先生，亚太（集团）会计师事务所（特殊普通合伙）管理合伙人邹品爱先生，在投行业务上为我指点迷津，并为本书的写作提出了宝贵的意见。同时我也要感谢我的父母，感谢他们的鼓励与支持；感谢人民邮电出版社社科人文分社的恭竞平社长和编辑刘晓莹老师、刘姿老师，感谢她们付出的汗水、心血和辛劳。

IPO 审核涵盖的方面广泛，但不论是核准制还是注册制，IPO 审核都有几类侧重点。本书将注册制下 IPO 审核精要进行归纳总结，希望能对拟 IPO 企业及相关人士提供帮助。

当然，尽管作者认真编写，本书可能还会存在一些疏漏与不足。欢迎读者对本书提出批评和建议，我们将虚心接受并表示深深的感谢！

袁梦月

2022 年 1 月

目录

CONTENTS

CHAPTER 3

第三章 主体资格和历史沿革审核

CHAPTER 4

第四章 独立性审核及应对

CHAPTER 5

第五章 规范运行审核及应对

CHAPTER 8

第八章 持续经营能力审核及应对

CHAPTER 9

第九章 募资用途审核及应对

CHAPTER 10

第十章 信息披露审核及应对

CHAPTER 11

第十一章 注册制下 IPO 审核的十大难点：给保荐人等中介机构的建议

CHAPTER 12

第十二章 注册制下 IPO 审核的八大痛点

01

CHAPTER ONE

第一章

中小企业上市前的思考

中小企业是指在中华人民共和国境内依法设立的，人员规模、经营规模相对较小的企业，包括中型企业、小型企业和微型企业……

一、中小企业划分标准及融资难的症结

中小企业是指在中华人民共和国境内依法设立的，人员规模、经营规模相对较小的企业，包括中型企业、小型企业和微型企业。关于中小企业的划分标准，工业和信息化部、国家统计局、国家发展和改革委员会、财政部于 2011 年 6 月联合印发了《关于印发中小企业划型标准规定的通知》，对中小企业的划分作了基本规定。比如，针对**工业企业的划分标准**是：从业人员 1 000 人以下或年营业收入 40 000 万元以下的为中、小、微型企业。其中，从业人员 300 人（含）~ 1 000 人（不含），且年营业收入 2 000 万元（含）~ 40 000 万元（不含）的为中型企业；从业人员 20 人（含）~ 300 人（不含），且年营业收入 300 万元（含）~ 2 000 万元（不含）的为小型企业；从业人员 20 人以下或年营业收入 300 万元以下的为微型企业。

中小企业是国民经济和社会发展的生力军，是扩大就业、改善民生、促进创业创新的重要力量。据工业和信息化部副部长徐晓兰介绍，截至 2021 年末，全国企业的数量达到 4 842 万户，增长 1.7 倍，其中 99% 以上都是中小企业。中小企业对国计民生影响巨大，不仅贡献了 60% 以上的 GDP、50% 以上的税收，还创造了我国 80% 的城镇就业机会。全国股转公司董事长、北交所董事长徐明在 2021 金融街论坛年会平行论坛上介绍，中小企业贡献了我国 70% 以上的技术创新成果，创造了 80% 以上的新产品。毫无疑问，中小企业已成为国民经济的重要组成部分。建设创新型国家，实现科技自立自强，需要推动大批创新型中小企业加速成长。

从行业属性看，中小企业往往处于产业链弱势地位。环保限产、上游涨价等因素对中小企业冲击大，使得其经营压力加大。大宗商品价格上涨，抬升原材料成本，而终端传导不畅，挤压下游企业利润，中小企业集中在下游，其盈利能力随之下降。

从企业生命周期来看，中小企业一般处于导入期或成长期，往往需要大量的

资金来改善技术、开拓市场或扩大再生产，这也就意味着中小企业面临着较大的融资需求。但事实上，中小企业融资难、融资贵的问题一直存在。其原因主要在于以下两个方面。

一是中小企业自身存在问题。从整体上来看，中小企业由于规模较小，自有资金不足、信誉等级普遍较低、缺乏有效的抵押和担保、经营风险高，难以获得银行贷款支持。某些中小企业出现资不抵债的情况后一走了之，这严重破坏了银行与企业间的信任关系。而且大多数中小企业处于依靠创新成果成长的阶段，未能形成一套科学的、制度化的管理体制，导致其财务制度不健全、会计账目不清，所提供的财务报表等会计资料，大多数未经注册会计师审计验证，存在会计信息失真等情况。这些情况使得中小企业与资金供给者存在明显的信息不对称，从而大大增加了中小企业的融资难度。

二是银行方面存在问题。对于银行等金融机构而言，小微企业贷款一直是一个难题。信贷资金流向中小企业遭到阻碍的最大原因是中小企业自身信用濒临透支与生产恢复的未知。出于对资产质量和风险收益的考虑，金融机构对中小企业的贷款申请更为谨慎，对企业贷款的态度趋于“两极分化”。商业银行的信贷业务大多向实力雄厚的大中型企业、基础设施建设项目聚集，而一些具有发展潜力但目前状况并不十分乐观的中小企业往往受到冷落。除此之外，银行抵押条件过于苛刻、贷款程序复杂、贷款成本高、审批权限受限等，也是中小企业融资难的原因。银行虽然实行抵押担保制度，但落实起来却很困难。贷款手续繁杂，尤其是抵押手续繁杂，使很多中小企业贷不到款或不愿贷款。统计结果显示，金融机构对小微企业贷款余额增速从 2017 年年末以来逐步下滑，2018 年年末降至历史低点 8.9%，而同期金融机构各项贷款余额增速达到 39.7%。2019 年来普惠金融虽缓解了中小企业融资困境，但小微企业贷款余额增速与同期其他企业贷款余额增速相比仍有较大差距。

银行方面的问题不容易解决，解决中小企业融资难题主要依靠企业自身。一个主要思路便是与资本市场对接，推动企业上市，从而拥有长期的可持续的融资平台。达到全国中小企业股份转让系统挂牌上市标准的企业，可以通过合适优质的主办券商推荐至新三板市场，从而能实现股权融资、债权融资、质押融资等，以企业多种权益流转交易的形式迅速实现直接融资、扩大企业规模、发展壮大的需求。这是中小企业解决融资难题、实现跨越式发展的有效途径。对接资本市场对中小企业的发展大有裨益，融资途径也大为拓展。

中小企业是我国经济的“毛细血管”，国家已经深深地认识到中小企业的重要性。目前，国家非常重视中小企业的发展，并将支持中小微企业的发展创新上升到国家战略层面。2019 年 4 月，中共中央办公厅、国务院办公厅印发了《关于促进中小企业健康发展的指导意见》，并发出通知，要求各地区各部门结合实际认真贯彻落实。2021 年 11 月 6 日国务院印发了《提升中小企业竞争力若干措施》。2021 年 11 月 6 日，国务院促进中小企业发展工作领导小组办公室印发通知《为“专精特新”中小企业办实事清单》（工信部企业［2021］170 号），从 10 个方面提出 31 项具体举措。 2021 年 11 月 10 日，国务院发布了《关于进一步加大对中小企业纾困帮扶力度的通知》。2021 年 11 月 15 日，专门助力中小企业高质量发展的北京证券交易所开市。密集出台的这一系列文件和北京证券交易所的正式开市，不仅给中小企业家吃了“定心丸”，更将在未来深刻影响我国的经济发展格局，成为稳定支持中小企业发展的“定海神针”。在中央政策的明确支持下，地方政府也纷纷行动起来。有些地方甚至出台了“千人助千企”计划，建立中小企业课堂、民营企业家学院等。可以预见，我国中小企业发展将迎来又一个春天。

二、中小企业上市前要考虑的三个问题

IPO 是首次公开募股（Initial Public Offerings）的英文缩写，是指一家公司第一次将它的股份向公众出售。通常，上市公司的股份根据相应证监会出具的招股说明书或登记声明中约定的条款通过经纪商或做市商进行销售。一般来说，一旦首次公开募股完成，这家公司就可以申请到证券交易所或报价系统挂牌交易。

如果从 1991 年开始算起，我国证券市场到 2021 年已经发展 30 年了。截至 2021 年 12 月底，我国的上市公司总数不到 5 000 家。这充分说明公司上市还是

一件比较难的事情。因此，中小企业必须认真思考是否申请上市，重点需要思考以下三个问题。

（一）分析行业状况

1. 行业发展空间

国家鼓励的、未来有很大成长空间的行业的公司适合上市。产能过剩的、污染严重的、造假频发的、社会舆论影响差的公司几乎没有上市机会。

2. 行业监管状况

有些行业相关的监管法规、政策不明，业内很多公司运营不规范，打合规擦边球。这些行业中的某家公司若想合规运行，可能会失去竞争优势。而公司上市的前提是必须合规，在这种情况下，整个行业的公司都很难上市。

（二）分析公司自身状况

1. 竞争优势

公司在申报 IPO 前，需要评估本公司在行业里是否有足够的竞争优势，能够在可预见的将来赚取足够的利润。公司将来能够赚钱是公司上市的首要条件。

目前看来，拟 IPO 公司中，利润在 3 000 万～5 000 万元的是少数。拟 IPO 公司的平均净利润是 1 亿元左右。问题的核心是公司在行业中是否有足够高的地位。行业空间足够大的话，公司位于行业前五名、前十名，上市一般没问题；行业不大的话，估计位于行业前三名，甚至只有第一名的公司才有机会上市。

2. 规范能力

公司的规范能力主要包括以下两个方面。

一是盈利能力。有些公司虽然能盈利，但很可能是靠不规范手段赚钱， 如偷税漏税、克扣员工五险一金、环保不达标等。这样的公司，是达不到上市要求的。公司要想上市，必须要保证完全按照上市规范经营后，还能有足够的利润空间。

二是人员素质。有些公司处于比较偏远或相对落后的地区，招不到合适的员工。而一家公司要打造行业竞争力，进军行业前十名，必须提高内部控制、运营管理水平，提高的关键还是要靠高素质的内部人才。

（三）了解上市成本

上市成本主要包括：规范成本、中介成本、其他成本。

（1）上市的规范成本。规范成本的大部分是税收规范成本。这里主要说企业所得税。按照 IPO 最快的五年上市周期（申报期三年，上市等待期两年）进行计算，中小企业这期间至少会产生 2 亿元的利润总额，按照 15% 和 25% 的企业所得税税率计算，企业所得税应该在 3 000 万～5 000 万元。这部分所得税在 IPO 之前就要规范缴纳，当然企业可以对地方留存的 40% 申请减免或返还。

其次是五险一金规范成本。规范的五险一金成本一般占员工工资的 40% 左右。

此外，还有其他规范成本，如资产重组、土地证办理、房产证办理、生产手续办理、环评手续办理、合规融资成本等，这部分成本也是在 IPO 之前就要规范缴纳的。

上述成本不管企业是否按规范运行都是需要费用的，无非是多和少的问题，因此，这里所说的 IPO 上市的规范成本，说的是规范与不规范相比较后的成本。比如，类似的企业，规范运行需要花费上述成本 5 000 万元，如果不规范运行，可能只需要花费 2 000 万元，则规范成本就是 3 000 万元。

（2）上市的中介成本。一般而言，上市中介成本大概包括：券商费 2 000 万～5 000 万元，注册会计师费 200 万～500 万元，律师费 150 万～300 万元。其中券商费主要是承销费，按照募集资金 8%～15% 收取，注册会计师费分为基础费和加期审计费（加期，每期 50 万元左右）。另外，需要说明的，中介机构大部分费用都是上市后收取的，上市之前大概需要支付 500 万元左右。

（3）上市的其他成本，包括信息披露、推介活动等费用，估计 500 万元左右。这些费用大部分都是上市成功后支付。

总体来说，上海证券交易所和深圳证券交易所上市的平均成本是 5 000 万～6 000 万元，新三板上市的总成本一般至少是 600 万元。

三、中小企业上市的优缺点

1. 中小企业上市的优点

（1）提高企业知名度。

（2）改善企业的资金状况和资本结构。企业可以通过发行股票募集一部分资金，且这些资金无须在一定的限期内偿还。另外，企业家还可以通过这些资金改善企业的资本结构。

（3）方便企业利用股票来收购其他公司。利用股票市场价格收购比利用自行估算的股份价格收购方便得多。上市公司可以通过股票的形式来收购其他公司。而非上市公司由于没有公开市场的股票价格，就得自己进行估价，只有估价达到对方的预期，对方才会同意将这家非上市公司收购。

（4）可以利用股权激励政策调动员工的工作积极性。把公司的一部分股份让给管理 / 技术人员持有，可以缓解管理 / 技术人员与股东的矛盾。很多上市公司通常会用股权激励等方式来提升员工的工作效率，激发员工的工作积极性。

（5）可以分摊投资风险。公司创业者把公司的一部分股权卖给外部投资者，相当于找更多的人和自己一起承担投资风险。

（6）提高公司透明度。上市公司通过公开的信息披露，增加供应商、经销商、客户等对公司的信心。

2. 中小企业上市的缺点

（1）上市是需要成本的。

（2）公开信息披露在提高公司透明度的同时，也可能会暴露许多机密。

（3）加大了管理者的责任。公司一旦成功上市，便会变成公众公司。广大股东对上市公司的利润和增长率的要求会不断提高，这将会给上市公司的管理层造成很大的压力。

（4）上市公司在知名度提高的同时，也承担了一定的社会责任，并且更加需要遵守相关法律法规，并自愿接受监管部门和社会公众的监管。

（5）公司上市后，高级管理人员就不得不放弃一些原先享有的行动自由。

（6）公司上市后，增加了被恶意收购与控股的可能性。

四、中小企业适宜上市的板块

中小企业上市的途径有国内与国外。这里仅谈国内上市及场外市场板块。我国为中小企业上市设立的板块主要有：深圳证券交易所（以下简称“深交所”）设立的创业板、上海证券交易所（以下简称“上交所”）设立的科创板、为中小企业进入全国性资本市场提供场外交易平台的新三板（全国中小企业股份转让系统），以及 2021 年设立的北京证券交易所的中小企业板。

（一）创业板

创业板是深交所为了鼓励自主创新，于 2009 年专门设置的中小型企业聚集板块。创业板是相对于主板而言的，是指在主板之外为中小型高成长企业、高科技企业和新兴企业的发展提供便利的融资途径，并为风险资本提供有效的退出渠道的一个新市场。其中企业的流通盘通常在 1 亿元以下，达不到主板市场的要求，所以只能在创业板市场上市。

创业板的定位是“三创四新”，即企业符合创新、创造、创意的大趋势，或者是传统产业与新技术、新产业、新业态、新模式深度融合，强调推动传统产业的创新升级。

（二）科创板

科创板是 2019 年上交所为了鼓励科创属性企业设立的中小企业板块。虽然科创板所服务的对象也是科技创新企业，但其与创业板还是有很大区别的，其最主要的区别是板块属性定位的差异。

科创板的定位是“面向世界科技前沿、面向经济主战场、面向国家重大需求”，主要服务于符合国家战略、突破关键核心技术、市场认可度高的科技创新企业。科创板更加看重科创属性，比如，研发投入占营业收入的比例、研发人员占当年员工总数的比例、形成主营业务收入的发明专利、最近三年营业收入复合增长率等，对企业当前的营业收入、利润没有特别要求。

（三）新三板

新三板是相对于老三板而言的，其正式的名称应该是“全国中小企业股份转让系统”。全国中小企业股份转让系统是经国务院批准，依据《中华人民共和国证券法》（以下简称《证券法》）设立的继上交所、深交所之后第三家全国性证券交易场所，主要是为中小微型企业设立的场外交易市场。

老三板是指2001年7月16日成立的“代办股份转让系统”，主要服务于原STAQ、NET系统挂牌公司和退市公司；新三板则是2006年在老三板的基础上产生的“中关村科技园区非上市股份公司进入代办转让系统”。

2013年6月19日，国务院常务会议决定，将新三板试点扩大至全国，鼓励创新、创业型中小企业融资发展。2013年12月13日，国务院发布《关于全国中小企业股份转让系统有关问题的决定》，将新三板试点正式扩大至全国。新三板发展为全国中小企业股份转让系统，但俗称还是新三板。

2019年10月25日，中国证券监督管理委员会（以下简称“证监会”）宣布，将从优化发行融资制度、完善市场分层等五方面对新三板进行全面改革。新三板改革后将允许符合条件的创新层企业向不特定合格投资者公开发行股票，同时设立精选层，在精选层挂牌一定期限，且符合交易所上市条件和相关规定的企业，可以直接转板上市，吸引了一批“小而美”的优质中小企业挂牌交易。截至2021年9月末，全市场累计服务企业13 457家，其中中小企业占比94%，民营企业占比93%。

（四）北交所的中小企业板

北京证券交易所（以下简称“北交所”）由新三板精选层升级而来，在定位上，将与现有的沪深两大交易所和三大板块形成错位发展。从功能定位看，我国目前有主板、创业板、科创板三大板块。主板服务于大中型上市企业；创业板聚焦的是成长型创新创业企业；科创板定位科技创新企业，强调科技硬实力。北交所要打造服务创新型中小企业主阵地，与其他板块形成错位竞争。

关于北交所的定位，全国股转公司董事长、北交所董事长徐明在 2021 年 10 月 22 日的 2021 金融街论坛年会平行论坛上指出，北交所在市场建设中，将紧紧围绕中小企业这个主体，认真总结过去八年多的经验教训，不断深化改革、优化服务，增强制度的包容性和普惠性，突出“更早、更小、更新”，构建覆盖中小企业全链条的金融服务体系，探索资本市场发展普惠金融的“中国方案”。

北交所的定位，即北交所与沪深交易所服务于中小企业的差异，及转板至北交所的方式，如图 1-1 所示。

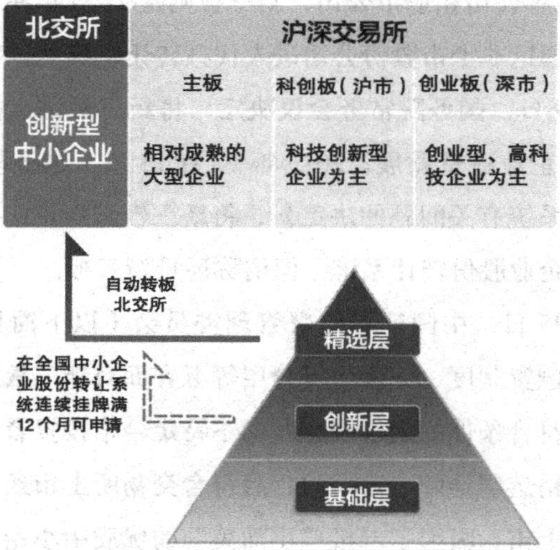

图 1-1　北交所的定位

徐明认为，打造服务创新型中小企业主阵地，是北交所发展的目标和方向。北交所将把支持创新放在更加突出的位置，解决支持中小企业创新发展的以下四个关键机制问题。

一是创新包容机制。针对中小企业创新风险大、不确定性高、周期长的特点，持续优化挂牌上市准入条件，丰富创新评价维度，提高审查包容度，充分体现精准包容的理念。

二是资金供给机制。支持引导私募基金、公募基金等加大投资力度，推动保险资金、社保基金等长期资金入市，持续优化“小额、快速、灵活、多元”的发行融资制度。

三是价格发现机制。持续丰富交易机制类型，完善做市商制度，研究推出混合交易、融资融券交易。

四是人才激励机制。持续优化股权激励制度和差异化表决权制度，充分体现市场化、便利性，促进管理层、技术人才和资本所有者形成利益共同体，释放中小企业创新活力。

事实上，在制度规则方面，北交所平移了大部分新三板精选层制度，呈现四大亮点。

一是在组织形式上，北交所采用公司制，不同于沪深交易所的会员制[①]。一般来讲，交易所的组织形式有会员制和公司制两种，再者最大的区别就是，是否以盈利为目的。上交所和深交所都是会员制，由证券公司等会员单位组建，本质上是一个会员自律组织。而此次北交所实行公司制，可以有效为上市公司提供更多服务，也可以自己上市。

二是在发行制度上采用试点注册制，上市标准四选一，总体条件为“市值+财务”，具体分别为“市值+净利润+加权净资产收益率”“市值+营业收入+营业收入增长率+现金流”“市值+营业收入+研发占比”“市值+研发投入”。这四条标准拥有很好的包容性。前两条标准聚焦财务数据优秀、盈利能力较强的小微企业。为精准支持中小企业融资需求，北交所对于市值的要求更为宽松。根据北交所上市标准第一条，北交所上市市值最低标准为2亿元，相较于科创板和创业板市值最低标准10亿元有大幅降低。后两条标准则注重研发数据，其目的很明显是鼓励中小企业保持其自主创新能力，鼓励企业在研发方面投入更多。在

---

① 从全球大环境来看，全球各大交易所竞争优质上市资源，不少知名交易所转向公司制，比如伦敦交易所、香港交易所等。如今，国际证券市场的相互竞争愈演愈烈，资本市场全球化造就了交易所间的竞争。因此，北交所实行公司制，加强自身竞争力，为上市企业提供更高质量服务。

首批企业入驻思路上，北交所将现有的精选层 66 家挂牌企业直接平移，后续企业储备来源于在新三板挂牌满 12 个月的创新层企业。首批 66 家精选层企业，大部分是选用第一条标准上市的。北交所的建立有效提升了新三板地位，极大地提升了新三板的吸引力①，激励更多的优质中小企业积极进入资本市场健康发展。

三是在交易机制上，设置 30% 涨跌幅限制，个人投资者准入门槛为 50 万元，保持 T+1 交易方式。

四是在持续监管上，在现金分红、减持规则、股权激励方面尊重新三板原有基础，不再要求券商强制跟投，体现了资本市场对中小企业的差异化、包容性。

五、中小企业上市前准备

1. 厘清企业战略

企业无论是否上市，都要明确自己的发展方向和目标是什么，让上市服从于企业的整体战略，加快企业战略的实施。同时，企业通过上市，调整、优化现有的战略。战略清晰，企业就会保持主营业务持续增长，增加企业的价值，提高企业的股价。如果一家企业没有清晰的战略，外部投资者就不知道企业未来的发展方向，怎么敢投入资金与企业一道发展呢？

2. 建立良好的法人治理结构

欧美市场的经验表明，具有良好的法人治理结构的企业，其股价一般会相对较高。

目前，我国很多中小企业属于家族企业。创业者在创业时尚能团结一致，同经风雨。然而，企业一旦做大，家族的矛盾开始凸显。同时，这种家族氛围很难

① 新三板挂牌数在 2017 年达到巅峰，自此一路下行。截至 2021 年 9 月 6 日，新三板挂牌企业共计 7 299 家，相比 2017 年 1.16 万家的峰值萎缩了约 37%。横向比较，新三板与主板的成交额差距仍大。截至 2021 年 9 月 6 日，新三板挂牌企业总数为 7 299 家，远超沪深两市的上市企业数（4 460 家）。然而新三板 2021 年 9 月 6 日成交额仅为 57 亿元，约占当日主板成交总额（14 259 亿元）的 0.4%。国家设立北交所，将激发新三板市场活力，激励更多的优质中小企业进入资本市场。

吸引到外部的优秀人才参与公司经营，进来的员工也普遍认为工作是给老板一家做事，打工者心态浓厚。

3. 提高自身能力

对于中小企业家来说，没钱没风险，小钱小风险，大钱大风险。许多中小企业家经营自己的小企业多年，并且也小有成就，每年营收几千万元，因此也没觉得管理有问题。但如果再给他 1 亿元，他就有点紧张了。如果给他 10 亿元，他就可能头疼了。为什么？因为觉得自己能力不够。企业上市了，规模扩大了，员工随之增加，企业家的管理水平和能力也应随之提高。否则，企业发展将受到限制。可见，如果企业家自己的素质不高，则难以吸引优秀人才。

4. 引进优秀人才

中小企业想上市，肯定要招聘大量的优秀人才。然而，如果没有一个好的机制，用高薪招聘人才容易，用高薪留住人才难。如果没有新鲜血液注入，或者企业骨干动荡不安，企业的经营将会存在巨大的风险。

有些有钱的中小企业家，花钱买一辆 100 万元的车，丝毫不犹豫。可是若让他花 100 万元引进一个优秀人才，他却不愿。这种企业家领导下的企业也是很难发展壮大的。

5. 夯实基础管理

基础管理是指做好基本的管理工作，先是班组的管理，再由班组影响部门管理，再由部门管理作用于企业整体管理。简单的理解就是管理工作要从最基层的工作做起，改变以往的自上而下的作用。所有班组的工作扎实，部门管理必然扎实，企业效益必然显现。

基础管理要求：组织结构编制合理化，重视核心业务，关注核心竞争力，流程简洁化、规范化、标准化，有战略、有规划、有考核，注重培养核心员工，经营决策科学化、日常工作细节化、制度执行意识化。那么，你目前所在的企业是否具有核心竞争力？是否有未来三年的规划？是否有健全的管理制度？是否有规范的管理流程？是否有落地的企业文化？是否有基于业绩的考核？是否有人力培养机制？是否有严格的决策体系？是否有可持续发展的积累？是否有关键岗位说明书？是否有责权利匹配的激励机制？如果你的回答多数是没有，那你所在的企业可以把上市的事情延后。

6. 加强风险管理

企业上市后，机遇更大了，资源更丰富了，风险也随之变大了。企业上市后，成为公众公司，与你打交道的人多了，需要处理的问题也多了，各种各样的坏人也可能盯着你，风险也就大了。中小企业如果不能建立有效的内部控制体系，不能有效地管控经营风险与财务风险，就会发现过去辛辛苦苦赚取的钱可能瞬间化为泡影。这并不是危言耸听，纵观我国资本市场，上市前业绩骄人、上市后其股票却被进行特别处理甚至被退市的企业比比皆是。

7. 引入专业且有信任度的中介机构

企业作出上市决策后，必然要选择中介机构（券商、律师、注册会计师、评估师等专业机构）和专业人员。一般来说，企业选择中介机构时可以考虑其市场信誉及规范经营、业务资质和道德品质、配合默契度、成本费用等。这里需要强调的是，规模大、名气大的中介机构不一定就是最合适的，中介机构间信任度是否高、是否有默契、配合度是否高，尤其各中介项目承做团队的负责人及其成员是否具备专业的项目经验才是最关键和重要的。如果中介机构不专业，可能会间接成为企业上市的阻碍。

8. 引进战略机构投资者

想要上市，一定要做好上市前三年、上市排队过程中以及上市后几年的业绩增长准备。这个时候就需要企业引进一些投资者来共同实现上市目标。如果企业目前只缺钱，那么可以引进财务投资者。但基于上市后持续多年的业绩增长，单靠企业自身是很难维持的。所以建议企业在选择投资者时，要重点考虑机构投资者的资源能否帮助企业未来更好地发展，从而保持业绩的稳定增长。

9. 进行股份制改革

股份制改革的目标是满足企业上市的条件和要求。股份制改革的过程中要做到突出主营业务，形成核心竞争力和可持续经营能力，保证企业的独立运营，规范运作，避免同业竞争，减少和规范关联交易；要针对企业的现状，设计实现多赢的改制方案，缩短上市的时间，降低上市的经济成本。

这一阶段建议企业听取专业机构人员的建议，或在专业人士的指导下进行。

10. 聘请券商进行辅导

股份制企业设立以后，就开始进入辅导阶段。股份企业设立后应聘请券商对其进行上市前辅导，同时报地方证监局的备案。券商辅导的总体目标是促进辅导对象建立良好的企业治理；形成独立运营和持续发展的能力；督促企业的董事、监事、高级管理人员全面理解发行上市有关法律法规、证券市场规范运作和信息披露的要求；树立企业进入证券市场的诚信意识、法制意识；具备进入证券市场的基本条件。辅导验收合格后企业才能提交申报材料。

券商辅导不是对企业个别人的辅导，而是对企业整体及企业主要股东代表、管理层的辅导。辅导的同时，中介机构进场进行尽职调查，同时，按照申报板块的要求，开始编制 IPO 申请文件。这个阶段最重要的就是做好时间的统筹规划，很多事情是可以同时穿插实施的，必须紧锣密鼓开展，才不会浪费时间。尤其是一些耗时较多的事情，一定要提前梳理提前解决（比如国有股份的豁免披露申请等）。辅导到一定阶段后，券商会向地方证监局提出验收的申请。

六、如何选择合适的保荐券商

这个问题很重要。基本原则是资质为先、关注效率、督导与服务并重。

1. 资质为先

中小企业股权挂牌融资是其通过资本市场快速融资发展并上市的重要渠道。越来越多的中小企业家对于挂牌上市这条融资、品牌提升新途径非常看好。全国各地的挂牌上市推荐机构也应运而生。比如，企业在选择新三板推荐挂牌主办券商时，需要选择有推荐业务资质的主办券商；在选择拟 IPO 保荐券商时，应当针对选择的上市板块、自身行业、地理位置等选择有相关经验的保荐券商业务团队。

2. 关注效率

挂牌上市并不只是口头承诺，作为一个优秀的主办券商、保荐券商，不但要帮助企业进入资本市场，而且要讲究效率。时效对于企业而言是至关重要的。

3. 督导与服务并重

对新三板挂牌公司来说，主办券商必须对所推荐督导的挂牌公司进行持续督导服务，督导挂牌公司完善公司治理机制和信息披露制度，检查挂牌公司“三会一层”[①]规范运作情况，审查挂牌公司信息披露文件，督导挂牌公司规范履行信息披露义务，并在出现特殊情形时对挂牌公司进行现场检查。同时，主办券商也要注重发挥对挂牌公司的培育和服务功能，建立对于挂牌公司的持续培训机制，指导挂牌公司办理各项业务，建立与挂牌公司的日常联系机制，及时解答挂牌公司各种业务咨询，做到督导与服务并重。主办券商以此提升挂牌公司的规范运作水平和信息公开透明程度，帮助牢固树立公众公司意识和回报投资者的意识，促进公司在规范的基础上实现更为持续、更为稳健的发展。

保荐券商在上市公司督导过程中的侧重点是募投项目开展情况、公司经营合法合规性、企业经营情况及财务情况。券商督导上市公司时，信息披露审查与新三板不同，是事后审查。

① “三会一层”指股东大会、董事会、监事会和高级管理层。

02

CHAPTER TWO

第二章 注册制下中小企业 IPO 审核的基本要求

实行 IPO 注册制的代表国家是美国。注册制下，发行人在 IPO 时只需将重要信息和材料公开，主管机关确认信息真实、准确即可，而证券投资价值则交给市场投资者判断……

一、IPO 注册制与核准制的区别及中介机构的责任

实行 IPO 注册制的代表国家是美国。注册制下，发行人在 IPO 时只需将重要信息和材料公开，主管机关确认信息真实、准确即可，而证券投资价值则交给市场投资者判断。我国主板市场 IPO 目前实行的是核准制，发行人提交材料，证监会进行审核，对于符合规定条件的，证监会同时对企业投资价值作出判断。

2019 年 3 月 1 日，证监会发布了《科创板首次公开发行股票注册管理办法（试行）》（以下简称《注册管理办法》）和《科创板上市公司持续监管办法（试行）》（以下简称《持续监管办法》），自公布之日起实施。2019 年 6 月 5 日，首批正式通过微芯生物等三家企业的首发上市审核，并报证监会注册。

2020 年 6 月 12 日，证监会发布了《证券发行上市保荐业务管理办法》《创业板上市公司持续监管办法（试行）》《创业板上市公司证券发行注册管理办法（试行）》《创业板首次公开发行股票注册管理办法（试行）》等。2020 年 6 月 15 日起，深交所将开始受理创业板在审企业的 IPO 注册制申请。

关于 IPO 注册制与核准制的主要区别，中国证监会副主席方星海出席国务院新闻办公室举行的新闻发布会时表示，科创板注册制与现有主板施行的核准制有五方面区别[①]。

第一，硬条件上有所放松。无论是注册制还是目前的核准制都有一些发行上市的硬条件。这些条件在科创板并试点注册制下有所放宽，比如，核准制要求企业要连续几年盈利，科创板并试点注册制允许没有盈利的企业上市。在此前提下，科创板并试点**注册制要实行更严格的信息披露制度**，这是科创板并试点注册制的一个核心内容。

第二，**实行信息披露为中心的发行审核制度**。发行人符合最基本发行条件的基础上还必须符合严格的信息披露要求。**发行人是信息披露的第一责任人**，中介

① 方星海（证监会副主席）：五方面阐述科创板注册制与主板核准制区别［N］. 经济观察报，2019-2-27.

机构应勤勉尽责，切实发挥对信息披露核查把关作用。发行人、中介机构应充分披露投资者做出价值判断和投资决策所必需的信息，确保信息披露真实、准确、完整。审核工作在交易所进行。审核人员对相关的报送材料和要披露的信息要合理怀疑，要充分问询，并保证问询的专业性，严格把关。用通俗的话说，审核是要审核出一家真公司来。

第三，实行市场化的发行承销机制。注册制试点过程中，新股的发行价格、规模，发的股票市值多少，发行节奏都要通过市场化方式决定，这和核准制做法有重大的区别。新股发行定价中发挥机构投资者的投研定价能力，建立机构投资者为参与主体的询价、定价、配售机制。

第四，**强化中介机构责任**。无论是保荐机构，还是会计师事务所、律师事务所等中介机构的责任都进一步强化，以保护投资者利益。试点注册制更加强化中介机构的尽职调查义务和核查把关责任，对违法违规的中介机构及相关人员将采取严厉的监管措施；对违法违规行为进行强有力追责，实行依法治市、执法必严、违法必究，大幅提高违法违规成本；对信息披露造假、欺诈发行等行为要出重拳，切实维护规范有序的市场环境。

第五，完善更健全的配套措施。试点注册制要解决资本市场违法违规成本过低的问题，建立良好的法治、市场和诚信环境，特别是完善法治建设，要更强调工作的系统性、协同性，增强监管的全面性和有效性，采取更加丰富的手段提高持续监管能力，加强司法与执法的衔接，推动完善相关法律制度和司法解释，并探索完善与注册制相适应的证券民事诉讼法律制度。

二、注册制下 IPO 审核的基本流程及审核问询轮次

（一）科创板与创业板的 IPO 审核流程

注册制下，按照依法行政、公开透明、集体决策、分工制衡的要求，IPO 审核流程大体上将经历四大环节（见图 2-1）。

图 2–1　注册制下 IPO 审核基本流程

以深交所的创业板 IPO 审核为例，基本流程及审核情况如下。

1. 受理环节

通常，证券交易所收到发行上市申请文件后 5 个工作日内，对文件进行核对，作出是否受理的决定。发行上市申请文件不符合证监会和证券交易所要求的，比如文档名称与文档内容不相符、签章不完整或者不清晰，发行人应当予以补正，补正时限最长不超过 30 个工作日。

2. 审核问询环节

证券交易所的上市审核机构按照发行上市申请文件受理的先后顺序开始审核，自受理之日起 20 个工作日内，通过保荐人向发行人提出首轮审核问询。

首轮审核问询后，若证券交易所发现新的需要问询事项，或者发行人及其保荐人、证券服务机构的回复未能有针对性地回答证券交易所发行上市审核机构提出的审核问询，或证券交易所就其回复需要继续审核问询，以及发行人信息披露仍未满足规定要求的，证券交易所发行上市审核机构收到发行人回复后 10 个工作日内可以继续提出审核问询。

3. 上市委员会审议环节

上市委员会（以下简称“上市委”）审议时，参会委员就审核报告的内容和发行上市审核机构提出的初步审核意见发表意见，通过合议形成发行人是否符合发行条件、上市条件和信息披露要求的审议意见。

4. 向证监会报送审核意见和注册环节

证券交易所审核通过的，向证监会报送发行人符合发行条件、上市条件和信息披露要求的审核意见、相关审核资料和发行人的发行上市申请文件。

证监会在 20 个工作日内对发行人的注册申请作出予以注册或者不予注册的决定。证监会认为存在需要进一步说明或者落实事项的，可以要求证券交易所进一步问询。

（二）新三板与北交所的 IPO 流程

在北交所上市，必须先完成新三板挂牌并进入创新层。挂牌满 12 个月后（基础层与创新层时间都算）才能向北交所（以前的精选层公司平移过来）提交资料，北交所过会并经证监会注册后方可公开发行股票并上市。全国股转公司每年设置 6 次创新层进层实施安排。进层启动日分别为每年 1 月、2 月、3 月、4 月、5 月和 8 月的最后一个交易日。基础层挂牌公司符合创新层进入条件的经申请调入创新层。申请挂牌公司满足创新层准入条件，可以采用新三板挂牌并同时完成股票发行的方式，直接进入创新层。

1. 新三板的挂牌流程

新三板的挂牌流程如图 2-2 所示。

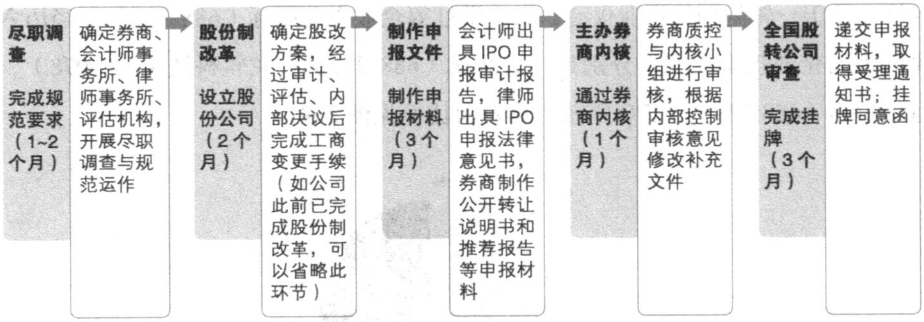

图 2-2 新三板的挂牌流程

2. 北交所上市流程

北交所上市流程如图 2-3 所示。

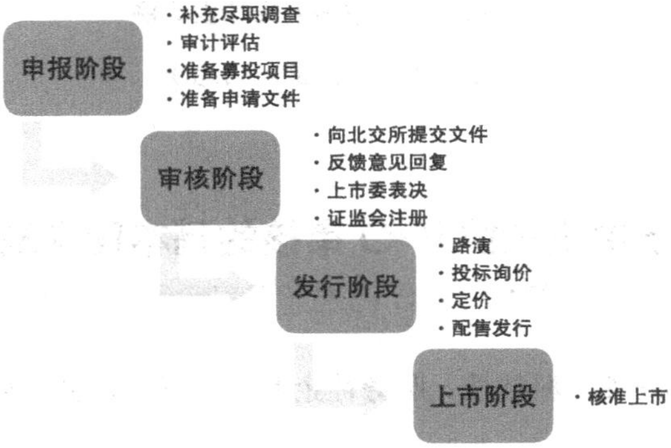

图 2-3 北交所上市流程

（三）IPO 审核问询轮次

IPO 审核问询主要包括三个阶段。

第一阶段是在发行人递交 IPO 申请材料，交易所予以受理后，审核中心进行的若干轮次审核问询。本阶段的问询是每个拟 IPO 企业都要历经的阶段，且一般都在两轮及以上，问询问题的数量一般情况下也是三个阶段中最多的。

第二阶段是上市委审议阶段，上市委可能会向发行人提出问题。

第三阶段是发行注册环节，证监会可以委托交易所再次对发行人进行问询。

以科创板 IPO 为例，截至 2021 年 9 月，在上交所历经整个上市审核流程并成功上市的企业有 352 家，被问询的轮次从一轮至六轮不等。经历两轮问询的企业占比达到 60%，经历三轮问询的企业占比达 27%，大多数企业经历两到三轮的问询。经历一轮问询的企业仅有一家，即红筹企业中芯国际（688 981），经历六轮问询的企业仅有三家，分别是：天智航（688 277）、龙软科技（688 078）、海尔生物（688 139）。IPO 审核问询轮次比例见图 2-4。

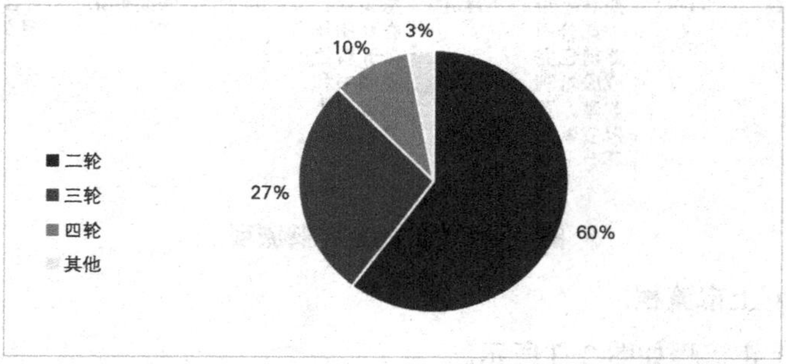

图 2-4　IPO 审核问询轮次比例

（数据来源：上交所网站）

三、注册制下中小企业 IPO 审核的基本理念及原则

如何服务好创新性、科技性、服务性企业，一直是金融改革的难题。除了大

力发展资本市场前端的天使、VC、PE 等各类资本业态以外，还需要给这些企业的交易提供平台。北京证券交易所的设立，正是基于这种考虑。

但是这并不意味着所有的中小企业都可以成为上市公司，中小企业申请 IPO 还必须接受审核。**注册制背景下，对欺诈发行和信息披露虚假的惩罚力度有着更明确和严厉的处罚制度。在这种情况下，注册制将使中介机构承担更重要的职能。中介机构特别是保荐机构和会计师事务所需要更为勤勉尽责和更加严格落实信息披露把关责任。**

（一）IPO 审核的基本理念

注册制下 IPO 审核的基本理念可以概括为以下五点：信息披露真实完整、风险与收益相匹配、符合政策导向、有未来发展前景、通过审核问询完善信息披露。

1. 信息披露真实完整

信息披露是注册制的核心。强调信息披露的真实性，形成有效的市场约束，压实发行人和中介机构责任，是提升监管有效性的重要保证。监管部门不会对发行人进行具体的价值判断，但会关注发行人披露的信息是否客观、是否合规、是否充分，以及是否足以让投资者作出正确的投资决策。因此，中小企业 IPO 所披露的信息（包括财务信息与非财务信息）必须真实、完整、准确。

2. 风险与收益相匹配

金融的基本原则是风险和收益的匹配性。当企业处于早期或者企业处于经营不稳定、风险较大的阶段时，不应该把这些风险和不确定性推给社会，这个时候的风险应当让风险投资基金承担。只有当企业经营比较稳定，并且有较强的风险管理能力时，才能够让其通过审核，进入证券市场，从而避免那些上市公司实际控制人通过上市“一夜暴富”，欺骗广大中小投资者。

3. 符合政策导向

证券市场是为解决资本供求矛盾和流动性而产生的市场。证券市场的基本功能是筹集资金、资本定价和资本配置。总体看来，一个国家的资金、资源总是有限的，为了让有限的资金、资源发挥更有效的作用，必须合理进行资源配置。IPO 是资本市场资源配置的第一步，因此，中小企业 IPO 必须符合国家的政策导向。如在注册制下，创业板的行业定位是要求拟 IPO 企业符合创新、创造、创意的大趋势，或者是传统产业与新技术、新产业、新业态、新模式深度融合，即“三创四新”。这就是政策导向。

4. 有未来发展前景

衡量一个公司是否有未来发展前景要看持续盈利能力。虽然公司目前是盈利的，但未来是否能够持续盈利是不确定的。虽然公司目前不盈利，但有发展前景，未来很可能盈利，那公司也可以上市。比如科创板就没有对公司当前盈利情况提出要求。科创板更强调公司未来的发展。这种观点是科学合理的。因为真正净利润高、现金流充沛的公司，并不急着上市。只有那些已经选了好方向，但赚钱速度跟不上扩张速度的公司，上市融资意义才更大，才更需要扶持。

5. 通过审核问询完善信息披露

IPO 审核工作的内容主要是判断企业是否符合发行条件、上市条件以及信息披露要求。而审核工作主要是交易所提出问题，即交易所对企业发出审核问询函，发行人及其中介机构回答问题，以这样一问一答的形式督促发行人完善信息披露。而之后的上市委员会审议环节中，交易所结合上市委的审议意见，作出批准或终止发行上市审核的决定。发行人即使得到批准，也可能会被要求进一步披露相关信息。在最后的证监会注册阶段，证监会如果认为发行人所披露的信息依然存在问题，仍可委托交易所再次进行问询，要求其完善信息披露。交易所通过多轮审核，督促发行人不断披露重大事项、风险事项以及投资者关心的重点事项，删除冗余信息，使披露的信息更加简明清晰、通俗易懂，提升信息披露的数量和质量。

（二）IPO 审核的一般原则

1. 依法审核原则

这里所说的法，主要是指《证券法》以及中国证监会制定的一些规则。依法审核、从严监管，全面围堵 IPO 造假，净化证券市场，提高证券市场资本配置效率。

2. 审慎监管原则

审慎监管理念源于巴塞尔委员会 1997 年的《有效银行监管核心原则》(*Core Principles for Effective Banking Supervision*)。在该文件中，审慎监管原则作为金融行业监管的一项重要的核心原则确立下来。审慎体现了“包容”，审慎监管实际上是待人处事的一种态度和方式，其要求待人处事要宽容大度且周密慎重。对中小企业 IPO 实行审慎监管，实际就是要求监管者用创新的思维、发展的眼光看待中小高科技企业的创新发展，在接受其优点的同时，也应包容其缺点，大胆鼓励创新，对于那些看不清、认不准的情况，应该再等等、看看、想想，避免不加分析就全盘否定，避免给某些创新型企业和新经济发展带来毁灭性的打击；但对于那些面临重大诉讼问题的企业，要慎重，避免其“带病上岗”；对于那些通过造假等手段上市的企业，更要坚决打击。

3. 以信息披露为核心原则

注册制改革的基本内涵是处理好政府和市场的关系，把选择权交给市场，最大限度地减少不必要的行政干预。这就要求注册制下的 IPO 审核必须坚持以信息披露为核心，提高市场的透明度，建立和维护证券市场的公开、公平、公正，特别要强调真实、准确、完整地披露信息。

4. 合理怀疑原则

合理怀疑主要是对那些与常识、规则、逻辑相违背的反常现象进行怀疑。这实际上是 IPO 审核真实性理念的一种基本体现。

5. 具体问题具体分析原则

具体问题具体分析是马克思主义哲学中分析与解决矛盾的一个基本原则。具体问题具体分析不仅是人们正确认识事物的基础，同时也是解决问题的关键。每家企业的情况各不相同，对于关联交易、价格的公允性、 税收优惠等问题需要考虑的因素较多。在判断一家企业是否满足 IPO 条件时，必须具体问题具体分析。

6. 实质重于形式原则

实质重于形式原则指交易或事项的实质重于法律表现形式。比如，对是否存在同业竞争，发行审核主要是从同一业务或者相似业务的实质出发，遵循实质重于形式的原则，从业务性质、业务的对象、产品或劳务的可替代性、市场差别等方面判断，并充分考虑对公司及其发起人股东的客观影响，不局限于从经营范围上作出判断。再比如，科创板 IPO 非常看重“科创属性”。2021 年 4 月 16 日，证监会和上交所同步对科创板“科创属性相关规定”进行了修订。新规定要求，交易所在发行上市审核中，应按照实质重于形式的原则，重点关注发行人的自我评估是否客观、保荐机构对科创属性的核查把关是否充分、发行人是否有“拼凑指标”之嫌疑等，并作出综合判断。2021 年 4 月 30 日，珈创生物 IPO 被否，可以看作“实质重于形式”审核原则下被否的首单。其被否的主要原因是团队是拼凑的，甚至连财务数据都有拼凑的嫌疑（这个问题将在后文以案例的形式进行分析）。

7. 重大性原则

重大性原则又称重要性原则，即要求监管机构在 IPO 审核时，要在充分考虑环境、资源、风险、成本等各因素的基础上，关注重要事项。比如企业在经营、租赁用地、收益分配等方面多多少少会存在一些问题。这就需要进行综合判断，考虑其是否存在重大性问题。以合规性审核为例，IPO 办法中的禁止性条款明确规定，发行人不得在最近 36 个月内违反工商、税收、土地、环保、海关以及其他法律、行政法规，受到行政处罚，且情节严重。也就是说，存在重大违法违规的发行人绝不会通过发行审核，但也并非指任何一点瑕疵都会导致发行人 IPO 被否。这就需要运用重大性原则进行综合判断。可以从以下三方面把握重大性原则。

一是根据企业违规行为的性质、情节、社会危害性等因素进行综合判定。

二是依据作出行政处罚的主管部门所提供的处理意见，看其是否将发行人的违规行为认定为“重大”。

三是确需进一步判断的，将要求发行人作出说明，要求保荐机构、会计师事务所、律师事务所等中介机构发表专业意见，必要时还可能请评估机构、司法鉴定机构等发表专业意见。

8. 一贯性原则

一贯性原则要求 IPO 审核采用的政策应该尽可能前后各期保持一致，不得随意改变。如果确有必要变更，应当将变更的原因和变化的情况进行充分说明。也就是说对审核时间不同的企业执行一样的标准。

四、注册制下中小企业 IPO 审核基本要求

从问询的问题数量上来看，通常交易所审核中心会在首轮问询中提出 30 ~ 50 个问题，之后再根据回复的情况进一步询问。而在上市委员会审议及发行注册环节所询问的问题数量相较于审核中心问询整体上要少很多，基本在几个到十几个不等。

从问询问题的内容上来看，对于不同行业乃至不同公司，问询问题的关注点也不尽相同，各有侧重。但审核问询的问题也还是有一些共性。在审核中心首轮问询阶段，问询的问题都会被分为发行人股权架构及董事、监事、高级管理人员等基本情况，发行人核心业务与技术，发行人的板块定位，公司治理与独立性，财务会计信息与管理层分析这六方面。问询的问题较为全面。但之后轮次的问询会再根据发行人自身情况、首轮回答情况继续追问，因此不会再按以上六方面划分，问题也更加具有针对性，而非全覆盖式地问询。下面重点先说板块定位、核心业务审核，其他问题在后面的章节中进一步阐述。

五、IPO 审核基本要求之板块定位审核

对于计划申报科创板或创业板 IPO 的企业，板块定位问题是一个基本的问题，也是在问询中关注度很高、企业需要注意的重点问题。2020 年 12 月上交所发布的《上海证券交易所科创板股票发行上市审核规则》（2020 年修订）要求："发行人应当根据中国证监会和本所相关规定，结合科创板定位，就是否符合相关行业范围和科创属性要求等事项进行审慎评估，并提交符合科创板定位的专项说明；保荐人应当就发行人是否符合相关行业范围和科创属性要求等事项进行专业判断，并出具发行人符合科创板定位的专项意见。" 这样做的目的是让发行人说明符合科创板定位的理由，为什么可以上科创板，而不选择上主板、创业

板、北交所。这样能够令科创板、创业板的市场特色更加明细化，从而在未来形成一种规则导向和示范效应，让后面的拟 IPO 企业认识到哪些企业该上科创板，哪些企业该上创业板，哪些企业该上新三板并在之后转向北交所。

（一）科创板的定位

1. 重点支持七大行业领域

科创板优先支持符合国家科技创新战略、拥有关键核心技术等技术先进、科技创新能力突出、科技成果转化能力突出、行业地位突出或者市场认可度高的科技创新企业发行上市。申报科创板发行上市的发行人，应当属于下列行业领域的高新技术产业和战略性新兴产业。

（1）新一代信息技术领域，主要包括半导体和集成电路、电子信息、下一代信息网络、人工智能、大数据、云计算、软件、互联网、物联网和智能硬件等。

（2）高端装备领域，主要包括智能制造、航空航天、先进轨道交通、海洋工程装备及相关服务等。

（3）新材料领域，主要包括先进钢铁材料、先进有色金属材料、先进石化化工新材料、先进无机非金属材料、高性能复合材料、前沿新材料及相关服务等。

（4）新能源领域，主要包括先进核电、大型风电、高效光电光热、高效储能及相关服务等。

（5）节能环保领域，主要包括高效节能产品及设备、先进环保技术装备、先进环保产品、资源循环利用、新能源汽车整车、新能源汽车关键零部件、动力电池及相关服务等。

（6）生物医药领域，主要包括生物制品、高端化学药、高端医疗设备与器械及相关服务等。

（7）符合科创板定位的其他领域。

同时，限制金融科技、模式创新企业在科创板发行上市。禁止房地产和主要从事金融、投资类业务的企业在科创板发行上市。

2. 满足科创属性要求

2021 年 4 月证监会修订《科创属性评价指引（试行）》，就是要进一步强化科创板的科技定位，更好地支持和鼓励“硬科技”企业在科创板上市，加速科技成果向现实生产力转化，促进经济发展向创新驱动转型。

依据《科创属性评价指引（试行）》的指导性要求，《上海证券交易所科创板股票发行上市审核规则》要求发行人提交符合科创板定位的专项说明，要求保荐人出具发行人符合科创板定位的专项意见。具体见表 2-1。

表 2-1 科创属性评价标准

科创属性评价标准一	是否符合	指标情况
（1）最近三年研发投入占营业收入比例在 5% 以上，或最近三年研发投入金额累计在 6 000 万元以上	□是 □否	
（2）研发人员占当年员工总数的比例不低于 10%	□是 □否	
（3）形成主营业务收入的发明专利 5 项以上①	□是 □否	
（4）最近三年营业收入复合增长率达到 20%，或最近一年营业收入金额达到 3 亿元②	□是 □否	
科创属性评价标准二	**是否符合**	**主要依据**
（1）发行人拥有的核心技术经国家主管部门认定具有国际领先、引领作用或者对于国家战略具有重大意义	□是 □否	
（2）发行人作为主要参与单位或者发行人的核心技术人员作为主要参与人员，获得国家科技进步奖、国家自然科学奖、国家技术发明奖，并将相关技术运用于公司主营业务	□是 □否	
（3）发行人独立或者牵头承担与主营业务和核心技术相关的国家重大科技专项项目	□是 □否	
（4）发行人依靠核心技术形成的主要产品（服务），属于国家鼓励、支持和推动的关键设备、关键产品、关键零部件、关键材料等，并实现了进口替代	□是 □否	
（5）形成核心技术和主营业务收入的发明专利（含国防专利）合计 50 项以上	□是 □否	

① 软件行业不适用上述第（3）项指标的要求，研发投入占比应在 10% 以上。

② 采用《上海证券交易所科创板股票发行上市审核规则》第二十二条第（五）款规定的上市标准申报科创板的企业可不适用上述第（4）项指标中关于“营业收入”的规定。第二十二条第（五）款的规定是：预计市值不低于人民币 40 亿元，主要业务或产品需经国家有关部门批准，市场空间大，目前已取得阶段性成果。医药行业企业需至少有一项核心产品获准开展二期临床试验，其他符合科创板定位的企业需具备明显的技术优势并满足相应条件。

（二）创业板的定位

1. 重点支持“三创四新”

在注册制下，创业板的行业定位可以具体归纳为“三创四新”，即企业符合创新、创造、创意的大趋势，或者是传统产业与新技术、新产业、新业态、新模式深度融合。2020 年 6 月深交所制定的《深圳证券交易所创业板企业发行上市申报及推荐暂行规定》明确，创业板定位于深入贯彻创新驱动发展战略，适应发展更多依靠创新、创造、创意的大趋势，主要服务成长型创新创业企业，并支持传统产业与新技术、新产业、新业态、新模式深度融合。

《深圳证券交易所创业板企业发行上市申报及推荐暂行规定》明确规定，原则上不支持包括房地产业、金融业等在内的 12 项传统行业企业在创业板上市，但与互联网、大数据、云计算、自动化、人工智能、新能源等新技术、新产业、新业态、新模式深度融合的创新创业企业除外，支持其申报在创业板发行上市。

被列入负面清单不支持的 12 项传统行业包括：

（1）农林牧渔业；

（2）采矿业；

（3）酒、饮料和精制茶制造业；

（4）纺织业；

（5）黑色金属冶炼和压延加工业；

（6）电力、热力、燃气及水生产和供应业；

（7）建筑业；

（8）交通运输、仓储和邮政业；

（9）住宿和餐饮业；

（10）金融业；

（11）房地产业；

（12）居民服务、修理和其他服务业。

发行人应当结合创业板定位，就是否符合相关行业范围，依靠创新、创造、创意开展生产经营，具有成长性等事项，进行审慎评估；保荐人应当就发行人是否符合创业板定位进行专业判断，并出具专项说明。发行人及其保荐人难以判断的，可在申报前通过深交所发行上市审核业务系统进行咨询。深交所发行上市审核中，将对发行人的业务模式、核心技术、研发优势等情况予以重点关注。

2. 一般企业的发行上市条件

依据《关于发布〈深圳证券交易所创业板股票发行上市审核规则〉的通知》（深证上［2020］501 号），发行人申请股票首次发行上市的，应当至少符合下列上市标准中的一项，发行人的招股说明书和保荐人的上市保荐书应当明确说明所选择的具体上市标准：

（1）最近两年净利润均为正，且累计净利润不低于人民币 5 000 万元；

（2）预计市值不低于人民币 10 亿元，最近一年净利润为正且营业收入不低于人民币 1 亿元；

（3）预计市值不低于人民币 50 亿元，且最近一年营业收入不低于人民币 3 亿元。

这里所称净利润以扣除非经常性损益前后的孰低者为准，所称净利润、营业收入均指经审计的数值。可见，创业板是允许亏损企业上市的，但要满足“预计市值不低于人民币 50 亿元，且最近一年营业收入不低于人民币 3 亿元”的条件。

3. 红筹企业的发行上市条件

符合相关规定且最近一年净利润为正的红筹企业，可以申请发行股票或存托凭证并在创业板上市。

营业收入快速增长，拥有自主研发、国际领先技术，同行业竞争中处于相对优势地位的尚未在境外上市红筹企业，申请发行股票或存托凭证并在创业板上市的，市值及财务指标应当至少符合下列上市标准中的一项，发行人的招股说明书和保荐人的上市保荐书应当明确说明所选择的具体上市标准：

（1）预计市值不低于人民币 100 亿元，且最近一年净利润为正；

（2）预计市值不低于人民币 50 亿元，最近一年净利润为正且营业收入不低于人民币 5 亿元。

这里所说的营业收入快速增长，指符合下列标准之一：

（1）最近一年营业收入不低于 5 亿元的，最近三年营业收入复合增长率 10% 以上；

（2）最近一年营业收入低于 5 亿元的，最近三年营业收入复合增长率 20% 以上；

（3）受行业周期性波动等因素影响，行业整体处于下行周期的，发行人最近三年营业收入复合增长率高于同行业可比公司同期平均增长水平。

处于研发阶段的红筹企业和对国家创新驱动发展战略有重要意义的红筹企业，不适用“营业收入快速增长”的规定。

4. 特殊股权结构企业的发行上市条件

存在表决权差异安排的发行人申请股票或者存托凭证首次公开发行并在创业板上市的，其表决权安排等应当符合《深圳证券交易所创业板股票上市规则》等规则的规定；市值及财务指标应当至少符合下列上市标准中的一项，发行人的招股说明书和保荐人的上市保荐书应当明确说明所选择的具体上市标准：

（1）预计市值不低于人民币 100 亿元，且最近一年净利润为正；

（2）预计市值不低于人民币 50 亿元，最近一年净利润为正且营业收入不低于人民币 5 亿元。

5. 创业板与科创板的主要区别

与科创板强调科创属性相区别，创业板强调“三创四新”。二者在 IPO 方面的区别主要有两点。

其一，从上市条件上看，创业板的行业包容性比较强。科创板的行业定位于新一代信息技术、高端装备、新材料、新能源、节能环保以及生物医药等高新技术产业和战略性新兴产业，主要服务于符合国家战略、突破关键核心技术、市场认可度高的科技创新企业。而创业板的行业定位为服务“三创四新”，对具体行业并没有直接限制，行业覆盖范围比较广，主要以服务于市场目前已形成较为一致预期、成长性高的新经济类、现代服务型企业为核心，支持传统产业创新升级，兼具包容性，确保实现与科创板的差异化发展。

其二，精简优化了创业板发行条件。IPO 方面，监管部门综合考虑预计市值、收入、净利润等指标，为创业板制定多元化上市条件，从而实现了对不同成长阶段和不同类型的创新创业企业的支持。主要包括以下内容。

（1）取消了现行对申请上市发行人在盈利业绩、不存在未弥补亏损等方面的要求。

（2）完善盈利上市标准。一般企业仅需满足与科创板相同的“最近两年净利润均为正且累计净利润不低于 5 000 万元”或“预计市值不低于 10 亿元，最近一年净利润为正且营业收入不低于 1 亿元”条件。同时，明确未盈利企业上市标准，但一年内暂不实施，即“预计市值不低于 50 亿元，且最近一年营业收入不低于 3 亿元”，略高于科创板标准。

（3）支持已盈利且具有一定规模的特殊股权结构企业、红筹企业上市，标准与科创板相同。同时，本次创业板还从营业收入、复合增长率、同行业比较等维度，明确了红筹企业营业收入快速增长的 3 个具体判断标准。

（三）北交所的中小企业板的定位

北交所的功能定位与科创板、创业板有着天然错位。科创板聚焦“硬科技”；创业板服务成长型创新创业企业，定位“三创四新”；而北交所紧紧围绕中小企业服务，突出“更早、更小、更新”，体现错位发展、特色发展。以新三板精选层为基础组建的北交所，维持了新三板基础层、创新层与北交所“层层递进”的市场结构。在市场内部，新三板的基础层、创新层是基础，承担规范培育功能，源源不断为北交所输送优质上市资源。这又与其他交易所有明显差异。此外，与私募性质的区域股权市场相比，在北交所挂牌的企业将是真正意义上的上市公司，而不是简单的挂牌企业。北交所的上市制度、再融资制度、持续监管制度等，与新三板基础层、创新层、区域股权市场相比有着很大的差异。

北交所的设立，意味着我国科技创新的融资链条再度延伸，对“专精特新”中小企业的培育也将与科创板、创业板的融资支持进一步贯通。

“专精特新”企业是指具有“专业化、精细化、特色化、新颖化”特征的工业中小企业。

“专”是指采用专项技术或工艺通过专业化生产制造的专用性强、专业特点明显、市场专业性强的产品。其主要特征是产品用途的专门性、生产工艺的专业性、技术的专有性和产品在细分市场中具有专业化发展优势。

“精”是指采用先进适用技术或工艺，按照精益求精的理念，建立精细高效的管理制度和流程，通过精细化管理，精心设计生产的精良产品。其主要特征是产品的精致性、工艺技术的精深性和企业的精细化管理。

“特”是指采用独特的工艺、技术、配方或特殊原料研制生产的，具有地域特点或具有特殊功能的产品。其主要特征是产品或服务的特色化。

“新”是指依靠自主创新、转化科技成果、联合创新或引进消化吸收再创新方式研制生产的，具有自主知识产权的高新技术产品。其主要特征是产品（技术）的创新性、先进性，具有较高的技术含量，较高的附加值和显著的经济、社会效益。

符合以下标准的中小企业可认定为“专精特新”企业。

一是注册并经营两年以上，具有独立法人资格，符合国家中、小、微型企业划分标准，拥有“专精特新”产品（技术）并且生产经营状况良好。

二是产品（技术）符合国家标准，特殊行业的要符合国家相关规定；新产品（技术）须经过专门机构认定，有合法有效的注册商标且进入市场（技术运用）一年以上。

三是符合国家产业政策、技术政策和相关行业政策。

六、IPO 审核基本要求之核心业务与技术审核

核心业务与技术是招股说明书的精髓。其能够体现企业的核心竞争力和持续经营能力，是帮助广大投资者了解上市企业实际业务情况和其所处行业环境的重要途径。

此外，企业的持续经营能力由其核心业务、产品、技术及所处行业的市场环境、竞争地位、竞争特点等方面综合反映。在注册制强调信息披露完整性、准确性的大背景下，关于业务与技术问题在问询中关注度较高。

（一）科创板关于业务与技术问题的审核重点

科创板关于业务与技术问题的问询重点如下：

（1）所属行业在新技术、新产业、新业态、新模式等方面近三年的发展情况和未来发展趋势；

（2）行业发展态势、面临的机遇与挑战；

（3）结合行业技术水平和对行业的贡献，披露发行人的技术先进性及具体表征；

（4）发行人的核心技术是否取得专利或其他技术保护措施；

（5）正在从事的研发项目、所处阶段及进展情况、相应人员、经费投入、拟达到的目标；

（6）保持技术不断创新的机制、技术储备及技术创新的安排等。

（二）创业板关于业务与技术问题的审核重点

创业板关于业务与技术问题的问询重点如下：

（1）所属行业的特点和发展趋势；结合行业情况充分披露自身的创新、创造、创意特征；科技创新、模式创新、业态创新和新旧产业融合情况；

（2）发行人产品或服务的市场地位、技术水平及特点、行业内的主要企业、竞争优势与劣势、行业发展态势、面临的机遇与挑战，以及上述情况在报告期内的变化及未来可预见的变化趋势；

（3）发行人与同行业可比公司在经营情况、市场地位、技术实力、衡量核心竞争力的关键业务数据、指标等方面的比较情况；

（4）对发行人主要业务有重大影响的主要固定资产、无形资产等资源要素的构成，各要素与所提供产品或服务的内在联系，是否存在瑕疵、纠纷和潜在纠纷，是否对发行人持续经营存在重大不利影响；

（5）发行人主要产品或服务的核心技术及技术来源，结合行业技术水平和对行业的贡献，披露发行人的技术先进性及具体表征；

（6）发行人核心技术人员、研发人员占员工总数的比例，核心技术人员的学历背景构成，取得的专业资质及重要科研成果和获得奖项情况，对公司研发的具体贡献，发行人对核心技术人员实施的约束激励措施，报告期内核心技术人员的主要变动情况及对发行人的影响。

（三）发审委问询中常常提及的问题及核查思路

发审委问询中常常提及的问题涉及以下四类。

1. 核心技术的来源与形成过程

核心技术的来源通常是自主研发，但也有可能来源于实际控制人、董事、监事、高级管理人员的转让。若核心技术来源于实际控制人或董事、监事、高级管理人员的转让，则需要关注以下内容。

（1）转让的程序是否合法，是否签署书面协议，是否已完成变更登记手续。

（2）若发行人支付相应对价，则需关注作价是否公允，若转让金额较高，建议可采取评估的方式，以便论证价格的公允性。

对于核心技术的形成过程，发行人及保荐人通常可以从以下几个方面进行论证。

（1）简要介绍发行人研发核心技术的相关机制，如发行人设立研发部、设置了研发相关的制度。相关技术形成的大致流程，如根据行业的发展方向，收集相关信息进行事前论证，与相关技术研发团队研讨、试验，进入试生产阶段以及批量生产阶段，并根据核心技术的特点申请专利保护、著作权保护或者商业秘密等非专利技术保护。

（2）针对每项核心技术具体分析相关核心技术研发的背景、相关技术的简介、应用的场景、研发过程中攻克的关键问题以及核心技术在行业中的地位。

（3）介绍公司研发团队的组成、研发人员的占比。说明发行人具备专业的研发团队，足以支撑核心技术的研发以及保障公司后续的产品创新。

（4）介绍公司报告期内的研发投入，说明发行人为研发核心技术提供了有力的资金支持。

（5）结合发行人行业的发展情况论证发行人核心技术的形成与符合行业发展的情况。

2. 核心技术的取得方式及有效期

对于核心技术为专利的，需要披露专利的取得方式、有效期。这属于常规的信息披露内容，主要是注意信息披露的真实性、准确性、完整性。

对于部分核心技术采取非专利技术保护，通常需要解释未申请专利的原因及合理性，该问题的核查思路通常包括以下几个方面。

（1）从核心技术本身特性的角度出发。通常情况下，采用非专利技术保护的核心技术的应用具有较高的技术和市场壁垒，并且相关非专利技术在产品外形、结构等方面不便于识别，但是在提升产品相关性能方面却起着至关重要的作用。如果公司将上述专有技术申报专利，可能会造成相关同行业竞争对手的抄袭，不利于提升公司的市场竞争能力。此外，部分核心技术新、换代周期较短，但专利的申请周期较长，故亦未采取申请专利的方式保护。

（2）部分核心技术不满足专利申请的条件，故采取商业秘密的形式保证其技术安全性。在论述问题时，还可以考虑介绍发行人商业秘密保护的相关机制，如发行人商业秘密保护的相关制度、商业秘密知情人签署保密协议、公司内部流程控制、将核心技术的技术信息拆分细化管理等。

3. 核心技术的独立性

主要问询核心技术是否为自有技术，是否存在使用主要股东、董事、监事、高级管理人员或其他第三方技术的情况。若存在发行人主要股东、董事、监事、高级管理人员持有与发行人相关的知识产权的情况，在辅导企业上市过程中，中介机构通常会要求发行人将相关知识产权转让予发行人。核心技术的独立性属于发行人上市过程中关键的问题。核心技术若不独立，容易引发监管机构对发行人业务稳定性的质疑。

4. 核心技术的稳定性

重点核查拟 IPO 企业核心技术人员对原单位是否存在保密义务或竞业禁止义务，是否存在纠纷或潜在纠纷。

对于核查是否与原单位存在保密义务或竞业禁止义务，除了常规的访谈核心技术人员、核心技术人员出具承诺函、收集核心技术人员与原单位的劳动合同、核查核心技术人员银行流水以关注是否存在竞业补偿以及在百度、裁判文书网、中国执行信息公开网等网站进行网络核查外，还可以通过对核心技术人员的原任职单位函证、访谈等方式进行核查。

七、当前中小企业 IPO 审核的总体态势

（一）上市速度

以科创板为例，自 2019 年 7 月科创板注册制下首批企业上市，至 2021 年 6 月 30 日，在不到两年的时间里，在科创板上市的股票数量以及股票总市值都取得了快速增长。股票数量从 25 只增长到 301 只，股票总市值从 865.1 亿元增加到 47 250.8 亿元，如图 2-5 所示。

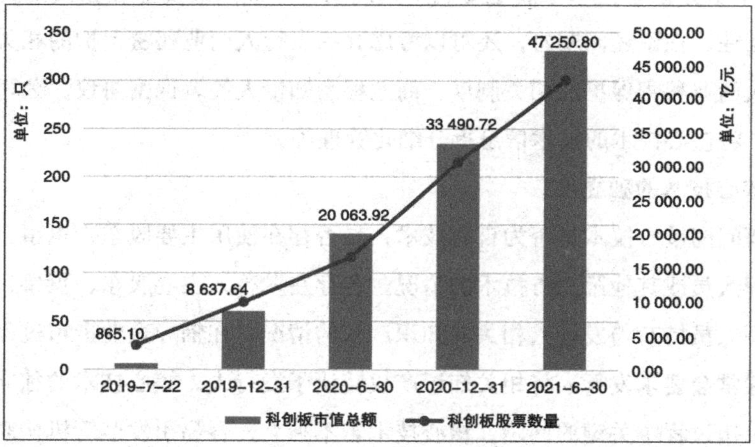

图 2-5　科创板股票数量及市值变化

（数据来源：上交所网站）

科创板的股票数量和总市值不仅在绝对数值上实现快速增长，在沪市以及国内股票市场所占比重也越来越大。开盘首日科创板股票数量在沪市股票市场中仅占 1.6%，至 2021 年 6 月 30 日已经增长至 15.2%，同时市值占比也从 0.27% 增长到 9.61%，如图 2-6 所示。

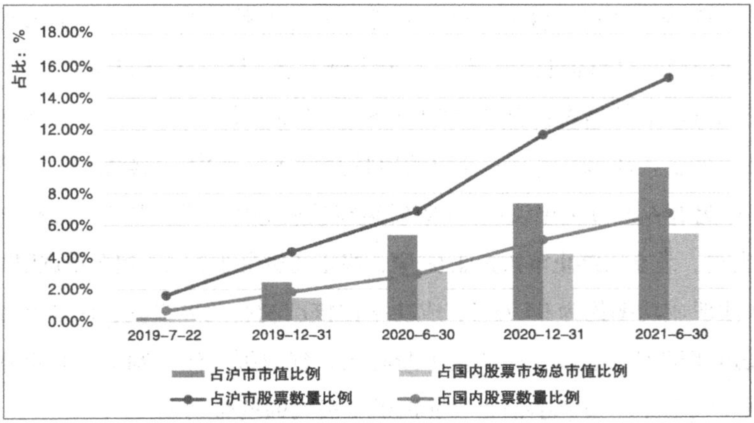

图 2-6　科创板在国内股票板块占比变化

（数据来源：上交所及深交所网站）

除了股票数量和总市值所占比重不断增加，科创板新股增量的增长也已经成为国内股票市场最快的。2020 年度 A 股共有 395 只新股上市，其中上交所主板上市企业 89 家，而科创板上市企业则达到 145 家。从融资金额上来看，主板融资金额为 1 228 亿元，科创板为 2 226 亿元。由此可见，无论是从数目还是金额上，科创板均远远超过了主板，成为国内股票市场最受欢迎的上市板块。

（二）IPO 过会情况

在注册制改革的助推作用下，审核、核发出现双提速的趋势，过会率一直维持高位水平。

科创板 IPO 审核情况：截至 2022 年 6 月 30 日，科创板股票上市委员会审核科创板 IPO 企业共计 579 家（不含取消审核企业）。其中，560 家通过（含 18 家再审通过），14 家未通过（含 1 家再审未通过），另有 3 家暂缓审议中，2 家暂缓审议后撤回。科创板 IPO 整体过会率为 96.72%。此外，科创板终止审核 155 家，不予注册 1 家，终止注册 21 家。

创业板 IPO 审核情况：截至 2022 年 6 月 30 日，创业板股票上市委员会审核创业板 IPO 企业共计 583 家（不含取消审核企业）。其中，566 家通过（含 3 家再审通过），17 家未通过（含 1 家再审未通过）创业板 IPO 整体过会率为 97.08%。此外，创业板撤回材料企业 185 家，不予注册 1 家，终止注册 11 家。

北交所 IPO 审核情况：截至 2022 年 6 月 30 日，北交所股票上市委员会审核北交所 IPO 企业共计 121 家（不含取消审核企业）。其中，114 家通过（含 9 家再审通过）；另有 6 家暂缓审议中，1 家暂缓审核后撤回。北交所 IPO 整体过会率为 94.21%。此外，北交所终止审核企业 69 家，终止注册企业 2 家（包含精选层时期）。

整体注册成功率约为 94.78%，成功率比核准制有明显提高。注册制改革下，资本市场迅速扩容，上市公司队伍不断壮大，创业板（注册制）、科创板、北交所共有 903 家企业，为中小企业发展提供了极大的资金帮助。

八、IPO 被否或取消审核案例

案例 2-1：因不符合科创板定位、隐瞒敏感人银行流水等问题 IPO 被否

2021 年 3 月 18 日科创板上市委会议审议结果显示，福建汇川物联网技术科技股份有限公司（简称“汇川物联”）IPO 被否。被否的主要原因是不符合科创板定位、隐瞒敏感人银行流水。

汇川物联是一家面向建筑、市政、交通、国土、文旅等行业，专业提供远程智能监管整体解决方案的物联网企业。早在 2020 年 6 月，汇川物联科创板 IPO 就获受理，但 2021 年 1 月首次上会时却被暂缓表决，而 3 月再次上会仍然未能过会，最终被否。

在多次问询中，汇川物联关键财务人员银行流水、物联网行业定位、专利与公司核心技术及主营业务的相关性等受到监管层重点关注。

汇川物联前财务经理陈剑钗于公司申请上市前夕突然离职，但汇川物联却未在招股说明书中披露陈剑钗离职一事，因此被上市委要求补充披露其全部银行账户的流水。

关于汇川物联业务实质与物联网定位是否相符、是否符合科创板行业属性，也遭遇了多次问询。根据申报材料，汇川物联更偏向于软件企业的属性。而汇川物联在被问询后亦曾提出修改股票代号简称的想法，将“物联”二字从公司简称中去掉，有关键信息披露不准确、不真实，误导投资者的嫌疑。

案例 2-2：因与创业板定位不符，鸿基节能 IPO 被否

2021 年 3 月 25 日，创业板上市委会议审议结果显示，江苏鸿基节能新技术股份有限公司（以下简称“鸿基节能”）IPO 被否。被否的主要原因是公司与创业板定位不符。

鸿基节能的主要业务为地基基础及既有建筑维护改造的设计和施工。其中，地基基础包括桩基施工、基坑支护、地基处理和边坡支护等；既有建筑维护改造包括隔震加固、结构补强、地下空间开发利用和文物保护等。鸿基节能作为一家建筑业企业，按照证监会发布的《上市公司行业分类指引》，属于 E48 的土木工程建筑业，为不支持在创业板上市的企业。

在三轮上市委问询中，创业板定位问题均成为问询重点。鸿基节能声称公司既有建筑维护改造业务属于建筑业新兴领域和业务形态，并声明其在研项目与互联网、大数据、云计算、自动化、人工智能、新能源等深度融合。不过，从营业收入看，公司既有建筑维护改造业务在报告期内的收入近几年急速下滑，新技术、新业态相关业务收入占比、毛利占比也连年下降。

创业板上市委最终判定鸿基节能不符合发行条件、上市条件和信息披露要求的审核意见，决定对其首次公开发行股票并在创业板上市申请予以终止审核，鸿基节能由此成为注册制下首家因不符合创业板定位而被否的公司。

案例 2-3：因科创属性存疑，珈创生物 IPO 被否

2021 年 4 月 29 日，上交所科创板上市委发布公告，认为武汉珈创生物技术股份有限公司（以下简称“珈创生物”）不符合发行条件、上市条件和信息披露要求。

上市委公告及《关于终止武汉珈创生物技术股份有限公司首次公开发行股票并在科创板上市审核的决定》（以下简称《决定》）中，主要针对珈创生物存在的以下问题提出问询。一是要求珈创生物结合部分核心技术专利由外部机构受让取得、自行研发费用投入较少、技术人员较少且人数在报告期内发生过较大波动等情况，论证公司是否具有突出的创新能力；二是要求珈创生物对比同行业检测机构，说明其所从事该项业务的主要技术壁垒、与同行业可比检测机构在检测技术上是否存在重大差异；三是要求珈创生物结合中国药典相关描述，说明其主要从事的细胞鉴定业务的性质、技术通用性、相关仪器及设备在其中所起的作用。

案例 2-4：因“核心技术”自主存疑，多家生物药企科创板 IPO 接连被否

2021 年 9 月 17 日，科创板上市委会议审议结果显示，上海海和药物研究开发股份有限公司（以下简称“海和药物”）首发不符合发行条件、上市条件和信息披露要求。科创板上市委曾要求海和药物说明其自身具有独立完备的化合物专利的发明能力，而新药研发的科技创新工作并不停留在化合物发现层面的理解，并陈述相关理由；说明化合物早期发现对新药成功研发的作用；分析目前以合作研发与授权引进为主的研发模式对自身竞争力的影响。科创板上市委最后审议认为，结合其已开展二期以上临床试验的核心产品均源自授权引进或合作研发，报告期内持续委托合作方参与核心产品的外包研发服务等情况，该公司未能准确披露其对授权引进或合作开发的核心产品是否独立自主进行过实质性改进，对合作方是否构成技术依赖，不符合《科创板首次公开发行股票注册管理办法（试行）》第五条和第三十四条、《上海证券交易所科创板股票发行上市审核规则》（2020 年修订）第二十八条的规定。

2021 年 9 月 22 日，上交所发布公告，终止对吉凯基因首次公开发行股票并在科创板上市审核的决定。科创板上市委曾要求吉凯基因说明其提供服务的可替代性；靶标筛选和验证方面的核心技术是否是行业内常规技术，是否具备较高的技术壁垒；CHAMP 平台和细胞治疗平台目前研发的产品大部分是否是针对常规成熟靶点；其技术优势和相应的研发能力。产品研发能力、注册路径以及是否对第三方技术存在重大依赖是被科创板上市委反复提及的问询内容。科创板上市委最后审议认为，吉凯基因没有充分披露其核心技术是否具有先进性、相关业务是否具有成长性和潜在的市场空间及核心技术对持续经营能力的影响。这不符合《科创板首次公开发行股票注册管理办法（试行）》第五条、第三十四条、第三十九条以及《上海证券交易所科创板股票发行上市审核规则》第十五条、第二十八条等规定的信息披露要求。

据不完全统计，2021 年以来，已有 20 多家生物医药企业被终止科创板 IPO。在强调“硬科技”的背景下，未来，科创属性欠缺的生物医药企业的上市之路将很难走通。如果企业失去了融资能力，“烧钱”模式将难以为继。而注重创新能力、强调临床价值的生物医药企业将从同质化竞争中脱颖而出，获得资本市场的认同。

案例 2-5：因业务与核心技术问题，两家企业创业板 IPO 终止审核

2021 年 5 月 12 日，深交所发布公告，决定终止广东润科生物工程股份有限公司（以下简称“润科生物”）IPO 审核。润科生物的审核问询显示，请发行人：（1）补充披露裂壶藻菌种、高山被孢霉的来源及选育、发酵方式，公司原材料采购不包含藻类产品的原因及合理性；发行人各项核心技术与同行业可比公司的差异及竞争优势；（2）补充披露微藻 DHA 产品、ARA 产品各生产环节对应使用的生产设备、主要原材料及成本构成，并披露发行人各生产环节与同行业可比公司的竞争优势，发行人产品与同行业可比公司的比较情况……

2021 年 5 月 31 日，深交所发布公告，决定终止上海益中亘泰（集团）股份有限公司（以下简称“益中亘泰”）首次公开发行股票并在创业板上市审核。益中亘泰二轮问询中提到了关于业务与技术问题。审核问询显示，请发行人补充披露各项业务的核心技术，与同行业可比公司的竞争优势，是否属于行业内技术、模式创新的企业；补充披露报告期内招投标的主要竞争对手、中标率，主要合同的签订年限；在主要服务地区的行业地位，业务发展是否受到地域限制，业务是否稳定、是否具有可持续性。

案例 2-6：因业务模式与核心技术问题 IPO 被否

2019 年 11 月 14 日，科创板上市委 2019 年第 46 次会议结果出炉，博拉网络首发上市被否。

这次冲击科创板，博拉网络把自己定位为大数据服务提供商引起外界热议。上市委的三轮问询均涉及对公司业务实质的“拷问”。第三轮问询中，上市委要求公司进一步论证发行人业务实质不为数字营销、广告投放业务，而将公司定位于“大数据服务提供商”不存在误导投资者的原因及合理性。

此次上市委会议问询的第一个问题，要求博拉网络以浅显直白、简单易懂的语言说明公司业务模式和业务实质、核心技术，以及技术先进性以及核心技术在主营业务中的应用情况。这说明此前的回复并不能让上市委信服。

招股说明书中博拉网络对主营业务描述为：企业大数据服务提供商，基于自主研发的 E2C（E-service to Company，数字商业）云平台，通过“大数据 + 技术产品 + 应用服务”的业务模式，为企业客户提供技术开发服务和大数据应用服务。

上交所表示，发行人未充分披露大数据在其提供的大数据营销及运营、数字媒体投放、电商及其他三类服务中的应用过程及具体表征，未能清晰、准确地披露其为企业提供大数据服务全过程的相关内容。

发行人定位为企业大数据服务提供商的依据披露不充分，发行人披露的业务模式未充分体现其大数据服务提供商的定位。举例来说，数字媒体投放业务分为提供广告运营服务和提供充值服务两种，充值、运营服务和广告投放等均通过第三方平台实现。公司未充分披露该业务如何应用了大数据、应用了何种大数据。

并且从核心技术方面，公司也未能充分披露其核心技术在各项业务中的具体使用情况，披露其“经营的各项服务（细分产品）均应用了大数据技术”依据不充分。

九、IPO 被否及注册未通过企业原因统计

（一）科创板

2019 年 6 月至 2021 年 10 月，自实施注册制以来，科创板有 11 家企业 IPO 被否，终止审核的企业 69 家，另有一些企业 IPO 通过但注册未成功。科创板企业 IPO 被否主要原因如表 2-2 所示。

表 2-2　科创板企业 IPO 被否主要原因

公司名称	上会日期	主要原因
上海吉凯基因医学科技股份有限公司	2021-09-22	核心技术
浙江天地环保科技股份有限公司	2021-09-03	关联交易、技术先进性、环境保护、毛利率、持续经营
上海海和药物研究开发股份有限公司	2021-09-17	核心技术
武汉珈创生物技术股份有限公司	2021-04-29	核心技术的先进性、持续经营能力、内部控制

续表

公司名称	上会日期	主要原因
赛赫智能设备（上海）股份有限公司	2021-07-22	持续经营、偿债风险、股份质押、信息披露、内控制度
福建汇川物联网技术科技股份有限公司	2021-03-18	不符合科创板定位、隐瞒敏感人银行流水
长沙兴嘉生物工程股份有限公司	2020-11-26	营业收入、新产品研发、经销商、自身定位问题
上海康鹏科技股份有限公司	2021-03-17	内部控制有效性、持续经营
精英数智科技股份有限公司	2020-09-01	应收账款逾期、募投项目前景、商业模式问题
博拉网络股份有限公司	2019-11-14	业务模式和业务实质、核心技术
北京国科环宇科技股份有限公司	2019-09-05	客户集中度、关联交易、会计差错、会计基础工作薄弱、核心竞争力、持续经营能力

（二）创业板

2020 年 6 月至 2021 年 10 月，自实施注册制以来，创业板有 7 家企业 IPO 被否，终止审核的企业 93 家，另有一些企业 IPO 通过但注册未成功。创业板企业 IPO 被否主要原因如表 2-3 所示。

表 2-3 创业板企业 IPO 被否主要原因

公司简称	上会日期	主要原因
淄博鲁华泓锦新材料股份有限公司	2021-09-23	生产安全、实际控制人涉资金往来不明、严重依赖大客户
江苏鸿基节能新技术股份有限公司	2021-03-25	创业板定位、持续经营能力
郑州速达工业机械服务股份有限公司	2021-01-20	关联交易、实际控制人认定、持续经营能力、同业竞争
上海灿星文化传媒股份有限公司	2021-02-02	股权架构设计、实际控制人认定、商誉调整、未决诉讼及仲裁
四川华夏万卷文化传媒股份有限公司	2021-03-19	合法合规、内控制度、纠纷诉讼
江苏网进科技股份有限公司	2020-11-11	实际控制人认定、长期应收款未计提减值准备
浙江前进暖通科技股份有限公司	2020-12-30	依赖重大客户、持续经营能力

03

CHAPTER THREE

第三章

主体资格和历史沿革审核

在 IPO 审核时，首先进行的便是审核拟申请 IPO 的企业的主体资格。只有具备法律主体资格和无主体瑕疵的企业主体，才能够通过证券交易所、证监会的审查上市……

在 IPO 审核时，首先进行的便是审核拟申请 IPO 的企业的主体资格。只有具备法律主体资格和无主体瑕疵的企业主体，才能够通过证券交易所、证监会的审查上市。因此，中小企业 IPO 审核，是先从企业主体资格审核开始。

对 IPO 企业主体资格的审查，通常包含企业现状及历史沿革两个部分。

对企业现状的审查，通常是以企业存续时合法有效的企业营业执照及其章程作为主要依据和材料。同时，向企业所在地工商行政管理部门（某些地方现变更为市场监督管理局）调取最新的企业工商登记档案，对目标企业的名称、注册号、住所、法定代表人、注册资本、企业类型、归属行业、经营范围、营业期限、成立日期及股东情况等核查时的资料情况予以说明，并从法律规定和行政规章角度分析并确认目标企业主体现状的合法性、稳定性和有效性。

对企业历史沿革的核查，是从目标企业设立、重大事项变更、股权变化历程、所有制变化情况、实际控制人变化情况、重大资产重组、注册资本变化、历次目标企业名称变化等角度收集和梳理相应资料，从而分析和判断目标企业在历史沿革中是否存在股权纷争、股份代持，重大资产重组是否合法或存在历史性交易风险，注册资本是否全部到位或是否存在目标企业注册资本抽逃等法律风险和潜在交易弊端。

中小企业 IPO 审核的关注点及应对如下。

一、实际控制人的认定审核及应对

（一）审核要点

1. 基本要求

实际控制人是拥有公司控制权的主体。《首次公开发行股票并上市管理办法》（2020 年修订，以下简称《首发办法》）第十二条规定要求发行人最近 3

年内实际控制人没有发生变更，旨在以公司控制权的稳定为标准，判断公司是否具有持续发展、持续盈利的能力，以便投资者在对公司的持续发展和盈利能力拥有较为明确预期的情况下做出投资决策。

2. 基本原则

在确定发行人控制权归属时，应当本着实事求是的原则，尊重发行人的实际情况，以发行人自身的认定为主，由发行人股东予以确认。保荐机构、发行人律师应通过对公司章程、协议或其他安排以及发行人股东大会（股东出席会议情况、表决过程、审议结果、董事提名和任命等）、董事会（重大决策的提议和表决过程等）、监事会及发行人经营管理的实际运作情况的核查对实际控制人认定发表明确意见。发行人股权较为分散但存在单一股东控制比例达到 30% 的情形，若无相反的证据，原则上应将该股东认定为控股股东或实际控制人。存在下列情形之一的，保荐机构应进一步说明是否通过实际控制人认定而规避发行条件或监管并发表专项意见：（1）发行人认定存在实际控制人，但其他股东持股比例较高，与实际控制人持股比例接近的，且该股东控制的企业与发行人之间存在竞争或潜在竞争的；（2）第一大股东持股接近 30%，其他股东持股比例不高且较为分散，发行人认定无实际控制人的。

3. 共同实际控制人

对于共同控制，一致行动的股东范围的确定要有依据，一致行动要有合理性和可操作性。法定或约定形成的一致行动关系并不必然导致多人共同拥有公司控制权的情况，发行人及中介机构不应为扩大履行实际控制人义务的主体范围或满足发行条件而作出违背事实的认定。通过一致行动协议主张共同控制的，无合理理由的（如第一大股东为纯财务投资人），一般不能排除第一大股东为共同控制人。实际控制人的直系亲属，如持有公司股份达到 5% 以上或者虽未超过 5% 但是担任公司董事、高级管理人员并在公司经营决策中发挥重要作用，保荐机构、发行人律师应说明上述主体是否为共同实际控制人。通常，家族企业中持股的主要家庭成员都应作为实际控制人。

共同控制人签署一致行动协议的，应当在协议中明确发生意见分歧或纠纷时的解决机制。作为实际控制人亲属的股东所持的股份，应当比照实际控制人自发行人上市之日起锁定 36 个月。保荐机构及发行人律师应重点关注最近 3 年内公司控制权是否发生变化，存在为满足发行条件而调整实际控制人认定范围嫌疑的，应从严把握，审慎进行核查及信息披露。

多人共同控制的，要保持高管团队在报告期内的稳定性；如果认定为其中的某几个人为控制人，则认定要有相关依据，不能任意认定。

4. 股份代持情形

实际控制人认定中涉及股权代持情形的，发行人、相关股东应说明存在代持的原因，并提供支持性证据。对于存在代持关系但不影响发行条件的，发行人应在招股说明书中如实披露，保荐机构、发行人律师应出具明确的核查意见。如经查实，股东之间知晓代持关系的存在，且对代持关系没有异议、代持的股东之间没有纠纷和争议，则应将代持股份还原至实际持有人。以上问题应在申报前清理。

发行人及中介机构通常不应以股东间存在代持关系、表决权让与协议、一致行动协议等为由，认定公司控制权未发生实际变动。

5. 无实际控制人的情形

对于股权分散、其他股东委托第一大股东行使表决权的情形，如果人数过多（50 人及以上）很难判断为一致行动。由于实际控制人认定的出发点是股权稳定，因此，对于股权分散、无实际控制人的企业，要求其做一些保障股权稳定的安排，不一定要有实际控制人。

6. 实际控制人变动

实际控制人为单名自然人或有亲属关系的多名自然人，实际控制人去世导致股权变动，股份受让人为继承人的，通常不视为公司控制权发生变更。其他多名自然人为实际控制人，实际控制人之一去世的，保荐机构及发行人律师应结合股权结构、去世自然人在股东大会或董事会决策中的作用、对发行人持续经营的影响等因素综合判断。

关于实际控制人的认定，一定要实事求是，不鼓励一致行动协议、委托协议等特殊安排。发行人控股股东曾经是上市公司的实际控制人的，需要关注其曾经是否受到处罚、是否损害上市公司股东及公众投资者利益。

（二）应对策略

依据《中小企业板上市公司控股股东、实际控制人行为指引》规定，实际控制人是指虽不直接持有公司股份，或者其直接持有的股份达不到控股股东要求的比例，但通过投资关系、协议或者其他安排，能够实际支配公司行为的自然人或法人。

收购人可以通过取得股份的方式成为一个上市公司的控股股东，可以通过投资关系、协议、其他安排的途径成为一个上市公司的实际控制人，也可以同时采取上述方式和途径取得上市公司控制权。

有下列情形之一的，为拥有上市公司控制权：

（1）投资者为上市公司持股 50% 以上的控股股东；

（2）投资者可以实际支配上市公司股份表决权超过 30%；

（3）投资者通过实际支配上市公司股份表决权能够决定公司董事会半数以上成员选任；

（4）投资者依其可实际支配的上市公司股份表决权足以对公司股东大会的决议产生重大影响；

（5）中国证监会认定的其他情形。

由于公司控制权往往能够决定和实质影响公司的经营方针、决策和经营管理层的任免，一旦公司控制权发生变化，公司的经营方针和决策、组织机构运作及业务运营等都可能发生重大变化，给公司的持续发展和持续盈利能力带来重大不确定性。也就是说，实际控制人认定的出发点是保持报告期内股权相对稳定。

从企业的角度来看，不能把实际控制人的确立视同儿戏，必须认真对待，进行充分、谨慎的商讨，事先确定好稳定的实际控制人。如果无单一实际控制人，而是多人通过共同协议控制的情形，必须保证协议的合规有效性。

从保荐人的角度来看，依据实践中的不同情况，拟 IPO 企业存在无实际控制人、多人共同协议控制等情形时，判断实际控制人是否发生变化，应注意判定报告期内持有、实际支配股份表决权比例最高的人是否发生变化，且变化前后的股东是否属于同一实际控制人。如变化前后的股东不属于同一实际控制人，则会被视为控制权发生变更。

二、股权结构与财产转移审核及应对

对于股权结构与财产转移，审核的要点如下。

（1）股权结构是否清晰、稳定、规范，入股及转让程序是否合法。要核查股东的合格性、入股的真实原因及合理性。报告期内入股的新股东，都要详细核查。股权转让过程中有主管部门确认的，要关注其是否有权限；股权中有无代持或特殊的利益安排；保险公司的股东是否为自然人；是否是特殊身份的人持股（公务员、国企的高管持有下属企业股份等）。

（2）财产权转移手续是否完善、合法、合规。资产、业务涉及上市公司的，要重点关注发行人取得资产、业务是否合法合规，上市公司处置资产、业务是否合法合规，是否满足上市公司监管的相关要求，是否涉及募集资金，是否损害公众投资者的权益，是否构成关联交易。以上问题均可构成 IPO 潜在的实质性障碍。

如果存在国有股权转让和集体企业转让的不规范行为，要取得省级国资委、省政府的确认，核查范围涵盖控股股东和实际控制人的股权变动。

三、历史沿革问题审计及应对

（一）历史沿革的内容

企业的历史沿革，主要涉及企业的设立、股权演变和股份公司设立等内容。主要包括以下 10 个方面。

（1）企业设立以来是否涉及国有资产、集体资产、外商投资管理等事项，是否履行了相关的审批程序。

（2）实物出资、无形资产出资的合规性。

（3）是否存在股权代持，股权代持是否还原、形成原因、演变情况、解除过程、是否存在纠纷或潜在纠纷。

（4）历次股权变动中未实缴出资股东情况、金额、后续补缴时间、出资方式、补缴股东资金来源及合法性等情况，股东是否全面履行出资义务、是否抽逃出资、出资方式是否存在瑕疵及补救措施。

（5）股东适格性。

（6）股权转让相关合规要求。

（7）历次股权转让和增资的价格合理性，历次股权转让、增资、分红、整体变更等过程中涉及的控股股东及实际控制人缴纳所得税、发行人代扣代缴情况，是否存在违反税收法律法规等规范性文件的情况，是否构成重大违法行为。

（8）股份支付情况。

（9）直接或间接股东中是否存在契约型私募基金、信托计划、资产管理计划等“三类股东”的情况，资金来源是否合法合规，是否存在股份代持等情况，发行人股份是否清晰稳定。

（10）对赌协议。

（二）IPO 审核要点

关于历史沿革问题，从实际过会情况分析，IPO 问询主要集中在以下方面。

（1）相关股东是否与发行人的主要客户、供应商存在关联关系，是否持股或控制与发行人从事相同业务或存在资金往来的公司。

（2）发行人设立以来是否涉及国有资产、集体资产、外商投资管理等事项，是否履行了相关的审批程序。

（3）发起人的具体背景及基本情况，设立时登记股东存在差异的原因；发起人未实缴注册资本的原因及补缴情况，发行人前身设立的合法合规性。

（4）发行人历次股权变动中未实缴出资股东情况、金额、后续补缴时间、出资方式、补缴股东资金来源及合法性等情况，股东是否全面履行出资义务、是否抽逃出资、出资方式是否存在瑕疵及补救措施。发行人股东是否因出资瑕疵受到行政处罚，是否构成重大违法行为及本次发行的法律障碍，是否存在纠纷或潜在纠纷。

（5）发行人工商登记自然人股东与实际出资人存在较大差异的原因，是否存在股权代持等情形，后续解决措施，是否存在纠纷或潜在纠纷。

（6）发行人历次股权转让、增资、分红、整体变更等过程中涉及的控股股东及实际控制人缴纳所得税、发行人代扣代缴情况，是否存在违反税收法律法规等规范性文件的情况，是否构成重大违法行为。

（7）发行人历次股权变动是否存在委托持股、信托持股、利益输送或其他利益安排，历次股权变动及目前所持股份是否存在纠纷或潜在纠纷。

（8）若发行人涉及国有股的股权变更存在程序瑕疵，请发行人披露历次股权变更未履行相关审批备案程序的具体情况、原因及补救措施，上述程序瑕疵是否损害国有资产权益、整改措施是否到位、是否影响本次发行，并说明相关依据。请保荐人、发行人律师根据《深圳证券交易所创业板股票首次公开发行上市审核问答》（以下简称《审核问答》）问题 2 的要求核查并发表明确意见。

（9）最近一年新增股东股权转让或增资的股份定价存在较大差异的原因及合理性，有关股权变动是否系双方真实意思表示，是否存在争议或潜在纠纷，新股东与发行人及关联方是否存在关联关系或其他利益安排。

（10）发行人受让股份较短时间又转出的原因及合理性，是否存在股份代持还原等情形。

（11）发行人股东中存在私募股权基金，是否按照《私募投资基金监督管理暂行办法》及《私募投资基金管理人登记和基金备案办法（试行）》等规定履行登记备案程序。

（12）发行人股东人数是否存在穿透后超过 200 人的情况。随着我国《证券法》的修改完善，向特定对象发行证券超过 200 人被认定为公开发行发生了细微的变化。发行人历史沿革中存在股东人数超 200 人的，通常需要对所有的持股人员持股的真实性、合法合规性进行核查，还需要取得省级政府对公司历史沿革合法合规性的确认。

（13）发行人直接或间接股东中是否存在契约型私募基金、信托计划、资产管理计划等“三类股东”的情况，出资的资金来源是否合法合规；是否存在股份代持、委托持股等情况，发行人股份是否清晰稳定。

（14）发行人是否存在工会、职工持股会持股情况。依据证监会发布的《首发业务若干问题解答》（2020 年 6 月 12 日修订，以下简称《54 条》）问题 2 的解答，考虑到发行条件对发行人股权清晰、控制权稳定的要求，发行人控股股东或实际控制人存在职工持股会或工会持股情形的，应当予以清理。对于间接股东存在职工持股会或工会持股情形的，如不涉及发行人实际控制人控制的各级主体，发行人不需要清理，但应予以充分披露。对于工会或职工持股会持有发行人子公司股份，经保荐机构、发行人律师核查后认为不构成发行人重大违法违规的，发行人不需要清理，但应予以充分披露。

（15）历史沿革中是否存在发行人、控股股东、实际控制人与其他股东的对赌协议[①]或类似安排，如存在，请说明并披露对赌协议的具体内容、相关对赌协议是否清理完毕、对发行人可能存在的影响，并进行风险提示。

（16）转让及增资的定价依据及公允性，股份转让之间及股份转让与增资价格差异较大的原因及合理性。

（17）结合相关个人的任职情况、入股原因、资金来源、受让股份价格，披露股权转让未构成股份支付的原因及合理性；股份支付的权益工具的公允价值及确认方法，相关会计处理是否符合企业会计准则的规定，报告期内其他增资及股份转让是否涉及股份支付。

（18）发行人外部自然人股东的任职履历、机构股东的主要出资人和实际控制人情况及其对外投资情况，相关股东任职企业或者对外投资企业是否存在从事

① 对赌协议又称为估值调整机制（Valuation Adjustment Mechanism，VAM），是投资者为降低信息不对称导致的投资风险，保护自身利益，与被投资者就未来约定的事项进行的一种约定。这里的事项可以是公司未来的经营业绩，可以是限期内完成的某些事项。若被投资者在承诺期限内不能完成相关的事项，则投资者有权行使某种权利。这样看来，对赌协议在一定程度上可以理解为“附生效条件的股权转让协议”，与我们日常所说的“赌博”无关。它实际上就是期权的一种形式，通过条款的设计，对赌协议可以有效保护投资者利益，在生效条款未成就时，投资人按照约定行使权力。

与发行人相同或相似业务的情况，是否与发行人客户或供应商存在业务、资金往来的情形。

（19）股东减资或股权转让价格、定价依据及公允性，以及存在差异的原因；相关减资和股权转让程序是否符合《中华人民共和国公司法》（以下简称《公司法》）等有关规定，是否存在股权纠纷或潜在纠纷。

（20）结合 IPO 发行条件，披露发行人就股改时净资产低于股本问题的整改措施是否充分，是否履行相关审议、决策和审批程序，该出资瑕疵是否存在行政处罚或存在被处罚的风险，是否构成出资不实、违反《公司法》或属于重大违法行为，对发行人发行上市是否构成法律障碍。

（21）报告期内转让及注销子公司、关联公司情况，包括但不限于历史沿革、主营业务及业务演变情况、经营业绩、报告期内与公司的业务往来和资金往来，交易公允性，是否存在为发行人承担成本费用或其他输送利益的情况。逐项说明注销上述公司的原因、注销程序的合规性，涉及的资产、人员、债权债务处理情况，是否存在纠纷或潜在纠纷，报告期内是否存在行政处罚或重大违法行为。

（三）应对策略

总体来说，影响企业 IPO 的主要是股东出资问题。股东出资不规范有两种情况：一种是出资不实，另一种是出资存在程序上的瑕疵，并因该瑕疵导致对股东出资的判断存在障碍。

因此，从企业和保荐人的角度来看，有以下建议。

（1）对于以房屋、土地使用权、工业产权、商标等非货币资产出资但未办理财产转移手续的情形，建议如下。

①如果相关资产实际上交企业占有及使用，并且股东未就企业使用相关资产取得或按照相关安排将要取得费用等，则按照实质重于形式原则，在股东将相关资产所有权 / 使用权有效转移给企业。且由有关验资机构出具补充验资报告后，该等出资不实问题不应成为 IPO 项目的实质性障碍。

②由有关验资机构出具补充验资报告。

③当非货币资产的所有权/使用权有效转移给企业存在重大障碍时，比如原本出资的车辆已经损毁不能转移给企业，则股东需要以货币补足。

通过上述妥善处理后，该等出资不实问题通常不会成为IPO项目的实质性障碍。

（2）对于出资不足的，如股东实际出资金额小于验资报告及协议、章程等情况，建议如下。

①充分披露可能受到的处罚，取得工商登记机关不予处罚的证明。

②取得其他批文及证明（工商局确认出资且免予处罚的文件）。

③股东补足出资，验资报告复核，股东承诺，中介机构发表意见。

④之前如果股东取得的分红超过股东实缴部分的出资，应该予以退回。

历史上的出资不足，若不涉及重大违法行为且现业已规范，则不构成IPO的实质性障碍。

（3）关于虚假出资和抽逃出资的情形。虚假出资、抽逃出资情形属于性质严重的出资不实，会被追究刑事责任。企业应尽力不要被认定为抽逃出资。因此，企业在IPO之前，必须解决这类问题，这也是许多拟IPO企业的痛点。建议如下。

①股东达成一致意见，出资弥补不足部分。

②企业登记主管工商局对历史出资情况进行确认。

③工商局出具不处罚证明。

④股东承诺，保荐机构发表核查意见，律师发表意见。

（4）关于出资未按时到位的情形。不论是出资设立还是股权增资，规则都严格规定了股东出资的时间限制，而到期未缴足出资则构成出资瑕疵。对于出资瑕疵，应该采取补救措施，比如，由IPO申报的注册会计师进行验资复核，由工商局出具不予处罚的证明，股东出具相关承诺书等。

《54条》问题7解答指出，保荐机构和发行人律师应关注发行人是否存在股东未全面履行出资义务、抽逃出资、出资方式等出资瑕疵，或者发行人历史上涉及国有企业、集体企业改制存在瑕疵的情形。建议如下。

①历史上存在出资瑕疵的，应当在申报前依法采取补救措施。保荐机构和发

行人律师应当对出资瑕疵事项的影响及发行人或相关股东是否因出资瑕疵受到过行政处罚、是否构成重大违法行为及本次发行的法律障碍，是否存在纠纷或潜在纠纷进行核查并发表明确意见。发行人应当充分披露存在的出资瑕疵事项、采取的补救措施，以及中介机构的核查意见。

②对于发行人是国有企业、集体企业改制而来的或历史上存在挂靠集体组织经营的企业，若改制过程中法律依据不明确、相关程序存在瑕疵或与有关法律法规存在明显冲突，原则上发行人应在招股说明书中披露有权部门关于改制程序的合法性、是否造成国有或集体资产流失的意见。国有企业、集体企业改制过程不存在上述情况的，保荐机构、发行人律师应结合当时有效的法律法规等，分析说明有关改制行为是否经有权机关批准、法律依据是否充分、履行的程序是否合法以及对发行人的影响等。发行人应在招股说明书中披露相关中介机构的核查意见。

（5）关于管理层对一些规则的认知不到位，非货币性资产出资没有评估报告的情形，建议如下。

①提供非货币资产作价公允的证据。

②出资方为国有企业的，需取得上级单位或国资委对出资的确认文件，避免被认定为国有资产流失。

③以净资产按账面价值出资的，需申报会计师对原净资产的账面价值出具复核报告。

④股东承诺，中介机构发表意见。

此外，控股子公司的出资也必须缴足，出资未缴足视同出资不实。

四、技术出资审核及应对

（一）审核要点

主要的关注点如下。

（1）技术出资是否属于职务成果。若用于出资的技术与发行人业务相关，要详细核查是否是职务成果。

（2）技术出资比例不宜过高，需提供技术出资的评估报告。

（3）重点关注控股股东、实际控制人手里是否有与发行人业务相关的技术尚未进入发行人；关注与知识产权、专利、技术相关的法律风险、潜在纠纷，前期尽职调查时要充分核查。

（4）发行人的技术优势、创新性不体现在专利的数量，而体现在专利的质量。审核中重发明专利、轻外观及实用新型，关键在于源于核心技术的经济效益的金额及比例。

（二）应对策略

《首发办法》第二十六条规定，公司在申请发行上市时，最近一期末无形资产（扣除土地使用权、水面养殖权和采矿权等后）占净资产的比例不高于 20%。此外，还有以下规定。（1）无形资产出资形式有一定限制。即无形资产必须符合可以用货币估价和可以依法转让的要求，股东不得以信用、自然人姓名、商誉、特许经营权等作价出资。（2）涉及以非专利技术出资的，应以法定方式向公司交付该技术以及公司在使用该技术上是否存在障碍。（3）涉及以专利权和计算机软件著作权出资的，应注意其剩余保护年限及是否许可第三人使用的情况以及对公司经营的影响。

技术出资包括专利权、商标权、非专利技术、开发支出等。因为这类出资是无形的，既看不见又摸不着，容易引起人们对未知事物或未来的恐慌，所以容易为有心人所利用，进而引发纠纷。

另外，技术的价值难以确切计量，市场上没有同类资产做比较，难以取得投资者的一致认同。随着时间的推移，其或升值，或贬值，中介机构的评估只是根据当时当地的情况作出的价格衡量，所以容易引起纠纷。

因此，从企业的角度来看，对于技术出资，要保证作价真实、公允，出资作价时要尽量取得多数股东签字认可的法律文书，避免产生法律纠纷。

从保荐人的角度来看，要认真审核这些出资文书的真实性。

五、IPO 被否或取消审核案例

案例 3–1：因实际控制人认定存疑 IPO 被否

2020 年 11 月创业板 IPO 被否的江苏网进科技股份有限公司（以下简称“网进科技”），是创业板改革并试点注册制以来首家 IPO 申请被否的公司。创业板上市委会议对网进科技询问的主要问题如下。

（1）请发行人代表结合 ××、×× 和 ×× 之间的股权转让及其资金往来和纳税情况等说明实际控制人的认定理由是否充分，实际控制人所持发行人的股份权属是否清晰，是否符合《创业板首次公开发行股票注册管理办法（试行）》第十二条的有关规定。请保荐人代表发表明确意见。

（2）发行人的第一大股东文商旅集团持股比例超过三分之一，并有两名来自文商旅集团的人员担任董事，其中一名担任发行人董事长。文商旅集团为昆山市国有独资企业，报告期发行人 90% 以上销售收入来源于昆山市智慧城市建设。请发行人代表说明文商旅集团被认定为对发行人既无控制权，也无重大影响，仅作为财务投资人的理由是否充分。请保荐人代表发表明确意见。

（3）请发行人代表说明报告期内发行人长期应收款未计提减值准备是否符合《企业会计准则》。请保荐人代表发表明确意见。

最终，创业板上市委审议认为，网进科技未能充分、准确披露相关股东之间的股权转让及资金往来和纳税情况，认定实际控制人的理由、实际控制人所持公司的股份权属、文商旅集团仅作为财务投资人的合理性不充分，不符合相关规定。

案例 3–2：因历史沿革问题 IPO 被否

2019 年 6 月 IPO 被否的瑞联新材，尽管业绩稳定增长，但历史沿革存在不少问题。前大股东中国瑞联欠瑞联新材一个多亿元，瑞联新材竟然不要这笔钱了，并在 2014 年将此债务进行了核销。这实在令人费解，很容易让人怀疑其中可能存在利益输送。值得一提的是，瑞联新材的董事长 ×× 还是中国瑞联的股东，曾持有中国瑞联26%的股权。2015年6月，××按照其原持有中国瑞联26%的股权向瑞联新材补偿其他应收款中的2 958万元。但奇怪的是，这笔钱并没有计入其他应收款的还款项目，而是界定为股东捐赠行为，公司对于中国瑞联欠款一事则避而不提。因此发审委对这2 958万元提出了质疑，要求结合××的收入来源及债权债务情况说明偿还2 958万元补偿款的资金来源。

案例3–3：专利遭问询，四大核心专利失效，国资流失疑云

2020年12月IPO被否的驰田股份，在招股说明书“与业务相关的主要无形资产”一节中，载明“根据公司提供的专利证书，并经查询中国专利查询系统网站”，发行人拥有34项专利，其中30项为实用新型专利，4项为外观设计专利。但同一份招股说明书文件中，“公司主导产品的技术水平”一节对公司主要核心技术的描述却又称“发行人及其控股子公司拥有专利技术共32项，其中实用新型专利28项，外观设计专利4项”。

证监会对其下发的反馈意见函中，也直接指出招股说明书存在发行人拥有专利数量、专利号信息披露不一致情况。

驰田股份于2020年3月初向证监会正式递交IPO申请之后，更有4项专利即将失效。驰田股份招股说明书披露，上述4项专利的申请时间皆集中在2010年4月—2010年5月。根据《中华人民共和国专利法》规定，实用新型专利权和外观设计专利权的期限为十年，都是从申请的当天开始算起。从专利权授权公告之日起，如无其他事由造成专利权终止的，该专利权到专利权期限届满之日终止。而这4项专利被驰田股份在招股说明书中明确指出为其核心技术。

重型专用汽车改装是驰田股份的主要业务和主要收入来源。其改装车生产资质则是从一家国有企业——国营江华机械厂（以下简称“国营江华厂”）手中获取。驰田股份的创始人××与国营江华厂共同出资，联合组建十堰市驰田汽车有限公司（以下简称“驰田有限”，即驰田股份的前身）。国营江华厂以下属的改装车生产设备、技术作价30万元入股。在国家发展和改革委员会和国家经济贸易委员会皆批准了上述申请后，国营江华厂并未成为驰田有限的股东。

在招股说明书中，驰田股份将其描述为“国营江华机械厂主动放弃汽车改装车业务，最终未参与驰田股份经营管理，也未享有股权”。国营江华厂将改装车生产资质直接送给了 ×× 等人，明显属于国资流失的事项。发审委要求驰田股份解释国营江华厂未按照协议书约定条款取得驰田有限股权的原因及合理性，是否存在纠纷或潜在纠纷。

案例 3-4：因关联交易、实际控制人认定不清等问题 IPO 被否

2021 年 1 月 20 日，深交所官网披露消息显示，郑州速达工业机械服务股份有限公司（以下简称“速达股份”）创业板 IPO 被否。

速达股份前身为郑州煤机速达配件服务有限公司，成立于 2009 年 7 月。该公司业务主要围绕煤炭综采设备液压支架开展，为煤炭生产企业提供备品配件供应管理、维修与再制造、全寿命周期专业化总包服务、二手设备租售等综合后市场服务，并为机械设备生产商提供流体连接件产品。

在上市委会议审议中，监管层主要针对公司实际控制人、关联交易、与下属子公司的同业竞争等 3 方面提出问询。

速达股份股权结构显示，××、××、×× 合计控制公司 50.98% 的股份，为公司共同实际控制人。这三人通过一致行动协议共同控制公司经营。速达股份与公司第二大股东郑州煤矿机械集团股份有限公司（简称为郑煤机）存在较多关联交易，且客户、供应商存在重叠，速达股份还接受了郑煤机派驻的财务人员。

招股说明书披露，郑煤机作为公司第二大股东，通过股东大会及委派一名董事和一名监事参与公司重大决策，但未参与公司实际经营。

对此监管层提出问询：郑煤机对发行人存在重大影响而不构成实际控制的理由是什么？发行人第一大股东 ×× 与 ××、×× 形成一致行动关系，是否是为避免将郑煤机认定为实际控制人或共同实际控制人而进行的相关安排？

04
CHAPTER FOUR

第四章

独立性审核及应对

IPO 发行人的独立性要求包括：资产独立、人员独立、财务独立、机构独立、业务独立等……

一、发行人独立性审核及应对

IPO 发行人的独立性要求包括：资产独立、人员独立、财务独立、机构独立、业务独立等。

1. 资产独立

本项主要是对发行人资产完整性的要求。对于生产型企业，要求其具备与生产经营有关的生产系统、辅助生产系统和配套设施，合法拥有与生产经营有关的土地、厂房、机器设备以及商标、专利、非专利技术的所有权或者使用权，具有独立的原料采购和产品销售系统；对于非生产型企业，要求其具备与经营有关的业务体系及相关资产。

在审核实践中，发审委最关注的是发行人的资产是否存在权属瑕疵或潜在纠纷。如相关的商标、专利是否已进入发行人（不能留在集团），是否已经跟随主营业务转移；报告期内是否存在无偿使用关联公司商标的情形，生产厂房、办公场所是否存在向关联公司租用的情况等。若拟 IPO 公司报告期内存在上述不规范、不独立事项，则发审委无法对其的独立经营能力做出判断，拟 IPO 公司最终被否决的可能性就很大。

因此，在申请 IPO 过程中，发行人应当确保主要生产厂房土地、核心专利技术等资产的完整权利，避免存在潜在纠纷。拟 IPO 公司在改制时，主要由公司使用的生产系统、辅助生产系统和配套设施、工业产权、非专利技术等资产必须全部进入发行上市主体。拟 IPO 公司在向证监会提交发行上市申请时，最近 1 年和最近 1 期，以承包、委托经营、租赁或其他类似方式，依赖控股股东及其全资或控股企业的资产进行生产经营所产生的收入，均不超过其主营业务收入的 30%；拟 IPO 公司不得以公司资产为股东、股东的控股子公司、股东的附属企业提供担保。

2. 人员独立

IPO 审核要求发行人的总经理、副总经理、财务负责人和董事会秘书等高级管理人员不得在控股股东、实际控制人及其控制的其他企业中担任除董事、监事以外的其他职务，不得在控股股东、实际控制人及其控制的其他企业领薪；发行人的财务人员不得在控股股东、实际控制人及其控制的其他企业中兼职。

审核实践中，容易出现发行人的部分高管在实际控制人所控制的其他企业中兼任高管，或财务人员相互兼职的情形。这种情况违背了人员独立要求，相关人员应当尽早辞去一方的职务，避免此类情形在报告期内长期存在。

3. 财务独立

IPO 审核要求发行人建立独立的财务核算体系，能够独立做出财务决策，具有规范的财务会计制度和对分公司、子公司的财务管理制度；发行人不得与控股股东、实际控制人及其控制的其他企业共用银行账户。

审核实践中常出现发行人实际控制人对发行人资金占用的情况。若存在此类问题，发行人应当尽快予以解决。并且审核部门会对报告期内资金占用的形式、频率、原因等作出实质性的判断。

4. 机构独立

IPO 审核要求发行人建立健全的内部经营管理机构，独立行使经营管理职权，与控股股东、实际控制人及其控制的其他企业间不得有机构混同的情形。

审核实践中常出现发行人未开展实际经营业务的关联方与发行人共用同一注册地的情形。为避免审核关注，发行人需与关联方办公场所及机构相互独立。

5. 业务独立

IPO 审核要求发行人应具有完整的业务体系和直接面向市场独立经营的能力。属于生产经营企业的，应具备独立的产、供、销系统。无法避免的关联交易必须遵循市场公正、公平的原则。在向证监会提交发行上市申请时，最近 1 年和最近 1 期，发行人与控股股东及其全资或控股企业，在产品（或服务）销售或原材料（或服务）采购方面的交易额，占发行人主营业务收入或外购原材料（或服务）金额的比例都应不超过 30%；委托控股股东及其全资或控股企业，进行产品（或服务）销售或原材料（或服务）采购的金额，占发行人主营业务收入或外购原材料（或服务）金额的比例都应不超过 30%。

关于业务独立，最重要的是同业竞争和关联交易。审核要求发行人的业务应当独立于控股股东、实际控制人及其控制的其他企业，与控股股东、实际控制人及其控制的其他企业间不得有同业竞争或者显失公平的关联交易。

IPO 审核实践中，业务独立在拟 IPO 企业独立性当中权重最高，与发行人的可持续盈利能力息息相关。证监会对关联交易及同业竞争的审核非常严格，对同业竞争要求原则上禁止。同业竞争在主板构成审核红线和绝对障碍。创业板、科创板、北交所则规定对发行人构成重大不利影响的同业竞争，才构成发行障碍。

对关联交易一般要求报告期内占比不大且总体呈下降趋势，并需要证明其必要性及公允性，同时履行相关决策程序。

若发行人的重要销售收入、生产、采购都来自控股股东及其关联方，则发行人在独立性方面有严重缺陷，利润的真实性也就值得怀疑。因此，发行人申请 IPO 之前，必须切断与关联方的关联交易，收购或转让关联方来减少或消除关联交易，而不应该挑战相关规则。

二、同业竞争审核及应对

1. 同业竞争的审核要求

同业竞争是指上市公司所从事的业务与其控股股东[①]（或实际控制人）及其近亲属所控制的企业所从事的业务相同或近似，双方构成或可能构成直接或间接的竞争关系。

在企业实际经营中，同业竞争的存在必然使得相关联的企业无法完全按照完全竞争的市场环境来平等竞争。控股股东利用其表决权可以决定企业的重大经营，如果其表决倾向于非上市公司，对中小股东来说是不公平的。因此，各国立法中均规定了原则上要求上市公司禁止同业竞争，以防止控股股东利用控股地位，在同业竞争中损害上市公司的利益。《公司法》虽然未直接对“同业竞争”进行详细的表述，但在第六章第一百四十八条第五项的规定里，通过对公司高层

① 这里所说的控股，包括绝对控股与相对控股。前者是指控股比例在 50% 以上；后者是指控股比例在 30% 以上 50% 以下，但因股权分散，该股东对上市公司有控制性影响。

的禁止行为的规定，明确指出公司董事等人不得利用职务便利为自己或者他人谋取属于公司的商业机会，本质上也是禁止同业竞争，督促企业营造公平的经营环境。

中国证监会原则上禁止同业竞争。针对创业板、科创板上市公司，《创业板上市公司公开发行证券募集说明书》《科创板首次公开发行股票注册管理办法（试行）》《公开发行证券的公司信息披露内容与格式准则第 41 号——科创板公司招股说明书》都要求发行人要披露同业竞争相关的内容。如避免同业竞争作出的承诺及履行情况；对存在相同、相似业务的，发行人应对是否存在同业竞争做出合理解释以及对避免同业竞争有关措施的有效性发表意见。

针对上市公司的并购、资产重组行为，证监会也制定了相关的法规对同业竞争进行有效制约。

《上市公司收购管理办法》明确要求披露“投资者、一致行动人及其控股股东、实际控制人所从事的业务与上市公司的业务是否存在同业竞争或者潜在的同业竞争”等。种种表述均是围绕体现“保持上市公司独立性”的原则而展开的，体现了监管层对同业竞争可能带来的影响企业独立性和持续经营能力的重视。

《上市公司重大资产重组管理办法》明确规定：上市公司发行股份购买资产要充分说明并披露本次交易有利于提高上市公司资产质量、改善财务状况和增强持续盈利能力，有利于上市公司减少关联交易、避免同业竞争、增强独立性。

因此，如果一个拟上市公司与其发起人存在同业竞争的事实，那么其在审核环节便很难通过。所以发起人与拟上市公司一定要做好避免同业竞争的措施。

在实际操作中，当控股股东（或实际控制人）及其近亲属全资或控股的企业与发行人存在同业竞争时，对于控股股东、实际控制人控制的与发行人从事相同或相似业务的公司，发行人还应当结合目前自身业务和关联方业务的经营情况、未来发展战略等，在招股说明书中披露未来对于相关资产、业务的安排，以及避免上市后出现同业竞争的措施。

控股股东、实际控制人的其他亲属及其控制的企业与发行人存在竞争关系的，发行人应当充分披露前述相关企业在历史沿革、资产、人员、业务、技术、财务等方面对发行人独立性的影响，报告期内交易或资金往来，销售渠道、主要客户及供应商重叠等情况，以及发行人未来有无收购安排。

当然，同业竞争也并非 IPO 雷区，也有一些涉及同业竞争问题却过会的中小企业，如四会富仕（创业板，2020 年 5 月过会）、锦盛新材（创业板，2020 年 3 月过会）。这些企业 IPO 通过的特征是：企业业务完整，财务情况透明、真实，企业的独立性无重大缺陷，满足持续经营的要求，且在招股说明书中真实、完整地披露同业竞争的相关情况，比如是否真实存在、有无解决措施、解决的效果如何、相关人员是否承诺等。并且，尽管 IPO 审核通过，证监会仍然会督促企业在同业竞争问题上做好十足准备，保证企业的独立性和没有输送利益的情况出现。企业考虑的内容包括相关措施是否可以有效规避或解决问题，是否存在潜在竞争的情形，主要客户或供应商是否有相同或相似的业务等。

在 IPO 审核实务中，关于同业竞争，发行人常被问询的问题如下。

（1）进一步披露发行人与 ×× 单位历史上是否有生产产品重叠的情况，相关产品在下游的应用情况及是否存在替代情形；说明发行人实际控制人亲属控制的公司的主要财务数据情况、主要重叠客户情况，包括与重叠客户分别的合作历史、销售收入、适用产品型号情况；说明发行人与重叠客户定价是否与第三方定价情况一致。

（2）说明实际控制人关系密切的家庭成员控制的其他企业的实际经营业务，并说明是否简单依据经营范围对同业竞争做出判断。

（3）披露认定不存在同业竞争关系时，是否已经审慎核查并完整地披露发行人控股股东、实际控制人及其近亲属直接或间接控制的全部企业，相关企业是否与发行人从事相同或相似业务，是否存在上下游关系；与前述企业之间存在相同、相似业务的，说明该等情形是否构成同业竞争，不存在同业竞争的认定依据是否充分审慎；存在上下游业务的，补充披露该等事项对发行人独立性的影响程度，是否构成重大不利影响。

2. 保荐人与发行人如何判断同业竞争

在实际业务中，同业竞争有时很难解决，常常出现上市公司的利益直接受损或以各种看似合法的手段向竞争方输送利益的情形。保荐人与发行人在进行同业竞争判定时，可以遵循“实质重于形式”的原则，结合相关企业历史沿革、资产、人员、主营业务（包括但不限于产品服务的具体特点、技术、商标商号、客户、供应商等）等方面与发行人的关系，以及业务是否有替代性和竞争性、是否有利益冲突、是否在同一市场范围内销售等。论证相关企业是否与发行人构成竞争，不能简单以产品销售地域不同、产品的档次不同等认定不构成同业竞争。对于控股股东、实际控制人控制的与发行人从事相同或相似业务的企业，发行人还应当结合目前自身业务和关联方业务的经营情况、未来发展战略等，在招股说明书中披露未来对于相关资产、业务的安排，以及避免上市后出现同业竞争的措施。

如果发行人控股股东或实际控制人是自然人，其夫妻双方直系亲属（包括配偶、父母、子女）控制的企业与发行人存在竞争关系的，应认定为构成同业竞争。发行人控股股东、实际控制人的其他近亲属及其控制的企业与发行人存在竞争关系的，应当充分披露前述相关企业在历史沿革、资产、人员、业务、技术、财务等方面对发行人独立性的影响，报告期内交易或资金往来，销售渠道、主要客户及供应商重叠等情况，以及发行人未来有无收购安排。

三、关联交易审核及应对

由于关联交易存在粉饰业绩、侵害小股东权益、影响公司独立性的可能，因此，其一直是最被关注的问题之一。很多公司因关联交易问题 IPO 被否。

（一）关联方及关联交易的认定

《公司法》第二百一十六条明确规定，关联关系，是指公司控股股东、实际控制人、董事、监事、高级管理人员与其直接或者间接控制的企业之间的关系，以及可能导致公司利益转移的其他关系。但是，国家控股的企业之间不仅因为同受国家控股而具有关联关系。

1. 关联方的认定

上市委对关联方的认定高度重视，要求保荐人根据《公司法》《企业会计准则》《上市公司信息披露管理办法》以及证券交易所颁布的相关业务规则的规定，准确、完整地披露关联方及关联关系。关联关系的界定主要关注是否可能导致发行人利益转移，而不仅限于是否存在股权关系、人事关系、管理关系等。也就是说，保荐人在关联方的尽职调查中，依据要全面，要按照实质重于形式原则进行判断。只要公司间可能存在利益输送，就可能需要被确认为关联方。

通常，拟 IPO 公司的关联法人主要包括以下类型。

（1）拟 IPO 公司的母公司（包括直接控股股东与间接控股股东）。

（2）拟 IPO 公司的兄弟公司（由前项所述法人直接或者间接控制的除拟 IPO 公司及其控股子公司以外的法人或其他组织）。

（3）拟 IPO 公司的子公司、联营企业、合营企业（企业会计准则单独规定）。

（4）持有拟 IPO 公司 5% 以上股份的法人或其他组织（深交所规定追加此类法人或其他组织的一致行动人；企业会计准则中仅规定对拟上市公司实施共同控制或施加重大影响的投资方）。

（5）关联自然人直接或者间接控制的除上市公司及其控股子公司以外的法人或其他组织（科创板规则将“直接或间接控制上市公司的法人或其他组织的其他主要负责人”也认定为关联自然人；因此主要负责人直接或者间接控制的，或者担任董事、高级管理人员的法人或其他组织同样是关联方）。

（6）关联自然人担任董事、高级管理人员的除上市公司及其控股子公司以外的法人或其他组织（科创板、创业板将关联自然人担任独立董事的除上市公司及其控股子公司以外的法人或者其他组织排除在关联方范围之外）。

（7）在过去 12 个月内或者根据相关协议安排在未来 12 个月内，存在上述情形之一的。

关联自然人主要包括：

（1）拟上市公司的董事、监事、高级管理人员及其家庭成员（包括配偶、父母、年满 18 周岁的子女及其配偶、兄弟姐妹及其配偶，以及配偶的父母、兄弟姐妹，子女配偶的父母）；

（2）直接或间接持有拟上市公司 5% 以上股份的自然人及其家庭成员；

（3）母公司的董事、监事、高级管理人员（直接或者间接地控制上市公司的法人的董事、监事及高级管理人员）[①]；

（4）在过去12个月内或者根据相关协议安排在未来12个月内，存在以上情形之一的。

2. 关联交易的认定

《上市公司信息披露管理办法》指出，关联交易是指上市公司或者其控股子公司与上市公司关联人之间发生的转移资源或者义务的事项。《企业会计准则第36号——关联方披露》指出，关联方交易是指关联方之间转移资源、劳务或义务的行为，而不论是否收取价款。

关联交易主要包括以下类型：

（1）购买或者出售资产；

（2）对外投资（含委托理财、委托贷款等）；

（3）提供财务资助；

（4）提供担保；

（5）租入或者租出资产；

（6）委托或者受托管理资产和业务；

（7）赠予或者受赠资产；

（8）债权、债务重组；

（9）签订许可使用协议；

（10）转让或者受让研究与开发项目；

（11）购买原材料、燃料、动力；

（12）销售产品、商品；

（13）提供或者接受劳务；

（14）委托或者受托销售；

（15）在关联人的财务公司存贷款；

（16）代表企业或由企业代表另一方进行债务结算；

① 科创板规则将“直接或间接控制上市公司的法人或其他组织的其他主要负责人”也认定为关联自然人。

（17）支付给关键管理人员的薪酬；

（18）与关联人共同投资。

必须注意的是，在 IPO 审核实务中，关联交易的类型不仅限于已经列举的这些类型。关联方之间发生的各种形式的交易或者并非一般意义上的“交易”，只要涉及转移资源、劳务或义务的行为或事项，均构成关联交易，因此需要从实质上进行判断。比如除了发行人与控股股东共同投资设立企业明显符合“与关联人共同投资”外，以其他形式出现的投资实质上也可能是“与关联人共同投资”。发行人从无关联第三方购买控股股东控股的子公司的少数股权，从形式上看是发行人与无关联第三方的交易，不构成关联交易。但是，该交易会形成发行人与控股股东共同持有同一公司股权的情形。那么，从严格意义上讲，这一交易也应该被视为关联交易，董事会或者股东大会在进行审议时关联方应该回避表决。

（二）关联交易 IPO 审核重点

实务中，对于关联交易，上市委的主要关注重点如下。

1. 关联交易的必要性

关联交易的必要性，是指交易是否存在合理的商业逻辑，比如交易双方具有上下游关系，交易能够提升公司业绩或市场份额等。

2. 关联交易的公允性

关联交易的公允性是指关联交易价格是否合理，与非关联交易价格相比是否明显过高或过低，相关业务毛利率是否明显高于同类非关联业务或其他可比公司相应毛利率。通常，上市委要求发行人和保荐人对上述交易的公允性及发行人相关业务独立性发表明确意见。

作为保荐人，论证交易公允性可选择的方法包括：同类或近似产品既有关联交易又有非关联交易的，直接对比关联交易与非关联交易的价格；不存在同类非关联交易的，通过说明关联交易价格的生成机制，如运用成本加成法定价等，分析并论证定价方法的合理性。此外，保荐人还可以通过分析关联方之间通过关联交易各自获取的收益水平的合理性，间接论证关联交易价格的公允性。

3. 关联交易的真实性

关联交易的真实性的审核要点：一是核查交易是否真实发生，且是出于发行人正常经营需要，不存在商业以外的目的与动机；二是关联交易销售的商品是否被关联方实际使用或者实现了最终销售。相关机构通过核查防止发行人发生利用虚假的关联交易、偏离市场价格或条件进行调节业绩等不正当行为。

4. 关联交易的完整性

核查的重点是对重要客户、供应商关联身份及交易真实性的核查，以查明有无遗漏或者故意隐瞒关联关系的情况。从审核实践来看，部分拟 IPO 企业存在利用未披露的关联关系进行财务粉饰，甚至财务造假的情况，证监会历来对此高度重视。重要客户、供应商隐瞒关联关系向发行人输送利润（例如抬高销售价格、压低供应价格、代为承担费用等）是明显的财务粉饰行为。重要客户隐瞒关联关系与发行人之间发生并未实现最终销售的交易是明显的财务舞弊行为（所谓“假”的真交易）。

通常，此类财务粉饰和财务舞弊行为都是发行人管理层故意安排与实施的行为，难以通过内部控制机制发现。这就需要保荐机构通过充分获取外部证据的方式来应对。所以，对重要客户、供应商的身份进行尽职核查，以保证发行人关联交易的完整性是必要的。

常见的方式包括两种。一种是从主体出发，通过对重要客户、供应商进行实地走访、信息比对，核查重要客户、供应商是否存在隐瞒关联关系的可能。例如详细核查发行人的所有关联方（包括发行人引入的 PE 股东及其出资人）及职工（含离职员工）、发行人的董事、高级管理人员及其他核心人员（包括与其关系密切的家庭成员）是否在发行人的客户或供应商（或与上述客户或供应商存在关联关系的单位，或上下级单位，或上下级公司）处任职或担任股东。

另外一种是从交易出发。对于报告期内重大异常、不合理交易（例如明显不符合商业逻辑、报告期最后一期突然出现新的大客户等），应当予以充分关注和核查。核查内容包括交易的真实性、交易对方是否为未披露的关联方等。

5. 关联交易程序的规范性

发行人应在公司章程及其他内部规定中明确关联交易公允决策的程序。关于关联交易的程序，监管部门审核标准为：发行人应当披露章程对关联交易决策程序的规定，已发生关联交易的决策过程是否与章程相符，关联股东或董事在审议相关交易时是否回避，以及独立董事和监事会成员是否发表不同意见等。

6. 关联交易对发行人独立性的影响

重点审核关联交易占比是否过高，对关联方是否存在重大依赖，是否严重影响发行人的独立性，是否可能对发行人产生重大不利影响。IPO 审核中，发审委对控股股东、实际控制人的关联交易金额有一个量化标准：对于控股股东、实际控制人与发行人之间关联交易对应的收入、成本费用或利润总额占发行人相应指标的比例较高（如达到 30%[①]）的，发行人应结合相关关联方的财务状况和经营情况、关联交易产生的收入、利润总额合理性等，充分说明并简要披露关联交易是否影响发行人的经营独立性，是否构成对控股股东或实际控制人的依赖，是否存在通过关联交易调节发行人收入利润或成本费用、对发行人利益输送的情形。

7. 是否存在关联交易非关联化、隐藏关联交易等情形

基于 IPO 审核中的风险导向审核理念，上市委一般会对“关联交易非关联化”问题高度警惕。主要的审核要求包括以下方面。

一是在信息披露方面严格要求。要求发行人详细披露“非关联化”的相关具体情况，包括但不限于注销、转让等情况。在报告期内注销、转出的关联方仍然要做详尽披露，包括注销的要提供清算之前的财务数据。

二是如果以转让的方式进行“非关联化”，要求中介机构重点核查以下事项。①转让的真实性、合法性、合理性，包括受让主体的身份，与发行人是否存在关联关系，是否存在委托或代理持股，是否存在未来回购安排（申报前出售、上市后购回），仍然掌控控制权等“抽屉协议”等。特别要从商业合理性方面考

① 关联交易占比不超过 30% 的政策规定，已经于 2006 年被废止。之所以放弃数量定量要求，是因为商业模式与行业及自身股权结构、历史沿革不同，不同企业的关联交易情况对其独立性、持续经营能力和经营业绩的影响是复杂的，不宜简单使用数量标准判断，而是应该基于实质性判断和多因素综合考量的审核理念，对不同企业的具体情况进行具体分析。当然，30% 仍然可以作为一个参考指标，但更重要的是结合发行人自身的各种情况，判断交易实质，在尽职调查中做实质性判断。例如关联交易对于发行人业务链的完整到底具有多大的影响。又如，不仅看关联交易占发行人同类业务的比例，也要看该项关联交易占交易对方同类业务的比例。

虑交易的真实性，并关注异常情况。例如，如果准备接手的第三方是发行人的高管（前高管）、员工（前员工）、新引入PE的关联方、与实际控制人存在其他关系（但并不构成关联方）的人员等，都建议尽量避免。确实已经发生的，建议要么如实披露并进行充分的分析说明，要么进一步予以处理。②转让价格是否公允。③转让后与发行人是否仍存在交易及资金往来情况。④转让后相关资产、人员的最终去向。

三是如果是以注销的方式进行“非关联化”，要求中介机构重点核查以下事项：①注销的关联方情况，注销的原因，是否存在较多的债务或持续的亏损；②该注销主体自设立以来的生产经营情况，存续期间是否合法经营，注销前从事的业务及与发行人的业务、资产、技术、营销网络等方面的关系，注销后管理人员和生产人员的去向，与发行人的人员是否重叠。一般还会要求提供注销前一年的财务报表和注销的相关证明文件，注销履行的内部决策程序和债权人告知程序以及是否存在纠纷和潜在纠纷。

四是非关联化的标的历史上是否存在重大违法行为。

8. 是否存在共同投资情形

《54条》问题20解答指出，发行人如存在与其控股股东、实际控制人、董事、监事、高级管理人员及其亲属直接或者间接共同设立公司情形，发行人及中介机构应主要披露及核查以下事项。

（1）发行人应当披露相关公司的基本情况，包括但不限于公司名称、成立时间、注册资本、住所、经营范围、股权结构、最近一年又一期主要财务数据及简要历史沿革。

（2）中介机构应当核查发行人与上述主体共同设立公司的背景、原因和必要性，说明发行人出资是否合法合规、出资价格是否公允。

（3）发行人与共同设立的公司存在业务或资金往来的，还应当披露相关交易的交易内容、交易金额、交易背景以及相关交易与发行人主营业务之间的关系。中介机构应当核查相关交易的真实性、合法性、必要性、合理性及公允性，是否存在损害发行人利益的行为。

（4）如公司共同投资方为董事、高级管理人员及其近亲属，中介机构应核查说明公司是否符合《公司法》第一百四十八条规定，即董事、高级管理人员未经股东会或者股东大会同意，不得利用职务便利为自己或者他人谋取属于公司的商业机会，自营或者为他人经营与所任职公司同类的业务。

9. 消除与减少关联交易的措施

在股份公司设立后，如果面临关联交易问题（例如关联交易占比较大），拟IPO 公司应在提出发行上市申请前考虑两种方式予以解决。第一种方式是消除关联交易。这类方式也可以分成两个思路。一个思路是“买”，即发行人通过收购等方式将关联方纳入发行人，以消除关联交易。另一个思路是“卖”，包括发行人将涉及关联交易的业务出售给关联方或者第三方，实际控制人将关联方或者涉及关联交易的业务出售给第三方等。因为“买”是纳入发行人主体，监管机构历来更鼓励通过“买”的方式来消除关联交易。如果选择“卖”，审核方一般会本着风险导向审核理念，对“卖”的真实性提出进一步的核查与披露要求，也就是前面提到的“关联交易非关联化”的问题。第二种方式是披露与合理解释，以说明当前关联交易的合理性与必要性，而且交易公允，已经采取措施使未来可以减少关联交易金额和占比。

四、重大客户依赖的审核及应对

重大客户依赖，即客户集中度较高。客户集中度即业务量占比前五名的客户所产生的业务量总和占所有业务量的比重。《首发办法》第三十条规定，发行人不得有下列影响持续盈利能力的情形：……（3）发行人最近 1 个会计年度的营业收入或净利润对关联方或者存在重大不确定性的客户存在重大依赖。对于申报IPO 的企业，若发行人存在客户集中度较高的情形，其合理性、客户的稳定性和业务的持续性会被重点关注。

（一）重大客户依赖的审核要点

（1）报告期内对第一大客户的销售情况、合作模式，补充说明并披露该客户的获取方式、定价政策和销售方式。

（2）客户依赖的风险对拟上市公司持续经营、公司的风险管理措施、公司的竞争优劣势、公司的订单获取情况等事项的影响。

（3）拟上市公司与前五大客户是否存在关联关系，是否对前五大客户存在重大影响。

（4）拟上市公司的客户对象构成的稳定性、客户忠诚度及未来变化趋势，是否符合拟上市公司的行业与产品经营特征。

（5）拟上市公司是否存在客户集中风险。

（二）对保荐人的建议

对保荐人的建议主要有两个方面。

第一个方面：判断拟上市公司是否构成重大客户依赖。这里主要看两点。

一是客户依赖的对象。不同的依赖对象，对拟上市公司独立性的影响程度也不一样。

如果拟上市公司依赖的客户是大型国企或者知名上市公司，其风险相对较小。因为这类客户的透明度较高，市场影响力较大，不易受拟上市公司控制，双方的主体关系比较明朗，存在关联交易的概率较低，甚至这类知名客户还能给拟上市公司 IPO 加分。

如果拟上市公司依赖的大客户是不知名的公司，或行业影响力不是特别大，那么双方存在关联关系，并进行利益输送的嫌疑就更大。对于“客户协助式成长”，证监会也尤为关注，尤其是对成长性有较高要求的创业板。拟上市公司的客户结构、销售模式，都会直接影响拟上市公司的成长质量。

二是与依赖客户之间是否互相依赖。判断拟上市公司和依赖客户之间是互相依赖还是拟上市公司单方面依赖。如果是互相依赖，那么双方的合作关系会更稳固，反之则会影响企业后续的业绩增长。如果是拟上市公司单方面依赖，正如第一点所说的，影响力较大的客户会对拟上市公司有正面的影响，反之，则没有。

第二个方面：何种情况下大客户依赖严重影响过会？

客户依赖到底好还是不好，到底是哪一点影响了其过会？通过以往案例的分析，客户依赖并非影响 IPO 过会的关键因素，背后折射出的持续盈利能力、财务数据真实性、独立性、关联关系、规范性等诸多问题，才是监管层关注的重点。被否决案例中，尽管公布的审核意见主要是因为重大客户依赖被否决，但是更深层次的原因可能是公司盈利能力不足和抗风险能力不强，从而导致对大客户的依赖存在重大不确定性。

关于“部分首发企业客户集中度较高，如向单一大客户销售收入或毛利占比超过 50%，在何种情况下不构成重大不利影响？”的问题，《54 条》问题 38 的解答如下。

发行人来自单一大客户主营业务收入或毛利贡献占比超过 50% 的，表明发行人对该单一大客户存在重大依赖，但是否构成重大不利影响，应重点关注客户的稳定性和业务持续性，是否存在重大不确定性风险，在此基础上合理判断。

（1）对于非因行业特殊性、行业普遍性导致客户集中度偏高的，保荐机构应充分考虑该单一大客户是否为关联方或者存在重大不确定性客户，是否为异常新增客户；客户高度集中是否可能导致对其未来持续盈利能力存在重大不确定性的重大疑虑，进而影响是否符合发行条件的判断。

（2）对于发行人下游客户的行业分布集中而导致的客户集中具备合理性的特殊行业（如电力、电网、电信、石油、银行、军工等行业），发行人应与同行业可比上市公司进行比较，充分说明客户集中是否符合行业特性，发行人与客户的合作关系是否具有一定的历史基础；有充分的证据表明发行人采用公开、公平的手段或方式独立获取业务，相关的业务具有稳定性以及可持续性，并予以充分的信息披露。

针对上述特殊行业分布或行业产业链关系导致发行人客户集中情况，中介机构应当综合分析考量以下因素的影响。

一是发行人客户集中的原因，与行业经营特点是否一致，是否存在下游行业较为分散而发行人自身客户较为集中的情况及其合理性。

二是发行人客户在其行业中的地位、透明度与经营状况，是否存在重大不确定性风险。

三是发行人与客户合作的历史、业务稳定性及可持续性，相关交易的定价原则及公允性。

四是发行人与重大客户是否存在关联关系，发行人的业务获取方式是否影响独立性，发行人是否具备独立面向市场获取业务的能力。

同时，保荐机构应当提供充分的依据说明上述客户本身不存在重大不确定性，发行人已与其建立长期稳定的合作关系，客户集中具有行业普遍性，发行人在客户稳定性与业务持续性方面没有重大风险。发行人应在招股说明书中披露上述情况，充分揭示客户集中度较高可能带来的风险。符合上述要求，一般不认为对发行条件构成重大不利影响。

五、供应商依赖审核及应对

供应商依赖与重大客户依赖审核原理相同。发审委对拟 IPO 企业重大客户依赖的担忧是收入的可持续性。发审委对拟 IPO 企业重大供应商依赖的担忧是原材料成本的风险性。收入与成本共同影响企业的盈利能力，进而影响企业的可持续经营能力。

此类问题主要包括供应商重大依赖、公司前五大供应商变动较大、多家公司成立不久便成为供应商，以及供应商与客户重合等诸多问题。

1. 供应商与客户重合的问题

客户与供应商重合会明显地影响拟 IPO 企业的独立性和业务完整性，若该客户又是关联方，则 IPO 被否决概率很大。近年来上会案例中第一大供应商与第一大客户重合的问题，会导致发审委乃至外界一系列连环反应：独立性、持续盈利能力、财务数据，甚至公司的商业模式都遭到质疑。因此，拟 IPO 企业应该尽量避免出现这一情况。

2. 委托加工和独立购销问题

在现实中，供应商与客户重合的问题也有其合理性。比如委托加工问题，委托加工又会涉及存货异地管理的问题。有时候委托加工与自主生产及销售没有那么容易区分，本质并不在于是否是由客户提供原材料，而在于发行人生产经营的附加值有多大。针对该类情况，需要核查其作为独立购销业务而不是委托加工业务的合理性，选择这种交易模式的必要性，以及核查采用总额核算是否符合企业会计准则要求。发行人及保荐人应重点考虑以下两个因素。

一是生产加工的复杂程度，是否涉及复杂的工艺，产品变动是否很大。

二是风险报酬是否转嫁，如交易对方既是供应商又是客户的情况下，向其采购的原材料只能专门用于生产交易对手的产品；协议签署时采购价和回售的价格已经确定，受托方实质上不承担风险，认定为委托加工比较合理。

《54 条》问题 32 解答如下。

（1）由发行人将原材料提供给加工商之后，加工商仅进行简单的加工工序，物料的形态和功用方面并没有发生本质性的变化，并且发行人向加工商提供的原材料的销售价格由发行人确定，加工商不承担原材料价格波动的风险。此类交易，通常按照委托加工业务处理。发行人按照原材料销售和回购的差额确认加工费，对于提供给加工商的原材料不应确认销售收入。

（2）由客户提供或指定供应商的原材料采购价格由双方协商确定，且与市场价格基本一致。购买和销售业务相对独立，双方约定所有权转移条款，发行人对存货进行后续管理和核算，该客户没有保留原材料的继续管理权。产品销售时，发行人与客户签订销售合同，销售价格包括主要材料、辅料、加工费、利润在内的全额销售价格。此类交易，通常应当按照实质重于形式原则，以控制权转移认定是否按购销业务处理，从而确定是以总额法确认加工后成品的销售收入，还是仅将加工费确认为销售收入。

3. IPO 审核重点

从 IPO 过会与被否的案例分析来看，对于既是客户又是供应商的审核，主要关注点如下。

一是合理性。报告期是否存在既是客户又是供应商的情形，其存在的必要性和合理性，是否符合行业惯例。

二是商业实质。发行人与交易对方的具体合作模式，交易是否具有真实的商业背景，是否属于委托加工行为。

三是关联关系。交易对方的基本情况，是否与发行人存在关联方关系。

四是独立性。发行人对交易对方的销售、采购金额及占比，是否对该客户或供应商存在重大依赖，是否影响独立性。

五是核算方法。发行人选用总额法还是净额法核算，选择总额法核算是否恰当。

六是依赖程度。一般来说，若单一客户销售额或者毛利超过发行人相关指标的 50%，则说明发行人对这个客户存在依赖。而若这个客户存在重大不确定性，则说明发行人未来的盈利能力存在重大不确定性。对于非因行业特殊性、行业普遍性导致客户集中度偏高的，保荐机构在执业过程中，应充分考虑该单一大客户是否为关联方或存在重大不确定性客户。

通常，单一客户依赖问题终归还是持续经营能力的问题。IPO 问询中常见的问题有：

（1）说明发行人 ×× 年、×× 年委托加工和代采辅料来源于 ×× 公司的金额占比较大的原因及合理性；

（2）说明发行人采用委托加工模式而不自建工厂生产的原因及合理性，委托加工模式对发行人业务、资产的独立性和完整性是否构成实质性不利影响；

（3）结合同行业上市公司采购相同原材料的定价情况，说明发行人对主要供应商采购定价的依据及公允性、发行人是否对主要供应商存在依赖，该等情形是否可能对发行人未来持续盈利能力构成重大不利影响。

六、IPO 被否或取消审核案例

案例 4-1：因单一产品及采购集中度畸高而终止上市

资料显示，江苏柯菲平医药股份有限公司（以下简称“柯菲平”）主要从事心脑血管、消化系统等领域创新药的研制和商业化。2020 年 6 月 1 日，柯菲平首发申请获上交所科创板受理。2020 年 11 月 9 日，柯菲平向上交所提交了《江苏柯菲平医药股份有限公司关于撤回首次公开发行股票并在科创板上市申请文件的申请报告》（江柯发［2020］9 号），申请撤回申请文件。

公开资料显示，柯菲平收入主要来源于销售丹参酮ⅡA 磺酸钠注射液（商品名：诺新康）。2017 年、2018 年以及 2019 年度，丹参酮ⅡA 磺酸钠注射液相关销售收入占柯菲平营业收入的比例分别为 90.98%、83.72%、85.46%。在此前的三轮问询中，监管部门提出的主要问题如下。

请发行人说明：

（1）上柯医药的基本情况，发行人参股的原因，以及转让其股权的考虑因素，转让股权前发行人和一生化药业及上柯医药在药品销售过程中的各自分工；

（2）“两票制”政策下，发行人退还丹参酮ⅡA 磺酸钠注射液的原因及相应的会计处理，2017 年向上柯医药退还金额大于关联采购金额的合理性；

（3）2018 年发行人未向上柯医药提供推广服务的原因，报告期内提供服务主体是否发生变化；

（4）是否存在第三方交易价格比较情况，并进一步论证发行人同上柯医药关联交易的公允性。

请保荐机构、申报会计师核查以上情况，关注发行人向关联公司采购和销售金额的合理性、价格的公允性，发行人是否存在利用关联方虚构交易的情况，是否存在无真实交易背景的资金循环，并请说明核查方法、核查证据，并发表核查结论。

根据招股说明书，报告期内发行人与南京恒赢、南京泓昶存在偶发性关联交易，主要为发行人及其客户上柯医药、长春大政提供学术推广服务，南京恒赢、南京泓昶为控股股东、实际控制人秦引林的妹妹、妹夫控制的企业。请发行人说明：

（1）南京恒赢、南京泓昶的基本情况，是否对发行人存在依赖及其依据、理由；

（2）相关交易具体内容、结算具体方式，上市后是否存在持续交易的具体安排。

请保荐机构、发行人律师对上述事项进行核查，并对关联方、关联关系、关联交易相关信息披露的完整性，关联交易的必要性、合理性和公允性，是否存在严重影响独立性或显失公平的关联交易发表明确意见。

案例 4-2：因高度依赖单一客户、持续经营能力不确定性等问题 IPO 被否

2020 年 12 月 30 日，创业板上市委审议结果显示，浙江前进暖通科技股份有限公司（以下简称“前进科技”）首发未获通过。

深交所在《关于终止对浙江前进暖通科技股份有限公司首次公开发行股票并在创业板上市审核的决定》中指出，前进科技业务高度依赖单一客户，该客户的市场占有率及行业地位没有明显优势，新冠肺炎疫情期间该客户的经营状况对发行人经营业务产生了重大不利影响。高度依赖单一客户可能导致其未来持续经营能力存在重大不确定性。与同行业公司相比，发行人客户集中度偏高，新客户开拓困难、进展甚微，主要单一客户订单存在流失风险，且短时间内可能难以改善，其直接面向市场独立持续经营的能力存在重大不确定性。

案例 4-3：因客户和供应商重合等问题，鸿铭股份科创板 IPO 终止审核

2021 年 1 月 19 日，上交所发布公告，广东鸿铭智能股份有限公司（以下简称“鸿铭股份”）和保荐人东莞证券股份有限公司提交了《广东鸿铭智能股份有限公司关于首次公开发行股票并在科创板上市终止审核的申请》和《东莞证券股份有限公司关于广东鸿铭智能股份有限公司首次公开发行股票并在科创板上市终止审核的申请》，申请撤回申请文件。根据《上海证券交易所科创板股票发行上市审核规则》第六十七条的有关规定，上交所决定终止对鸿铭股份首次公开发行股票并在科创板上市的审核。

招股说明书显示，鸿铭股份是一家集研发、生产和销售于一体的智能制造装备生产商，主营产品包括各种智能包装设备和包装配套设备。此前，监管部门曾经提出了许多问题，要求鸿铭股份进行回答。

请发行人说明：

（1）报告期内存续、注销或转让关联方的主要经营业绩，是否存在替发行人代垫成本或费用的情形，是否存在与发行人经营相竞争或潜在竞争业务，与发行人客户和供应商的重合情况（包括重合数量、金额及占比情况），是否存在通过重合客户、供应商进行利益输送的情形，是否存在违反《公司法》第一百四十八条的情形；

（2）上述关联方注销的原因、合法合规性及资产处置情况，是否存在争议或潜在纠纷，报告期内是否存在重大违法行为；

（3）发行人与豫申机械和鸿铭时代关联交易的原因和公允性，发行人向豫申机械采购机器设备的相关会计处理及与报表科目及附注的钩稽关系。

请保荐机构和申报会计师对上述事项进行核查并发表明确意见，说明客户、供应商及其关联方与发行人及其关联方、财务人员和关键业务人员之间是否存在关联关系、关联交易、资金往来或其他利益安排以及具体的核查过程。

请发行人律师就上述事项（1）和（2）进行核查并发表明确意见。

案例 4–4：因同业竞争等问题 IPO 被否

2019 年 6 月，上海奕瑞光电子科技股份有限公司（以下简称“奕瑞光电”）创业板 IPO 被否。其 IPO 被否的主要原因包括：同业竞争、涉及关联交易、主营业务毛利率波动、采购商依赖度、对美国销售收入占比过高、不同股东入股价格不一等。发审委会议对奕瑞光电询问的主要问题如下。

（1）请发行人代表：①说明魅丽纬叶、视涯 、箩箕、菲森等 4 家关联方与发行人是否存在同业竞争，报告期内持续亏损的原因及合理性，与发行人在采购、销售或研发上是否存在资产、人员混同或为发行人分担成本、费用情形；②说明主要股东与主要客户蓝韵实业及关联方发生资金往来的原因及合理性；③结合蓝韵实业自身经营和重组情况，说明与蓝韵实业交易的真实性、合理性，交易价格公允性，是否存在利益输送；④说明发行人对蓝韵实业采取 10% 预收款结算方式的原因，在蓝韵实业存在大额应收账款长期未收回的情况下，仍继续进行交易的原因及合理性。请保荐代表人说明核查依据、过程并发表明确核查意见。

（2）发行人 2018 年扣非后净利润下降，报告期内主营业务毛利率存在波动。请发行人代表说明：①各种产品毛利率波动的原因及合理性；结合上海联影发展情况说明对其销售毛利率较低的原因和合理性，是否具有稳定性和可持续性；②报告期内主要产品单价持续大幅下降的原因及合理性，主要产品的生命周期，未来的产品储备和应对措施，主要产品未来价格的变动趋势及对发行人未来经营效益是否构成重大不利影响；③ 2018 年扣非后净利润下降的主要原因，结合 2019 年 1 季度业绩及 2019 年上半年业绩预测，说明相关不利因素是否已经消除，未来是否存在持续下滑的可能性。请保荐代表人说明核查依据、过程并发表明确核查意见。

（3）请发行人代表说明：①向深天马独家采购 TFT SENSOR 的必要性、合理性，是否符合行业惯例，采购价格的公允性，是否存在利益输送等；②与深天马合作的稳定性和可持续性，是否对深天马构成重大依赖，对发行人持续盈利能力是否构成重大不确定性，发行人的应对措施。请保荐代表人说明核查依据、过程并发表明确核查意见。

（4）报告期内，发行人对美国销售收入占比较高。请发行人代表：①说明关税加征后至今，出口美国产品的价格、关税、销售收入、净利润、毛利率的变化情况，主要客户及销售量的变化情况，对经营业绩的影响程度；②说明发行人与美国主要客户沟通协商的具体情况，包括是否转移关税成本等，相关做法是否符合两国法律法规的规定；③结合 2019 年在手订单、主要客户沟通情况、与美国市场同类产品的竞争情况等，说明未来对美国产品出口的趋势和可能发生的重大变化，中美贸易形势的改变对发行人经营状况及财务状况的影响以及拟采取的应对措施。请保荐代表人说明核查依据、过程并发表明确核查意见。

（5）请发行人代表说明：①申报前一年新增股东上海慨闻、上海辰岱、苏州辰知的出资人及合伙事务管理人情况，与发行人大股东、董事、高级管理人员、供应商及客户等是否存在关联关系或其他利益关系；②同时间、同批次入股但入股价格不一致的原因及合理性，2015 年两次股权激励价格差异较大的原因及合理性。请保荐代表人说明核查依据、过程并发表明确核查意见。

案例 4-5：因毛利率异常、重大客户依赖、同业竞争等问题 IPO 被否

2019 年上海艾融软件股份有限公司（以下简称“艾融软件”）创业板 IPO 被否。被否原因涉及毛利率异常、重大客户依赖、同业竞争等。

发审委会议对艾融软件询问的主要问题如下。

（1）报告期内，发行人综合毛利率、净利率均高于同行业可比上市公司水平。请发行人代表说明：①报告期内综合毛利率、净利率显著高于同行业可比上市公司水平的原因及合理性；②发行人与客户约定人月单价的确定依据，不同客户人月单价差异较大的原因及合理性，部分项目人月单价高于同行业可比公司水平的原因及合理性，是否符合行业惯例；③各期有效人月工作量的确认依据，发行人获取额外工作量奖励的确定依据及合理性，在持续性项目中通过调整人员结构控制成本支出而客户未调整支付对价的合理性；④发行人人均薪酬、技术及研究人员人均成本低于同行业可比上市公司的原因及合理性；⑤研发资源人员级别的划分标准，与同行业可比公司是否一致，报告期内发行人研发资源人员级别变动情况。请保荐代表人说明核查依据、过程并发表明确核查意见。

（2）发行人报告期前五大客户收入占比较高。请发行人代表：①说明主要客户占比较高是否属于行业惯例，发行人对主要客户是否存在重大依赖；②结合行业竞争、市场情况、与主要客户的合作历史、订单获取方式等，说明发行人的核心竞争力、市场开拓能力、与主要客户的稳定性及可持续性；③说明订单获取过程是否合法合规，是否存在商业贿赂或不正当竞争等情形。请保荐代表人说明核查依据、过程并发表明确核查意见。

（3）发行人实际控制人为吴臻、张岩，控制的企业较多。部分员工为关联方钱先生、钱咸升等公司办理辅助性的行政事务并在其报销费用。请发行人代表说明：①共同控制人吴臻与张岩意见不一致情形下的解决机制，是否能确保实际控制人对发行人的有效控制以及发行人公司治理的规范性、有效性；②关联公司报告期内实际从事的业务情况及主要财务数据，与发行人是否存在同业竞争，在资产、人员、办公场地、技术、客户、供应商方面与发行人的关系，是否存在与发行人共同采购、销售的情形，是否存在为发行人分担成本、费用等情形；③发行人员工为关联方办理事务并由关联方报销费用的原因、具体情况、整改措施及效果。请保荐代表人说明核查依据、过程并发表明确核查意见。

（4）报告期，发行人子公司上海宜签与公安部第一研究所进行居民身份证

认证业务合作。请发行人代表说明：①上海宜签与公安部及其下属机构合作的具体内容、收益分成安排、合作期限以及期限届满后续期是否存在障碍；②公安部第一研究所及发行人进行有偿身份认证业务的合法合规性，上海宜签对所获得的身份信息的保密制度及相关安排，是否存在纠纷及潜在纠纷。请保荐代表人说明核查依据、过程并发表明确核查意见。

05
CHAPTER FIVE

第五章
规范运行审核及应对

考虑到内部控制问题较多，我们在第六章单独说明。本章主要讨论董事、高级管理人员，业务合规，环保合规，社会保障合规，税收优惠依赖与税务合规，财务基础工作合规以及其他规范运行问题的审核及应对……

规范运行问题包括管理不规范、环保问题、税务问题等。规范运行在实际操作中的具体要求主要表现为：发行人已经依法建立健全股东大会、董事会、监事会、独立董事、董事会秘书制度，相关机构和人员能够依法履行职责；发行人内部控制制度健全且被有效执行，能够合理保证财务报告的可靠性、生产经营的合法性、营运的效率与效果；最近三年不得有重大违法行为；发行上市前不得有违规担保和资金占用情形等。

考虑到内部控制问题较多，我们在第六章单独说明。本章主要讨论董事、高级管理人员，业务合规，环保合规，社会保障合规，税收优惠依赖与税务合规，财务基础工作合规以及其他规范运行问题的审核与应对。

一、董事、高级管理人员的审核与应对

关于董事、高级管理人员的 IPO 审核要点一般包括：任职资格、任免程序合法性、重大变化披露等三方面，其中，后两项属于变化情况核查，不再详述。

（一）非独立董事与高级管理人员（不含董事会秘书）任职资格

非独立董事与高级管理人员（不含董事会秘书）任职资格规定如下。

1.《公司法》的相关规定

《公司法》第一百四十六条规定，有下列情形之一的，不得担任公司的董事、监事[①]、高级管理人员：

（1）无民事行为能力或者限制民事行为能力；

（2）因贪污、贿赂、侵占财产、挪用财产或者破坏社会主义市场经济秩序，

①2018 年 11 月 13 日，中国机构编制网公布《中共中央办公厅　国务院办公厅关于调整国务院国有资产监督管理委员会职责机构编制的通知》，国有重点大型企业不再设立监事会和监事会主席。

被判处刑罚，执行期满未逾五年，或者因犯罪被剥夺政治权利，执行期满未逾五年；

（3）担任破产清算的公司、企业的董事或者厂长、经理，对该公司、企业的破产负有个人责任的，自该公司、企业破产清算完结之日起未逾三年；

（4）担任因违法被吊销营业执照、责令关闭的公司、企业的法定代表人，并负有个人责任的，自该公司、企业被吊销营业执照之日起未逾三年；

（5）个人所负数额较大的债务到期未清偿。

公司违反前款规定选举、委派董事、监事或者聘任高级管理人员的，该选举、委派或者聘任无效。

董事、监事、高级管理人员在任职期间出现本条第一款所列情形的，公司应当解除其职务。

2.《中华人民共和国公务员法》

该法规第四十四条：“公务员因工作需要在机关外兼职，应当经有关机关批准，并不得领取兼职报酬。”

该法规第一百零七条：“公务员辞去公职或者退休的，原系领导成员、县处级以上领导职务的公务员在离职三年内，其他公务员在离职两年内，不得到与原工作业务直接相关的企业或者其他营利性组织任职，不得从事与原工作业务直接相关的营利性活动。”

3.《关于进一步规范党政领导干部在企业兼职（任职）问题的意见》（中组发［2013］18号）

（1）现职和不担任现职但未办理退（离）休手续的党政领导干部不得在企业兼职（任职）。

（2）对辞去公职或者退（离）休的党政领导干部到企业兼职（任职）必须从严掌握、从严把关，确因工作需要到企业兼职（任职）的，应当按照干部管理权限严格审批。

辞去公职或者退（离）休后三年内，不得到本人原任职务管辖的地区和业务范围内的企业兼职（任职），也不得从事与原任职务管辖业务相关的营利性活动。

辞去公职或者退（离）休后三年内，拟到本人原任职务管辖的地区和业务范围外的企业兼职（任职）的，必须由本人事先向其原所在单位党委（党组）

报告，由拟兼职（任职）企业出具兼职（任职）理由说明材料，所在单位党委（党组）按规定审核并按照干部管理权限征得相应的组织（人事）部门同意后，方可兼职（任职）。

辞去公职或者退（离）休三年后到企业兼职（任职）的，应由本人向其原所在单位党委（党组）报告，由拟兼职（任职）企业出具兼职（任职）理由说明材料，所在单位党委（党组）按规定审批并按照干部管理权限向相应的组织（人事）部门备案。

（3）按规定经批准在企业兼职的党政领导干部，不得在企业领取薪酬、奖金、津贴等报酬，不得获取股权和其他额外利益；兼职不得超过 1 个；所兼任职务实行任期制的，任期届满拟连任必须重新审批或备案，连任不超过两届；兼职的任职年龄界限为 70 周岁。

4.《关于改进和完善高校、科研院所领导人员兼职管理有关问题的问答》（中共中央组织部《组工通讯》2016 年第 33 期总第 2 855 期）

高校、科研院所正职经批准可兼任与本单位或者本人教学科研领域相关的社会团体和基金会等职务，兼职数量一般不超过 3 个，兼职不得领取薪酬。高校、科研院所领导班子其他成员经批准可兼任与本单位或者本人教学科研领域相关的社会团体和基金会等职务，兼职数量一般不超过 3 个；根据工作需要，经批准也可在本单位出资的企业（包括全资、控股和参股企业）或参与合作举办的民办非企业单位兼职，兼职数量一般不超过 1 个。个人不得在兼职单位领取薪酬。

高校、科研院所所属的院系所及内设机构领导人员在社会团体、基金会、民办非企业单位和企业兼职，根据工作需要和实际情况，按干部管理权限由党委（党组）审批，兼职数量应适当控制；个人按照有关规定在兼职单位获得的报酬，应当全额上缴本单位，由单位根据实际情况给予适当奖励。高校、科研院所领导人员在高水平学术期刊担任编委或在国际学术组织兼职，兼职数量可根据实际情况适当放宽。高校、科研院所领导人员职务发生变动，其兼职管理应当按照新任职务的相应规定掌握；职务变动后按规定不得兼任的有关职务，应当在 3 个月内辞去。

（二）独立董事任职资格

独立董事是指独立于公司股东且不在公司内部任职，并与公司或公司经营管理者没有重要的业务联系或专业联系，并对公司事务作出独立判断的董事。主要任职资格及审核内容如下。

1. 独立董事任职基本条件

依据中国证监会发布的《关于在上市公司建立独立董事制度的指导意见》（以下简称《指导意见》），担任独立董事应当符合下列基本条件：

（1）根据法律、行政法规及其他有关规定，具备担任上市公司董事的资格；

（2）具有本《指导意见》所要求的独立性；

（3）具备上市公司运作的基本知识，熟悉相关法律、行政法规、规章及规则；

（4）具有五年以上法律、经济或者其他履行独立董事职责所必需的工作经验；

（5）公司章程规定的其他条件。

2. 深交所关于独立董事任职资格的规定

依据《深圳证券交易所上市公司信息披露指引第 8 号——独立董事备案》（2021 年 3 月发布，以下简称《独立董事备案》）第四条规定，独立董事候选人应当符合下列法律、行政法规、部门规章、规范性文件和本所业务规则有关独立董事任职资格、条件和要求的相关规定：

（1）《公司法》有关董事任职资格的规定；

（2）《中华人民共和国公务员法》的相关规定（如适用）；

（3）《指导意见》的相关规定；

（4） 中共中央纪委《关于规范中管干部辞去公职或者退（离）休后担任上市公司、基金管理公司独立董事、独立监事的通知》的相关规定（如适用）；

（5）中共中央组织部《关于进一步规范党政领导干部在企业兼职（任职）问题的意见》的相关规定（如适用）；

（6）中共中央纪委、教育部、监察部《关于加强高等学校反腐倡廉建设的意见》的相关规定（如适用）；

（7）中国人民银行《股份制商业银行独立董事和外部监事制度指引》等的

相关规定（如适用）；

（8）中国证监会《证券公司董事、监事和高级管理人员任职资格监管办法》等的相关规定（如适用）；

（9）中国银保监会《银行业金融机构董事（理事）和高级管理人员任职资格管理办法》《保险公司董事、监事和高级管理人员任职资格管理规定》《保险机构独立董事管理办法》等的相关规定（如适用）；

（10）本所《上市公司规范运作指引》及《创业板上市公司规范运作指引》等业务规则的相关规定；

（11）其他法律、行政法规、部门规章和规范性文件等有关独立董事任职资格、条件和要求的规定。

第五条：独立董事候选人应当具备上市公司运作相关的基本知识，熟悉相关法律、行政法规、部门规章、规范性文件及本所业务规则，具有五年以上法律、经济、管理、会计、财务或者其他履行独立董事职责所必需的工作经验。

第六条：独立董事及拟担任独立董事的人士应当按照《指导意见》的要求，参加相关培训并取得本所认可的独立董事资格证书。

独立董事候选人在上市公司发布召开关于选举独立董事的股东大会通知公告时尚未取得独立董事资格证书的，应当书面承诺参加最近一次独立董事培训并取得本所认可的独立董事资格证书，并予以公告。

第八条规定，独立董事候选人应无下列不良记录：

（1）被中国证监会采取证券市场禁入措施，期限尚未届满的；

（2）被证券交易所公开认定不适合担任上市公司董事、监事和高级管理人员，期限尚未届满的；

（3）最近三十六个月内因证券期货违法犯罪，受到中国证监会行政处罚或者司法机关刑事处罚的；

（4）因涉嫌证券期货违法犯罪，被中国证监会立案调查或者被司法机关立案侦查，尚未有明确结论意见的；

（5）最近三十六个月内受到证券交易所公开谴责或三次以上通报批评的；

（6）作为失信惩戒对象等被国家发改委等部委认定限制担任上市公司董事

职务的；

（7）在过往任职独立董事期间因连续三次未出席董事会会议或者因连续两次未能出席也不委托其他董事出席董事会会议被董事会提请股东大会予以撤换，未满十二个月的；

（8）本所认定的其他情形。

第十一条指出，以会计专业人士身份被提名的独立董事候选人，应当具备丰富的会计专业知识和经验，并至少符合下列条件之一[①]：

（1）具备注册会计师资格；

（2）具有会计、审计或者财务管理专业的高级职称、副教授或以上职称、博士学位。

3. 独立董事有独立性要求

《独立董事备案》第七条指出，独立董事候选人应当具有独立性，下列人员不得担任独立董事：

（1）在上市公司或者其附属企业任职的人员及其直系亲属和主要社会关系；

（2）直接或间接持有上市公司已发行股份 1% 以上或者是上市公司前十名股东中的自然人股东及其直系亲属；

（3）在直接或间接持有上市公司已发行股份 5% 以上的股东单位或者在上市公司前五名股东单位任职的人员及其直系亲属；

（4）在上市公司控股股东、实际控制人及其附属企业任职的人员及其直系亲属；

（5）为上市公司及其控股股东、实际控制人或者其各自附属企业提供财务、法律、咨询等服务的人员，包括但不限于提供服务的中介机构的项目组全体人员、各级复核人员、在报告上签字的人员、合伙人及主要负责人；

（6）在与上市公司及其控股股东、实际控制人或者其各自的附属企业有重大业务往来的单位任职的人员，或者在有重大业务往来单位的控股股东单位任职的人员；

① 公司的独立董事中，至少应该包括一名会计专业人士。

（7）最近十二个月内曾经具有前六项所列情形之一的人员；

（8）最近十二个月内，独立董事候选人、其任职及曾任职的单位存在其他影响其独立性情形的人员；

（9）本所认定不具有独立性的其他人员。

前款第（4）项、第（5）项及第（6）项中的上市公司控股股东、实际控制人的附属企业，不包括根据《股票上市规则》第 10.1.4 条和《创业板股票上市规则》第 7.2.4 条规定，与上市公司不构成关联关系的附属企业。

4. 中纪委《关于规范中管干部辞去公职或者退（离）休后担任上市公司、基金管理公司独立董事、独立监事的通知》（中纪发［2008］22 号）的规定（摘要）

（1）中管干部辞去公职或者退（离）休后三年内，不得到与本人原工作业务直接相关的上市公司、基金管理公司担任独立董事、独立监事，不得从事与本人原工作业务直接相关的营利性活动。中管干部辞去公职或者退（离）休后可以到与本人原工作业务不直接相关的上市公司、基金管理公司担任独立董事、独立监事。

（2）中管干部辞去公职或者退（离）休后三年内按照规定担任上市公司、基金管理公司独立董事、独立监事的，必须由拟聘任独立董事、独立监事的公司征得该干部原所在单位党组（党委）同意，并由该干部原所在单位党组（党委）征求中央纪委、中央组织部意见后，再由拟聘任独立董事、独立监事的公司正式任命。

中管干部辞去公职或者退（离）休三年后担任上市公司、基金管理公司独立董事、独立监事的，应由本人向其所在单位党组（党委）报告，并由其所在单位党组（党委）向中央组织部备案，同时抄报中央纪委。

（3）中管干部辞去公职后担任上市公司、基金管理公司独立董事、独立监事的，可以领取相应报酬，具体数额应当由其所在的上市公司、基金管理公司董事会制订预案，股东大会审议通过，并在公司年报中进行披露。

（4）中管干部退（离）休后担任上市公司、基金管理公司独立董事、独立监事的，不得领取报酬、津贴和获取其他额外利益。所在的上市公司、基金管理公司可按照有关规定，报销其工作费用。

（5）中管干部辞去公职或者退（离）休后三年内，已担任与本人原工作业务直接相关的上市公司、基金管理公司独立董事、独立监事的，应辞去所担任的独立董事、独立监事。中管干部辞去公职或者退（离）休后三年内现已担任与本人原工作业务不直接相关的上市公司、基金管理公司独立董事、独立监事，但未履行本通知规定程序的，要抓紧履行相应程序。

（三）董事会秘书任职资格

董事会秘书（以下简称“董秘”）为上市公司高级管理人员，由董事会聘任并对董事会负责，是上市公司与证券交易所之间的指定联络人。其对外负责公司信息披露、投资者关系管理；对内负责股权事务管理、公司治理、股权投资、筹备董事会和股东大会，保障公司规范化运作等事宜。董事会秘书任职资格及审核的主要内容如下。

关于董秘任职资格的规定

依据《上海证券交易所上市公司董事会秘书管理办法》第六条规定，担任上市公司董事会秘书，应当具备以下条件：

（1）具有良好的职业道德和个人品质；

（2）具备履行职责所必需的财务、管理、法律等专业知识；

（3）具备履行职责所必需的工作经验；

（4）取得上交所认可的董事会秘书资格证书[①]。

第七条规定，具有下列情形之一的人士不得担任上市公司董事会秘书：

（1）《公司法》第一百四十七条规定的任何一种情形；

（2）最近 3 年曾受中国证监会行政处罚；

（3）曾被证券交易所公开认定为不适合担任上市公司董事会秘书；

① 资格证书通常需要通过考试获得。董事会秘书资格考试的基本范围包括：《公司法》《证券法》《中华人民共和国刑法修正案（六）》等法律和行政法规；《上市公司治理准则》《上市公司信息披露管理办法》《上市公司股东大会规则》《上市公司章程指引》《上市公司收购管理办法》《上市公司重大资产重组管理办法》等相关部门规章和规范性文件；《上市规则》《交易规则》等交易所发布的相关业务规则和其他相关规定；与证券登记结算业务有关的业务规则和其他规定等内容。

（4）最近3年曾受证券交易所公开谴责或者3次以上通报批评；

（5）本公司现任监事；

（6）上交所认定不适合担任董事会秘书的其他情形。

深交所相关规定基本相同。

（四）董事、高级管理人员任职资格及变化的审核

1. 对于董事、高级管理人员的任职资格和条件的审核

IPO审核主要关注的重点如下。

（1）对于董事、高级管理人员的任职资格要进行持续性的尽职调查，审核过程中及审核前要不断关注董事、高级管理人员是否受到证监会、交易所的行政处罚（特别是独立董事要关注其在其他上市公司有无行政处罚和证监会、交易所谴责，个别企业因此IPO被否）；在其他上市公司有无任职（核查方式：董事、高级管理人员的个人确认、向公司进行了解、查询监管部门的公开信息等）；监事应有独立性，不可由董事、高级管理人员及其亲属担任；董事会中有亲属关系的成员占大多数，可能影响董事会的正常运转。

（2）董事、监事应具备法定资格，符合《公司法》第一百四十七条的规定，不属于公务员、国有企业的领导班子成员、证券公司高管、高校领导班子成员。

（3）家族企业的董事、高级管理人员不能主要由家族成员担任，监事不能由家族成员担任。

2. 关于人员兼职的审核

IPO审核的标准如下。

（1）总经理、副总经理、财务负责人和董事会秘书等高级管理人员不得在控股股东、实际控制人及其控制的其他企业中担任除董事、监事以外的其他职务。

（2）控股股东或实际控制人除担任发行人董事长、总经理外，还在其所控股的其他企业中担任重要管理职务，需要说明如何客观、公正、独立履行职责，如何维护发行人及其他股东权益，如何确保发行人生产经营活动的独立性。相关人士对此出具承诺，并做重大事项提示。保荐机构、律师进行专项核查并发表意见。

（3）对于家族企业内部的兼职，证监会认为不一定必须清理，但需要保荐

人和律师对其独立性发表意见。

3. 董事、高级管理人员重大变化的审核及建议

《首发办法》第十二条规定“发行人最近3年内的主营业务和董事、高级管理人员没有发生重大变化，实际控制人没有发生变更”作为公司上市条件之一，以判断公司是否存在规范且运行有效的治理结构。

关于“最近3年内董事、高级管理人员没有发生重大变化”的判断标准，依据《54条》问题17的解答，中介机构对上述人员是否发生重大变化的认定，应当本着实质重于形式的原则，综合两方面因素分析：一是最近3年内的变动人数及比例，在计算人数比例时，以董事和高级管理人员合计总数作为基数；二是上述人员离职或无法正常参与发行人的生产经营是否对发行人生产经营产生重大不利影响。如果最近3年内发行人的董事、高级管理人员变动人数比例较大，或董事、高级管理人员中的核心人员发生变化，对发行人的生产经营产生重大不利影响的，应视为发生重大变化。变动后新增的董事、高级管理人员来自原股东委派或发行人内部培养产生的，原则上不构成人员的重大变化。发行人管理层因退休、调任等原因发生岗位变化的，不轻易认定为重大变化，但发行人应当披露相关人员变动对发行人生产经营的影响。

在IPO审核实务中，关于董事、高级管理人员变化，经常被问询的问题如下。

（1）请发行人结合公司章程、协议或其他安排以及报告期内董事提名和高级管理人员任免情况，披露最近3年董事、高级管理人员变动的具体原因、离职后的任职去向；结合上述离任董事的履历、对发行人的具体贡献等，补充披露最近3年变动的发行人董事、高级管理人员在发行人经营管理中所起的作用和对发行人生产经营的具体影响，相关人员变动是否对发行人经营稳定性及内部控制构成重大不利影响。

（2）披露相关高级管理人员辞职的背景、原因，离任相关程序是否合法合规及离任后去向，与发行人是否存在商业往来。

（3）结合发行人高级管理人员的选任标准与流程、新任高级管理人员的履历，说明并披露发行人选任新任高级管理人员的原因。

（4）结合董事、高级管理人员最近两年的变动情况，说明并披露发行人最近两年是否发生重大变化。

因此，建议发行人注意以下方面。

（1）有限公司阶段，若已进入报告期，董事人选应尽量减少变化。如必须发生变化的，则尽量将该变化的幅度控制在董事会人数的三分之一以下。

（2）有限公司整体变更为股份有限公司时，尽量建议原有董事留任，如需调整，调整人数也最好控制在原有限责任公司董事人数的三分之一以下。

（3）股份公司成立后自辅导开始至上报材料期间，最好不要变更董事人选。

（4）如非公司实际控制人变化或其他必要原因，最好不要变更董事长。

4. 信息披露要求

对于董事、高级管理人员的规范运行情况，监管部门要求发行人在招股说明书中进一步细化披露下列内容。

（1）公司股东大会、董事会、监事会、独立董事、董事会秘书制度的建立时间及主要内容，说明相关制度是否符合证监会发布的有关上市公司治理的规范性文件要求，是否存在差异。

（2）报告期股东大会、董事会、监事会的实际运行情况，包括但不限于会议召开次数、出席会议情况及决策事项。说明“三会”的召开、决议的内容及签署是否符合相关制度要求；是否存在管理层、董事会等违反《公司法》、公司章程及相关制度等要求行使职权的行为。

（3）独立董事、外部监事（如有）出席相关会议及履行职责的情况。如独立董事（外部监事）对有关决策事项曾提出异议的，则需披露该事项的内容、独立董事（外部监事）的姓名及所提异议的内容。

（4）发行人战略、审计、提名、薪酬与考核等各专门委员会的设立时间、人员构成及实际发挥作用的情况。

（5）发行人针对其股权结构、行业等特点建立的保证期内控制度完整、合理、有效及公司治理完善的具体措施。

5. 对保荐人的要求

发审委要求保荐人切实履行尽职调查义务，通过与发行人高管及员工谈话、查阅有关材料并调取发行人章程、发行人治理相关制度及“三会”会议记录、纪要，核查了解发行人内部组织结构、“三会”实际运行情况，并主要就下列事项发表明确意见。

（1）发行人章程是否符合《公司法》《证券法》及证监会和证券交易所的有关规定，董事会授权是否合规，公司章程的修改是否符合法定程序并进行工商变更登记。

（2）发行人组织机构是否健全、清晰，其设置是否体现分工明确、相互制约的治理原则。

（3）发行人是否依法建立健全公司股东大会、董事会、监事会、独立董事、董事会秘书制度，公司战略、审计、提名、薪酬与考核等各委员会是否实际发挥作用。

（4）报告期发行人是否存在违法违规、资金占用、违规担保等情况；发行人“三会”及董事会下属专业委员会是否正常发挥作用；“三会”和高管的职责及制衡机制是否有效运作；发行人建立的决策程序和议事规则是否民主、透明，内部监督和反馈系统是否健全、有效。

（5）独立董事的任职资格、职权范围等是否符合有关规定，有无不良记录；独立董事、外部监事（如有）是否知悉发行人相关情况，是否在董事会决策和发行人经营管理中实际发挥作用。

保荐人应结合核查情况，说明发行人是否建立健全且运行良好的组织机构、建立现代企业制度，并明确发表意见。

（五）竞业禁止和竞业限制的审核及应对

1. 什么是竞业禁止和竞业限制

竞业禁止又称竞业回避、竞业避让，是指《公司法》规定的公司董事和高级管理人员，如不得自营或与他人合作经营与其所任职的公司同类的业务。

《公司法》规定的竞业禁止义务主要是针对在职期间的公司高级管理人员而言的，如果想对商业秘密进行保护，就涉及对离职后的掌握商业秘密的人员进行竞业禁止和竞业限制问题。

2. 竞业禁止和竞业限制的区别

竞业限制起源于《公司法》中的董事、经理竞业禁止制度，是用人单位对负有保守用人单位商业秘密责任的劳动者，在劳动合同、知识产权权利归属协议或技术保密协议中约定的竞业限制条款。即劳动者在终止或解除劳动合同后的一定期限内不得在生产同类产品、经营同类业务或有其他竞争关系的用人单位任职，也不得自己生产与原单位有竞争关系的同类产品或经营同类业务。限制时间由当事人事先约定，但不得超过二年。竞业限制条款在劳动合同中为延迟生效条款，也就是劳动合同的其他条款法律约束力终结后，该条款开始生效。

竞业限制与竞业禁止都表现为对特定主体从事特定行业行为的限制，但二者的法律依据不同，由此导致了二者在适用对象、限制期限、成立条件等方面的差异。

竞业限制是《中华人民共和国劳动合同法》（以下简称《劳动合同法》）的规定，依合同的约定产生。在 IPO 审核反馈意见中要求“说明高管及核心技术人员与以前任职单位是否存在竞业禁止、技术保密等方面特殊约定”的，指的是《劳动合同法》中的“竞业限制”，即“约定的竞业禁止”。

竞业禁止是《公司法》的规定，具有一定的法律强制性。如要求“说明实际出资人在前公司任职期间，持有相关股权或在相关公司兼职，是否合法合规，是否违反竞业禁止的有关规定，是否得到有权部门的同意或确认”的，则指的是《公司法》中的“竞业禁止”，即“法定的竞业禁止”。

竞业限制与竞业禁止的适用对象存在较为明显的区别。竞业限制通常适用于高级管理人员、高级技术人员和其他负有保密义务的人员。《劳动合同法》第 24 条第 1 款规定，竞业限制的人员限于用人单位的高级管理人员、高级技术人员和其他负有保密义务的人员。此处需要重点关注“其他负有保密义务的人员”的范围。在竞业限制的适用对象上，《劳动合同法》赋予用人单位一定的“自由裁量权”，允许用人单位根据自身的生产、经营确定负有保密义务人员的具体范围。但用人单位不能无限扩大该范围，判断哪些人员负有保密义务还需要遵循合法、合理的原则。竞业禁止通常的适用对象是董事、高级管理人员。《公司法》所规定的竞业禁止约束对象为公司的董事、经理、副经理、财务负责人、上市公司董事会秘书和公司章程规定的其他高级管理人员。通常，公司会在章程中对高级管理人员的职务范围进行限定，此处为公司“自由裁量”的范围。

3. 竞业禁止和竞业限制的审核重点

对于拟上市公司，尤其是对科技型公司而言，竞业禁止、竞业限制的相关问题往往与发行人的独立性、资产完整性、董事和高级管理人员的任职资格、核心技术人员稳定性、纠纷及潜在纠纷风险等方面息息相关，所以引起监管机构的关注。发审委关注的重点是发行人的董事、高级管理人员与发行人是否存在利益冲突，并且要求董事、高级管理人员不能与发行人共同设立企业，发行人不能把相关联的业务转让给董事、高级管理人员，不能有重大不利影响。审核基本原则包括依法审核、审慎审核监管、实质重于形式、重大性原则等。具体审核内容如下。

（1）对原单位的竞业义务。重点审核：①发行人董事、高级管理人员、核心技术人员中是否曾任职于竞争对手方，与前单位是否存在竞业禁止协议；②原任职单位未向其支付补偿金是否影响竞业协议效力；③与原单位的竞业禁止协议对相关人员在发行人的任职是否产生影响；④发行人董事、高级管理人员、核心技术人员在发行人任职期间的研究项目、申请的专利、软件著作权是否与原工作内容相关，是否侵犯原单位知识产权，是否存在知识产权、竞业禁止、商业秘密等方面纠纷或潜在纠纷。

（2）对现单位的竞业义务。①董事、高级管理人员、核心技术人员是否与公司签订保密协议和竞业禁止协议，如未签订，说明原因。②是否制定了保护知识产权、防范技术泄密的内部制度及其执行情况，是否与技术员工签署保密协议和竞业禁止协议。③说明董事、高级管理人员、核心技术人员及其近亲属对外投资的企业情况，包括实际从事的业务、主要产品、基本财务状况、住所、股权结构等；前述企业与发行人存在相同、相似业务的，说明该等情形是否构成竞业禁止或利益冲突，存在上下游业务的，说明对公司独立性的影响。④发行人控股子公司的小股东是否存在由发行人董事、高级管理人员及其近亲属控制或出资而存在竞业禁止或利益冲突的情况。⑤董事、高级管理人员、核心技术人员在外兼职情况，是否影响其在发行人处履职，是否存在利益冲突。⑥原员工离职后注销了竞业限制补偿费发放的银行卡并拒绝就补偿金发放事宜与发行人进行沟通，且入职了与发行人存在竞争关系的单位。请说明离职员工入职与发行人存在竞争关系的单位对发行人的影响。

（3）股权代持与竞业义务。说明代持股权的原因，是否存在通过代持规避有关法律、法规的禁止性规定或竞业禁止约定的情形，代持的解除是否存在纠纷或潜在纠纷。

二、业务合规审核及应对

业务合规是指企业的经营业务与法律、规则和准则相一致。

1. 经营资质

经营资质就是企业在从事某种行业经营中，应具有的资格以及与此资格相适应的质量等级标准，取得国家规定的相应资格证书。比如，对于矿山、金属冶炼行业，以及涉及生产、储存、装卸危险物品的建设项目，《中华人民共和国安全生产法》（2021 年修正）明确要求，施工单位不得倒卖、出租、出借、挂靠或者以其他形式非法转让施工资质，不得将其承包的全部建设工程转包给第三人或者将其承包的全部建设工程支解以后以分包的名义分别转包给第三人，不得将工程分包给不具备相应资质条件的单位。

IPO 审核时，发审委重点关注发行人的业务是否需要具备相应资质，资质是否过期，发行人是否超范围经营。经常被问询的问题如下。

（1）发行人是否已取得生产经营所必需的相关许可、资质、认证，产品是否取得了全部必需的批文，是否满足国家、行业及地方标准规范，并披露其具体情况及有效期。

（2）发行人部分即将到期的资质许可是否存在续期障碍，如存在，分析并披露是否会对发行人的业务经营产生不利影响。

（3）发行人境外经营是否满足相应的资质、认证、标准规范等要求。

（4）发行人经销商是否具有经营资质。

（5）发行人的产品是否符合相关国家标准、行业标准，报告期内是否存在产品质量纠纷或潜在纠纷，是否因产品质量问题受到主管机关处罚、警告或调查。

2. 行业准入限制

虽然随着我国经济的开放，证监会将着力构建双向开放新格局，坚持引进来和走出去并重，大幅度放宽行业准入限制，支持境内机构稳步推进国际化经营。但对某些行业（如金融业、房地产业、影视业等），还是必须设置准入限制。IPO 审核时，发审委重点关注发行人所处行业是否存在行业准入限制。

3. 经营许可

经营许可证是法律规定的某些行业必须经过许可，而由主管部门办理的许可经营的证明，如烟草专卖许可证、药品经营许可证、网络文化经营许可证、医疗器械经营许可证、电信业务经营许可证、危险化学品经营许可证等。IPO 审核时，发审委重点关注发行人所从事的业务是否需要办理经营许可，是否办理了经营许可。

4. 土地使用合规性

发审委重点关注发行人土地使用权的取得与出让是否合法合规。《54 条》问题 18 解答指出，发行人存在使用或租赁使用集体建设用地、划拨地、农用地、耕地、基本农田及其上建造的房产等情形的，保荐机构和发行人律师应对其取得和使用是否符合《中华人民共和国土地管理法》等法律法规的规定、是否依法办理了必要的审批或租赁备案手续、有关房产是否为合法建筑、是否可能被行政处罚、是否构成重大违法行为出具明确意见，说明具体理由和依据。上述土地为发行人自有或虽为租赁但房产为自建的，如存在不规范情形且短期内无法整改，保荐机构和发行人律师应结合该土地或房产的面积占发行人全部土地或房产面积的比例，使用上述土地或房产产生的收入、毛利、利润情况，评估其对于发行人的重要性。如面积占比较小、对生产经营影响不大，发行人生产经营用的主要房产系租赁上述土地上所建房产的，如存在不规范情形，原则上不构成发行上市障碍。保荐机构和发行人律师应就其是否对发行人持续经营构成重大影响发表明确意见。发行人应披露如因土地问题被处罚的责任承担主体、搬迁的费用及承担主体、有无下一步解决措施等，并对该等事项给出重大风险提示。发行人募投用地尚未取得的，需披露募投用地的计划、取得土地的具体安排、进度等。保荐机构、发行人律师需对募投用地是否符合土地政策、城市规划、募投用地落实的风险等进行核查并发表明确意见。

5. 安全生产

重点关注拟 IPO 企业的生产经营场所是否已办理环保、消防、安全生产、报建等审批手续，是否具备该等场所的所有权或使用权，是否发生重大生产安全事故。

6. 经营纠纷

重点关注拟 IPO 企业的经营活动是否侵犯他人的合法权益，是否存在纠纷或潜在纠纷。

三、环保合规审核及应对

近几年环保问题成为企业 IPO 需关注问题的重中之重。2015 年 1 月 1 日起正式实施的《中华人民共和国环境保护法》被称为“史上最严环保法”。该部法律规定了对污染环境、破坏生态、损害社会公共利益的行为，社会组织可以向人民法院提起诉讼。对于拟 IPO 的企业，证监会关于环保问题的审核态度一贯严格。一旦拟 IPO 企业因违规被提起公益诉讼，无论涉诉赔偿金额大小，该诉讼均有可能构成企业 IPO 的实质性障碍，存在生态安全领域重大违法行为的拟 IPO 企业更是会被一票否决。

（一）环保方面的主要法律法规体系

我国针对企业环保方面主要从环境保护、清洁生产、水、大气、噪声、环境影响方面颁布了法律，同时对建设项目、污染物排放通过行政立法进一步细化规定。主要法律法规、行政法规及部门规章体系如下。

1. 主要法律

（1）《中华人民共和国水法》（2016）。

（2）《中华人民共和国放射性污染防治法》（2003）。

（3）《中华人民共和国清洁生产促进法》（2012）。

（4）《中华人民共和国环境保护法》（2015）。

（5）《中华人民共和国大气污染防治法》（2018）。

（6）《中华人民共和国环境影响评价法》（2018）。

（7）《中华人民共和国水污染防治法》（2018）。

（8）《中华人民共和国环境保护税法》（2018）。

2. 国务院法规

（1）《建设项目环境保护管理条例》（2017）。

（2）《中华人民共和国环境保护税法实施条例》（2018）。

3. 环境保护部规章

（1）《环境保护部建设项目“三同时”监督检查和竣工环保验收管理规程（试行）》（2009）。

（2）《建设项目环境影响评价分类管理名录》（2021）。

（3）《排污许可证管理暂行规定》（2016）。

（4）《排污许可证管理办法（试行）》（2019）。

（二）证监会对拟 IPO 企业环保方面要求

（1）《首发办法》（2020）第十八条规定，发行人不得有下列情形：最近 36 个月内违反工商、税收、土地、环保、海关以及其他法律、行政法规，受到行政处罚，且情节严重。

（2）《公开发行证券公司信息披露的编报规则第 12 号——公开发行证券的法律意见书和律师工作报告》第四十六条规定：

①发行人的生产经营活动和拟投资项目是否符合有关环境保护的要求，有权部门是否出具意见；

②近三年是否因违反环境保护方面的法律、法规和规范性文件而被处罚。

（3）《54 条》问题 19 解答指出，发行人应当在招股说明书中充分做好相关信息披露，包括：

①生产经营中涉及环境污染的具体环节、主要污染物名称及排放量、主要处理设施及处理能力；

②报告期内，发行人环保投资和相关费用成本支出情况，环保设施实际运行情况，报告期内环保投入、环保相关成本费用是否与处理公司生产经营所产生的污染相匹配；

③募投项目所采取的环保措施及相应的资金来源和金额等；

④发行人生产经营与募集资金投资项目是否符合国家和地方环保要求，发行人若发生环保事故或受到行政处罚的，应披露原因、经过等具体情况，发行人是否构成重大违法行为，整改措施及整改后是否符合环保法律法规的有关规定。

（三）发审委对拟 IPO 企业环保方面审核的问询关注点

发审委在这一方面的问询模式大致分为以下两种。

第一种是针对不确定性较强的企业或企业未如实披露相关情况的问询模式，具体如下。

（1）发行人的生产经营与募投是否符合国家和地方环保要求，已建项目和已经开工的在建项目是否履行环评手续，排污达标监测情况和环保部门现场检查情况，是否发生环保事故或重大群体性的环保事件，有关发行人环保的媒体报道，发行人有关污染处理设施的运行是否正常有效，有关环保投入、环保设施及日常治污费用是否与处理发行人生产经营所产生的污染相匹配等。请保荐机构和发行人律师对发行人生产经营总体是否符合国家和地方环保法规和要求发表明确意见。

（2）环保投资及费用支出情况。

（3）环保设施实际运行情况。

（4）报告期内是否存在环保方面的行政处罚，是否构成重大违法违规。

第二种是企业在招股说明书中已经披露遭受行政处罚事实的问询模式。

如果发生了这种情况，建议一开始就将事情作为风险点详细披露在招股说明书中。若发行人后续做了彻底整改且没有再发生类似事件，加上主管部门出具了不属于重大违法违规行为的证明，一般不会构成IPO的实质性障碍。

（四）给保荐人等中介机构的建议

对于拟IPO企业环保方面的核查，保荐人等中介机构可以从以下方面进行核查。

1. 分析拟IPO企业是否属于重污染企业及可能存在的污染问题

根据《上市公司环境信息披露办法指南》（2014）、《上市公司行业分类指引》（2012年修订）、《上市公司环保核查行业分类管理名录》（2008），结合发行人主营业务，查询有关同行业案例，判断发行人所属的行业是否属于重污染行业及可能存在的污染问题。根据环保部公布的《上市公司环境信息披露办法指南》，重污染行业涵盖火电、钢铁、水泥、电解铝、煤炭、冶金、化工、石化、建材、造纸、酿造、制药、发酵、纺织、制革和采矿业等16类行业。

2. 查阅拟IPO企业环保相关证书及资料

相关证书及资料主要包括：项目环评报告、环评批复意见、环评验收报告、保障自然资源合理开发和利用许可证、排污登记证、排污许可证、危险废物收集储存和处置许可证、采矿许可证、第三方中介机构的检测报告（第三方需要有相关资质并取得其资质证书）、环保整改情况等。

3. 了解拟IPO企业环境保护方面的管理制度及内部控制资料

相关管理制度及内部控制资料主要包括：内部环境保护管理制度、突发环境事件应急预案、环保设施管理制度及运行台账、维修保养记录等。

4. 实地查验拟IPO企业的生产经营和募投项目

查验内容主要包括生产经营现场环保设施运转及排污情况、污染治理情况等，并访谈周边居民及相关负责人，了解污染物内容及日常排放量等情况，观察其运转情况和处理能力。

5. 分析拟IPO企业环保投入

获取环保设备账面价值及购买凭证及合同、环保相关费用的支出金额及缴纳凭证及合同，分析各年环保费用及与收入是否匹配，说明相关情况。

6. 分析拟 IPO 企业是否符合国家和地方环保要求

分析内容包括：已建项目和已经开工的在建项目是否履行环评手续，排污达标检测情况和环保部门现场检查情况，是否发生环保事故或重大群体性的环保事件，有关环保的媒体报道。在对发行人全面系统核查的基础上，保荐机构和发行人律师应对发行人生产经营总体是否符合国家和地方环保法规和要求发表明确意见。发行人曾发生环保事故或因环保问题受到处罚的，保荐机构和发行人律师应对是否构成重大违法行为发表明确意见。

7. 核查拟 IPO 企业是否存在环保相关处罚

在环保主管部门官网及其他网络上检索企业关键字并走访各级环保主管部门，询问发行人是否受到过有关处罚，查验发行人有关财务凭证，分析营业外支出中是否含有相关处罚费用；查阅环保部门来检查的频率及情况记录。

8. 对拟 IPO 企业募投项目进行环境影响评价

保荐人需要了解募投项目环保措施及相应的资金来源金额、环保投入与排污量的匹配情况，并对募投项目实施后可能造成的环境影响进行分析、预测和评估，提出预防或者减轻不良环境影响的对策和措施，进行跟踪监测。

四、社会保障合规审核及应对

为员工缴纳社保是企业的法定义务。拟 IPO 企业不要因为不必要的社保合规问题而推延公司上市计划。IPO 企业员工社保和公积金的合规问题并没有统一的评判标准，一般要结合企业财务状况、企业自身合法合规的情况以及审核风向等来综合判断。

企业的财务状况越好、营业收入和利润越高、自身合法合规的程度越高，发审委对社保和公积金的合规容忍程度也就越高；如果企业自身内部控制较差，利润也不乐观，则发审委对社保和公积金问题的容忍度就会降低。

对于发行人执行社会保障制度的相关问题，根据证监会《54 条》问题 21 解答，发行人报告期内存在应缴未缴社会保险和住房公积金情形的，应当在招股说明书中披露应缴未缴的具体情况及形成原因，如补缴对发行人的持续经营可能造成的影响的，应揭示相关风险，并披露应对方案。保荐机构、发行人律师应对前述事项进行核查，并对该等事项是否属于重大违法行为出具明确意见。

综合近几年的案例，发审委对社保合规性问题的关注点主要集中在以下几方面：

（1）企业欠缴社会保险费的原因，是否违法，是否需要承担责任；

（2）初审会前，符合条件的员工是否全部缴纳社保公积金；

（3）劳务派遣用工是否符合《中华人民共和国劳动法》《劳务派遣暂行规定》等法律法规；

（4）依法补缴社保公积金对发行人财务状况及后续经营是否造成不利影响；

（5）是否存在监管部门被处罚的风险，是否构成重大违法行为。

五、税收优惠依赖与税务合规审核及应对

（一）税收优惠依赖审核及应对

税收优惠是政府鼓励扶持企业发展的优惠措施之一，但企业的持续经营能力不能一直依赖于税收优惠。倘若一年的利润绝大多数来源于税收优惠，企业自身发展的能力必然会受到质疑。《首发办法》第二十七条中明确规定，发行人依法纳税，各项税收优惠符合相关法律法规的规定。发行人的经营成果对税收优惠不存在严重依赖。严重的税收优惠依赖，将构成 IPO 的绝对雷区。

公司对税收优惠的依赖，主要是流转税中的增值税退税以及企业所得税的优惠税率。流转税中的增值税退税，包括销售软件产品退税、销售农业产品退税，销售军品退税，以及销售废旧物资退税等；企业所得税优惠，包括高新技术企业优惠税率、软件企业优惠税率、农业企业优惠税率、西部大开发企业优惠税率等。

IPO 审核实务中，税收优惠依赖审核主要关注以下几个方面。

一是税收优惠的合法性。合法的税收优惠都明确有国家税务层面的文件依据，一些地方性的税收优惠政策并不符合法律法规，实质上属于地方财政的返还或奖励。尽管收到的税收优惠都计入营业外收入，但合法的税收优惠形成的营业外收入，如高新技术企业、软件企业、文化企业及西部大开发等特定性质或区域性的税收优惠，符合《公开发行证券的公司信息披露解释性公告第 1 号——非经常性损益》规定的，可以计入经常性损益，利润指标中无须扣除；不合法的税收优惠属于非经常性损益，利润指标中应予以扣除。

二是税收优惠的持续性。税收优惠在可预见期间内可以持续享受。比如，持续满足高新技术企业资格而享受 15% 的企业所得税税率，国家长期扶持自主软件研发故增值税返还政策能够持续享有等，能够有力地保证拟 IPO 公司的持续盈利能力。如果税收优惠不能持续，则可能在短期内对拟 IPO 公司的持续盈利能力造成不利影响。

三是税收优惠占净利润的比例。对税收优惠的依赖，主要体现于其占净利润的比例。如果税收优惠占净利润的比例超过一半甚至更高，或者高于同行业水平，且假定其在未享受税收优惠的条件下，报告期内拟 IPO 公司盈利能力较差甚至亏损，则税收优惠依赖很可能会成为审核过程中的实质性障碍。如果税收优惠占净利润比例比较高，但假定其在未享受税收优惠的条件下，报告期内拟 IPO 公司仍然具有较强的盈利能力，则一般不视作存在税收优惠依赖。

在 IPO 审核实务中，关于税收优惠常被问询的问题如下。

（1）披露部分子公司未取得高新技术企业认证的原因。

（2）发行人及其子公司高新技术企业证书已于 20×× 年 12 月 31 日到期，子公司高新技术企业认证即将到期，请披露目前资质的续期进展情况，是否存在障碍，如无法续期对发行人业绩的影响。

（3）结合子公司在报告期内的财务数据，说明期间公司是否存在通过内部交易不公允定价规避税负的情况。

（二）就税收优惠问题审核给保荐人等中介机构的建议

关于税收优惠问题，保荐人等中介机构的职责是重点核查以下方面。

1. 企业相关文件真实完备

企业申请税收优惠和年度备案的文件主要包括：高新企业认证的全套申请文件；每年到主管税务机关办理税收优惠的备案手续所提交的文件，如产品 / 服务属于《国家重点支持的高新技术领域》规定范围的说明；企业年度研究开发费用结构明细表；企业当年高新技术产品 / 服务收入占企业总收入的比例说明；企业具有大学专科以上学历的技术人员占企业当年职工总数的比例说明、研发人员占企业当年职工总数的比例说明等。

上述文件，要持续保证真实，才能与招股说明书中披露的持续相符。

2. 研发费用与财务记录相符

招股说明书披露的研发费用与企业申报高新文件的研发费用数据应该保持一致，并且存在明确可对应的财务账面来源。如企业曾经在新三板、区域股权市场等挂牌过，研发费用也应与公开披露的财务报告数据保持一致。具体到财务核算上，狭义的研发费用仅指管理费用科目下记录的研发费用。该研发费用与高新企业研发费用经常是不一致的，正常原因是统计口径差异。在高新企业认证层面，其研发费用既可以在管理费用中核算，又可以在制造费用、生产成本及开发支出中核算。

所以，招股说明书中披露的研发费用与管理费用中的数据不一致是正常的，关键是要清楚其在财务核算中是如何构成的。实务中，一些地方税务主管部门要求高新认证研发费用必须与管理费用中的数据相等，否则不予优惠备案。某些公司为了能够符合要求，把本应计入成本或资产中的费用全部计入管理费用，造成会计核算失当，很可能歪曲了相关产品的毛利率或相关资产的成本。

3. 税收优惠政策到期后是否能够继续享受优惠的判断

依据《54 条》问题 30 的解答，发行人取得的税收优惠到期后，发行人、保荐机构、律师和申报会计师应对照税收优惠的相关条件和履行程序的相关规定，对拟上市企业税收优惠政策到期后是否能够继续享受优惠进行专业判断并发表明确意见。

（1）如果很可能获得相关税收优惠批复，按优惠税率预提预缴经税务部门同意，可暂按优惠税率预提并做风险提示，并说明如果未来被追缴税款，是否有大股东承诺补偿；同时，发行人应在招股说明书中披露税收优惠不确定性风险。

（2）如果获得相关税收优惠批复的可能性较小，需按照谨慎性原则按正常税率预提，未来根据实际的税收优惠批复情况进行相应调整。

外商投资企业经营期限未满 10 年转为内资企业的，按税法规定，需在转为内资企业当期，补缴之前已享受的外商投资企业所得税优惠。补缴所得税费用系因企业由外资企业转为内资企业，属于该行为的成本费用，应全额计入补缴当期，不应追溯调整至实际享受优惠期间。发行人补缴税款，符合会计差错更正要求的，可追溯调整至相应期间；对于缴纳罚款、滞纳金等，原则上应计入缴纳当期。

（三）税务合规审核

税务合规审核主要包括：欠税补缴、重大税收违法违规情形、个人所得税问题、税务管理问题、企业重组改制的税收问题等。

1. 欠税补缴

拟 IPO 企业经营过程中因涉及税务违法违规而造成欠税补缴问题，给企业带来严重的税务风险，具体表现为以下两个方面。

一是拟 IPO 企业的内部控制制度不完善，过度实施盈余管理，利用操控会计利润的手段虚增经营成本、隐瞒实际收入，人为降低应纳税所得额。当被税务机关稽查后，企业必须接受税收处罚，缴纳欠税及其滞纳金，且相关处罚公示后会使得企业公众信任度降低。

二是企业在申请 IPO 过程中，为达到上市的强制性要求，可能会采用虚开发票、关联交易、虚假交易等手段粉饰业绩，虚增利润。企业一旦被税务机关稽查发现存在虚开发票、虚构不真实交易等情况，就会被认定存在税务违法违规行为，导致 IPO 失败。

2. 重大税收违法违规情形

依据国家税务总局发布的《重大税务案件审理办法》（自 2021 年 8 月 1 日起施行），重大税务案件包括：（1）重大税务行政处罚案件（具体标准由各省、自治区、直辖市和计划单列市税务局根据本地情况自行制定）；（2）根据《重大税收违法案件督办管理暂行办法》督办的案件（如国务院等上级机关、上级领导批办的案件，国家税务总局领导批办的案件，在全国或者省、自治区、直辖市范围内有重大影响的案件，税收违法数额特别巨大、情节特别严重的案件，国家税务总局认为需要督办的其他案件）；（3）应监察、司法机关要求出具认定意见的案件；（4）拟移送公安机关处理的案件；（5）审理委员会成员单位认为案情重大、复杂，需要审理的案件；（6）其他需要审理委员会审理的案件。

被税务行政处罚的实施机关给予罚款的行为，除主办券商和律师能依法合理说明或处罚机关认定该行为不属于重大违法违规行为的外，都视为重大违法违规情形。

拟 IPO 公司应就其最近两年是否存在重大税收违法违规情况，发出明确的书面声明，表明公司近几年能够依法纳税，截止期不存在被海关、税务机关处罚的情形，两年内不存在税收违法违规行为，税务、海关等行政主管部门能够出具公司无违法违规证明文件或调查反馈文件。

原则上，凡被税务机关处罚的、实施机关处以罚款以上行政处罚的行为，均属重大违法行为，但实施机关依法认定该行为不属于重大违法行为，且作出合理解释的除外。

3. 忽视缴纳个人所得税问题

在 IPO 实务中，公司整体变更过程中可能会面临涉税问题。比如，拟 IPO 公司可能存在着股东以未分配利润转增资本的情况。股东认为这种行为未带来现金流入，只是资金用途的变化，所以会忽视缴纳个人所得税。但是，根据我国现行税法规定，股东以未分配利润转增资本需缴纳 20% 的个人所得税。在企业 IPO 审核中，监管部门会重点审查自然人股东的纳税义务履行情况，若发现自然人股东存在偷漏税问题，则给企业带来涉税风险，导致企业 IPO 被否。

4. 税务管理问题

拟 IPO 企业在近三年内存在着税务管理问题，给企业带来纳税风险，具体体现在以下两个方面。

一方面，企业存在逾期申报的问题。企业通过延迟纳税的方式缓解资金压力，未按时申报增值税或推迟销售收入的确认，这种做法虽然能够给企业带来一定的货币时间价值，但会使企业面临涉税风险，影响企业 IPO 审核通过。

另一方面，企业存在不申报或申报不实的问题。企业在税务管理中未能依法履行纳税义务，对各项纳税事项没有做到据实申报，导致企业面临偷漏税风险，阻挡企业 IPO 之路。

5. 企业重组改制的税收问题

为了让企业更具吸引力，企业在上市前通常会对控股架构和营运模式进行重组。重组过程会衍生许多新的税务问题，例如：重组后的营运模式会不会产生新的税务成本、控股架构在税务方面是否具有效率、企业管理人员的个人税务处理是否恰当等。

此外，资产转移的税务问题亦值得企业关注。目前我国税法不允许企业以成本价转移资产，而按市价转移需留意时间差异。如果企业因为重组而前移纳税时间，将会承担巨大的税务负担。

（四）就税务合规问题给企业的解决对策——健全完善企业税务风险管理体系

1. 提高企业税务风险意识

拟 IPO 企业的管理层、财务经理和员工都必须树立税务风险意识，重视对企业在 IPO 过程中税务风险的防范，认识到税务风险是客观存在的，但也是可以控制的。企业可以通过积极、主动的事先筹划方式，利用适当的税务风险管理措施将税务风险控制在可接受范围内。

2. 设立专门的税务管理部门

依据企业规模大小和企业自身的组织结构，设立专门的税务管理部门，建立风险管理体系，加强企业处理涉税事项的能力，进行税务筹划，在日常项目中做到税务合规合法，保障企业的税务规范性。对企业 IPO 过程中的税务问题进行梳理，认清涉税事项对 IPO 审核产生的影响，准确识别企业涉税风险，有效防范违法违规的涉税事项发生，以保障企业顺利通过 IPO 审核。

3. 学会识别税务风险

税务风险识别指的是企业税务风险管理工作人员在对相关知识与方法加以利

用的基础上对企业可能发生的税务风险加以辨认的过程。风险识别是企业进行税务风险评估与应对的基础。只有对企业可能存在的风险加以识别，方能够有针对性地进行相应的风险管理。因此，在企业的税务风险管理中，我们必须掌握税务风险识别的基本方法。

税务风险识别的基本方法是风险清单法。该方法是运用类似于备忘录的方式，将可能面临的各类风险一一列举出来，并结合企业自身运营情况对这些风险进行综合分析考察。企业的决策者和风险管理者依据所列举的风险清单，对风险及其可能产生的后果作出合理的评估，并探究防止风险发生和蔓延的对策。但应注意的是，通常情况下企业税务风险清单是基于传统风险管理方式设计的，因而其仅对纯粹风险进行了考虑，而未对投机风险等加以考虑。因此。为避免忽略相关风险事项，企业还可以根据自身情况或聘请税务顾问编制更为全面、具体的税务风险一览表。对照该表，企业就能够比较简单地识别税务风险。

识别税务风险的过程中，应遵循谨慎性的原则，认真对待搜集的与企业相关的涉税活动，仔细识别其是否有潜在的税务风险。尤其是对涉税数额巨大的活动、常见的易出错涉税事项，如高新技术企业资格的认证、企业所得税税率、税收优惠占利润的比重等都要特别关注。

4. 建立企业税务风险评估方法体系

税务风险评估指的是基于税务风险识别，运用数理统计与概率论的方法对损失发生概率及大小进行测算，并根据企业应对风险的态度以及风险承受能力来对税务风险的重要性及其影响程度加以评价的过程。它主要包括评估风险发生的可能性与评估风险产生的影响两个方面的内容。评估的方法有定性评估法（如 SWOT 分析法）和定量评估法（如风险预警值测算法、综合风险指数模型评估法等）。

5. 健全完善税务内部控制机制

拟 IPO 企业要建立健全税务内部控制机制，规范涉税事项的处理流程，明确涉税事项的负责人、税务风险点、处理进度、完成情况等内容，确保各项税务问题依法依规解决，做到依法履行纳税义务，提高税务管理水平。

6. 健全完善税务风险管理绩效评价体系

为了有效地管理企业 IPO 过程的税务风险，企业还应该建立一套完善的税务风险管理绩效评价体系。税务风险管理绩效评价指的是将企业税务风险管理方案实施后的实际结果作为依据，在此基础上对该企业税务风险管理手段与方法的适用性、科学性、实际收益等诸多方面加以分析与评价的过程。该评价结果则可作为企业制定新税务风险管理规划的一项参考。

企业要构建科学适用的税务风险管理绩效评价体系，税务风险管理评价人员必须把握以下两个问题。

一是评价步骤。首先应制订相应的绩效评价计划。企业相关机构应以本企业具体特点为基础来确定评价范围、对象、目标及评价方法，进而制订出相应的计划。这也是企业税务风险管理绩效评价极为关键的一步。其次是搜集、整理与税务风险管理有关的资料。在这一阶段需要搜集的资料主要包括税务风险管理措施实施的相关资料、当前国家相关税收法律及法规资料、国家相关部门所制定的企业税务风险管理措施评价方法及其他税务风险管理相关资料等。最后是编制企业税务风险管理绩效评价报告。相关工作人员应根据国家相关评价格式，对本企业税务风险管理效果相应的分析结果在汇总的基础上编制出相应的评价报告，并将评价报告提交至相关委托单位与被评价单位。因评价报告是最终成果，故这一步是非常重要的一步。

二是掌握税务风险管理绩效评价的方法体系。该方法体系主要由定量评价的方法与定性评价的方法两大部分组成。这两类方法可以有机地结合使用。

（1）定量评价法。企业在固定时段内可通过百分比、金额、罚款或损失次数等对本企业税务风险管理绩效进行定量评价。评价的指标主要有税务风险发生率、损失程度，以及管理成本与收益等。在评价时我们不能孤立地使用这些指标数据，需要采用指标对比法，将税务风险管理措施实施后的实际数据或实际情况与实施以前的实际数据或实际情况加以对比，找出其中差异。比如，某企业将 2021 年实施税务风险管理措施后税务风险事故发生所造成的实际损失与 2020 年进行比较，就可得出其税务风险管理效果，并可为以后的税务风险管理提供一些参考。

（2）定性评价法。企业进行税务风险管理在定量评价法的基础上，还可采取“专题调查法”“专家评议法”等方法，对企业税务风险的管理绩效进行定性评价。如调查税务风险管理效果的评价报告，企业可以通过召开有关人员参加的会议，广泛吸取他们对评价报告的不同意见，将有利于克服税务风险管理决策中的片面性；对一定时期内企业的税务风险管理方案、管理决策的执行情况、管理制度的创新以及税务损失控制等项目进行定性分析与综合评判时，企业可以通过听取有经验、有能力的税务专家的意见来分析、评估税务风险管理绩效，得出企业税务风险管理水平的等级（优、良、中、低、差）。

六、财务基础工作合规审核及应对

（一）财务基础工作的内容

财务工作包括很多，如资金管理、预算管理、会计核算、税务筹划、财务分析、对外融资、资本运作等。其中，会计核算是基础，资金管理是核心。

会计核算是企业财务基础工作已经成为共识。会计基础工作是会计核算和会计管理服务的基础性工作的统称，贯穿于整个企业经营发展过程中。会计基础工作的规范，对公司财务信息真实准确有着至关重要的影响。为此，财政部于2019年修订发布《会计基础工作规范》。

会计基础工作的内容包括：

（1）会计凭证格式的设计、取得、填制、审核、传递、保管等；

（2）会计账簿的设置、格式、登记、核对、结账等；

（3）会计报表的种类设置、格式设计、编制和审核要求、报送期限等；

（4）会计档案的归档要求、保管期限、移交手续、销毁程序等；

（5）会计电算化的硬件和软件要求、数据安全、资料保管等；

（6）会计监督的基本程序和要求；

（7）会计机构的设置要求；

（8）会计人员配备和管理要求；

（9）会计人员岗位责任制的建立和职责分工；

（10）会计人员职业道德的建立和执行；

（11）会计工作交接的程序；

（12）单位内部会计管理制度的建立和实施等。

除了上述会计基础工作外，财务基础工作还包括：会计政策及变更处理、会计估计及变更处理、会计差错更正处理等。

（二）关于会计基础工作规范的审核关注点

会计基础工作规范，是企业上市的基本要求。相关上市法律法规明确规定，发行人应该保证会计基础工作规范。若发行人会计基础工作薄弱，则 IPO 被否的风险较高。此外，拟 IPO 企业的会计政策要保持一贯性，会计估计要合理并不得随意变更（如不随意变更固定资产折旧年限、坏账准备计提比例、收入确认方法、存货成本结转方法）。恒安嘉新（2019 年 8 月科创板注册被否）、国科环宇（2019 年 9 月科创板 IPO 被否）等均因会计基础工作不规范折戟资本市场。

这里重点谈谈会计政策、会计估计变更和会计差错更正。

依据《54 条》问题 44 的解答，发行人在申报前的上市辅导和规范阶段，如发现存在不规范或不谨慎的会计处理事项并进行审计调整的，应当符合《企业会计准则第 28 号——会计政策、会计估计变更和会计差错更正》和相关审计准则的规定，并保证发行人提交首发申请时的申报财务报表能够公允地反映发行人的财务状况、经营成果和现金流量。申报会计师应按要求对发行人编制的申报财务报表与原始财务报表的差异比较表出具审核报告并说明差异调整原因。保荐机构应核查差异调整的合理性与合规性。同时，报告期内发行人会计政策和会计估计应保持一致性，不得随意变更，若有变更应符合企业会计准则的规定。变更时，保荐机构及申报会计师应关注是否有充分、合理的证据表明变更的合理性，并说明变更会计政策或会计估计后，能够提供更可靠、更相关的会计信息的理由；对会计政策、会计估计的变更，应履行必要的审批程序。如无充分、合理的证据表明会计政策或会计估计变更的合理性，或者未经批准擅自变更会计政策或会计估计的，或者连续、反复地自行变更会计政策或会计估计的，视为滥用会计政策或会计估计。

首发材料申报后，发行人如存在会计政策、会计估计变更事项，应当依据《企业会计准则第 28 号——会计政策、会计估计变更和会计差错更正》的规定，对首次提交的财务报告进行审计调整或补充披露，相关变更事项应符合专业审慎原则，与同行业上市公司不存在重大差异，不存在影响发行人会计基础工作规范性及内控有效性情形。保荐机构和申报会计师应当充分说明专业判断的依据，对相关调整变更事项的合规性发表明确意见。在此基础上，发行人应提交更新后的财务报告。

首发材料申报后，发行人如出现会计差错更正事项，应充分考虑差错更正的原因、性质、重要性与累积影响程度。对此，保荐机构、申报会计师应重点核查以下方面并发表明确意见：会计差错更正的时间和范围，是否反映发行人存在故意遗漏或虚构交易、事项或者其他重要信息，滥用会计政策或者会计估计，操纵、伪造或篡改编制财务报表所依据的会计记录等情形；差错更正对发行人的影响程度，是否符合《企业会计准则第 28 号——会计政策、会计估计变更和会计差错更正》的规定，发行人是否存在会计基础工作薄弱和内控缺失，相关更正信息是否已恰当披露等问题。

首发材料申报后，如因会计基础薄弱、内控重大缺陷、盈余操纵、未及时进行审计调整的重大会计核算疏漏、滥用会计政策或者会计估计以及恶意隐瞒或舞弊行为，出现重大会计差错更正的，应视为发行人在会计基础工作规范及相关内控方面不符合发行条件。

发行人应在招股说明书中披露重要会计政策、会计估计变更和会计差错更正情形及其原因。

七、其他规范运行问题审核

（一）其他重大违法行为的审核

除上述合规性问题外，IPO 管理办法中规定发行人及其控股股东、实际控制人最近三年内不存在损害投资者合法权益和社会公共利益的重大违法行为。

依据《54 条》问题 11 解答，“重大违法行为”是指发行人及其控股股东、实际控制人违反国家法律、行政法规，受到刑事处罚或情节严重行政处罚的行为。认定重大违法行为应考虑以下因素。

（1）存在贪污、贿赂、侵占财产、挪用财产或者破坏社会主义市场经济秩序等刑事犯罪，原则上应认定为重大违法行为。

（2）被处以罚款以上行政处罚的违法行为，如有以下情形之一且中介机构出具明确核查结论的，可以不认定为重大违法：

①违法行为显著轻微、罚款数额较小；

②相关处罚依据未认定该行为属于情节严重；

③有权机关证明该行为不属于重大违法。

但违法行为导致严重环境污染、重大人员伤亡、社会影响恶劣等并被处以罚款以上行政处罚的，不适用上述情形。

发行人合并报表范围内的各级子公司，若对发行人主营业务收入或净利润不具有重要影响（占比不超过 5%），其违法行为可不视为发行人本身存在相关情形，但其违法行为导致严重环境污染、重大人员伤亡或社会影响恶劣的除外。

如被处罚主体为发行人收购而来，且相关处罚于发行人收购完成之前执行完毕，原则上不视为发行人存在相关情形。但发行人主营业务收入和净利润主要来源于被处罚主体或违法行为社会影响恶劣的除外。

最近 3 年重大违法行为的起算时点，从刑罚执行完毕或行政处罚执行完毕之日起计算。

保荐机构和发行人律师应对发行人及其控股股东、实际控制人是否存在上述事项进行核查，并对是否构成重大违法行为及发行上市的法律障碍发表明确意见。

（二）诉讼和仲裁的审核

对发行人以及控股股东、董事、高级管理人员诉讼和仲裁的审核要点主要包括以下内容。

（1）关注对发行人有较大影响以上的诉讼与仲裁。

（2）关注对控股股东、实际控制人有重大影响的诉讼和仲裁。

（3）关注对董事、高级管理人员、核心技术人员有重大影响的刑事诉讼。

（4）发行人如果存在诉讼情况，必须及时向证监会汇报，否则发行人、保荐人应承担相应的责任。诉讼问题应根据诉讼的性质、标的进行判断。如对发行条件无实质影响，披露即可；如涉及核心产品、技术且涉诉金额大，需要申请延期；诉讼必须披露，否则涉及虚假信息披露。重点关注诉讼失败的影响，有的关于专利权的侵权之诉，要求赔偿金额很小，但首先要求停止侵权，这个要求可能影响公司的持续经营能力。证监会不判断胜诉或败诉的机会，只关注诉讼失败的影响。

（5）对于重大未决诉讼，要求披露相关合同及股权纠纷的具体内容、形成原因和具体诉求，截至目前的诉讼进展情况，对发行人股权结构及生产经营的具体影响；说明相关会计处理情况，是否计提了充足的预计负债；补充披露发行人历史上存在的重大诉讼纠纷类型，说明产生原因、处理措施，对发行人生产经营和股权结构的影响。

（6）对行政处罚决定不服，正在申请行政复议或提起行政诉讼的，在复议决定或法院判决尚未作出前，原则上不影响依据该行政处罚决定对该违法行为是否为重大违法行为的认定，但可依申请暂缓作出决定。

（7）对企业尽职调查，如涉及诉讼等，保荐机构一定要重视书面证据，注意与发行人的访谈、法院查询、法律顾问访谈等，诉讼仲裁信息应及时如实披露、持续关注。

八、IPO 被否或取消审核案例

案例 5-1：因会计差错、会计基础工作薄弱等问题 IPO 被否

2019 年 9 月 6 日，科创板上市委发布公告，不同意北京国科环宇科技股份有限公司（以下简称“国科环宇”）首发上市。这是科创板试点注册制以来首单被否的企业。

上市委会议提出问询的主要问题如下。

（1）请发行人代表补充说明：①发行人客户集中度高、关联交易比重大对其直接面向市场独立持续经营能力的影响；②发行人的核心竞争力、行业地位和直接面向市场独立持续经营能力。请保荐代表人发表明确意见。

（2）发行人 2019 年 3 月在北交所申请挂牌时披露的营业收入为 1.81 亿元、净利润超 2 786 万元，与本次申报的财务数据有重大差异。根据发行人解释，差异来源一是北交所挂牌时采用了母公司报表数据，二是本次编制申报有多个科目进行了审计调整。发行人两次申报均由瑞华会计师事务所出具审计报告。保荐机构认为该差异不属于会计差错更正事项。

请发行人代表进一步说明发行人于 2018 年对以前年度的企业所得税进行重新申报的具体时间以及重新申报的原因，以及短时间内财务数据存在重大调整、母公司报表净利润存在 995.91 万元差异的原因；以上事项是否反映发行人存在内控制度不健全、会计基础薄弱的情形。请保荐代表人就发行人是否符合《注册办法》第十一条规定的发行条件发表明确意见。

（3）发行人在首次披露招股说明书（申报稿）和前两轮问询回复中，均未披露重大专项承研的业务模式下总体单位（单位 D），对业务模式的描述不清晰，未充分说明项目承接方式、各参与方在该模式下的角色、权利义务关系，也未披露发行人核心人员与单位 D 具有关联关系，仅在第三轮问询回复中才进行说明。

案例 5-2：因依赖税收优惠和政府补助而终止 IPO

2021 年 3 月 29 日，上交所决定终止对广州广合科技股份有限公司（以下简称“广合科技”）首次公开发行股票并在科创板上市审核。终止审核的原因有许多，其中业绩严重依赖税收优惠及政府补助是一个重要的原因。

广合科技成立于 2002 年 6 月 17 日，主要从事印制电路板的研发、生产和销售，自成立以来主营业务未发生变化，被国家认定为高新技术企业。招股说明书显示，2017 年、2018 年、2019 年、2020 年 1—6 月，广合科技实现营收分别达到了 74 644.60 万元、103 132.15 万元、134 276.57 万元、78 289.87 万元；同期实现净利润分别为 3 301.01 万元、6 619.10 万元、7 672.95 万元、9 178.48 万元；此外，广合科技同期的利润总额也分别有 4 212.79 万元、7 673.30 万元、9 185.05 万元、10 487.40 万元，整体呈现稳定增长趋势。

然而，上述亮丽的业绩背后却离不开政府补助与税收返还。报告期内，广合科技分别收到了 2 954.93 万元、5 402.70 万元、7 175.60 万元、4 725.30 万元的税收返还；同期计入当期损益的政府补助分别有 117.84 万元、228.76 万元、137.72 万元、253.25 万元。也就是说，广合科技收到的税收返还和政府补助分别占当期利润总额的 72.94%、73.39%、79.62%、47.47%。

案例 5–3：因多项生产安全违法违规、严重依赖大客户等问题 IPO 被否

2021 年 9 月 23 日，深交所公布《关于终止对淄博鲁华泓锦新材料股份有限公司首次公开发行股票并在创业板上市审核的决定》。

发行人报告期内存在多项涉及生产安全的行政处罚，在审核期间重要子公司天津鲁华多次出现涉及生态安全的违法违规行为，有关部门对部分违法行为的处罚时间和金额存在不确定性。报告期各期，发行人向中石化的采购金额占比超过 70%，中石化同时是发行人的第一大客户，且中石化下属公司从事与发行人类似业务。发行人与中石化合作的稳定性和持续性、是否存在重大依赖，对发行人持续经营能力构成重大影响。发行人实际控制人与其亲属、发行人员工之间存在大额资金往来。深交所关注上述事项对发行人内部控制有效性及持续经营能力的影响。

创业板上市委审议认为：发行人重要子公司天津鲁华多次出现涉及生态安全、生产安全的违法违规行为，发行人实际控制人郭强与其亲属、发行人员工存在大额资金往来，且发行人未能充分说明相关资金往来的合理性。发行人未能建立相关的内部控制制度且有效执行，以合理保证发行人合法合规和财务报告的可靠性，不符合《创业板首次公开发行股票注册管理办法（试行）》第十一条，以及《深圳证券交易所创业板股票发行上市审核规则》第十八条的规定。

案例 5–4：因涉嫌违规宣传、内部控制制度不健全、纠纷诉讼、定位不符等问题 IPO 被否

2021 年 3 月 19 日，创业板上市委会议审议结果显示，四川华夏万卷文化传媒股份有限公司（以下简称“华夏万卷”）IPO 被否。被否的主要原因是涉嫌违规宣传，与创业板定位不符。

华夏万卷是一家以硬软笔书法内容创意为核心的文化企业，主营业务包括字帖图书的策划、内容制作、发行及相关文化用品的开发与销售。2020 年 12 月首次上会时，华夏万卷被暂缓审议，2021 年 3 月再次上会最终被否。

被否的原因主要有四个。

一是合法合规问题。在上市委会议中，监管层再度追问公司涉嫌违规宣传，以及与田英章著作权许可使用合同纠纷诉讼再审情况。华夏万卷自 2006 年至 2020 年，未经认证或申请流程，在部分产品封面印有“教育部门推荐练字用书”字样，涉嫌违规宣传。

二是内控制度问题。发审委关注公司及其相关经销商被消费者投诉举报，是否会导致后续纠纷或投诉风险，公司的内控制度是否健全且被有效执行。

三是纠纷诉讼问题。发审委关注公司与田英章著作权许可使用合同纠纷诉讼再审情况，其结果对公司持续经营是否存在重大不利影响。

四是创业板定位问题。华夏万卷主营业务创新性不足，是否符合创业板定位的创新创业成长型公司受到广泛质疑。对此，该公司也在招股说明书中坦言，字帖图书行业准入门槛较低。

06
CHAPTER SIX

第六章
内部控制有效性审核及应对

《首发办法》第十七条规定：发行人的内部控制制度健全且被有效执行，能够合理保证财务报告的可靠性、生产经营的合法性、营运的效率与效果……

一、内部控制有效性审核的基本要求

《首发办法》第十七条规定：发行人的内部控制制度健全且被有效执行，能够合理保证财务报告的可靠性、生产经营的合法性、营运的效率与效果。第二十二条规定：发行人的内部控制在所有重大方面是有效的，并由注册会计师出具了无保留结论的内部控制鉴证报告。

除上述明确针对发行人内部控制的规定之外，《首发办法》（2020）在发行人主体资格、规范运行、财务与会计等发行条件中还提出了以下与内部控制密切相关的要求。

（1）生产经营符合法律、行政法规和公司章程的规定。

（2）发行人不得有下列情形：最近 36 个月内违反工商、税收、土地、环保、海关以及其他法律、行政法规，受到行政处罚，且情节严重。

（3）不存在为控股股东、实际控制人及其控制的其他企业进行违规担保的情形。

（4）有严格的资金管理制度，不得有资金被控股股东、实际控制人及其控制的其他企业以借款、代偿债务、代垫款项或者其他方式占用的情形。

（5）会计基础工作规范。

（6）依法纳税。

从以上规定可以看出，IPO 审核对发行人内部控制的要求主要侧重于内部控制设计的健全性以及内部控制执行的有效性两个方面。

二、内部控制设计的健全性审核

关于内部控制设计的健全性，主要包括以下内容。

（一）公司治理结构（如董事会等）是否健全、完备

公司治理结构是指为实现资源配置的有效性，股东对公司的经营管理和绩效进行监督、激励、控制和协调的一整套制度安排，它反映了决定公司发展方向和业绩的各参与方之间的关系。典型的公司治理结构是由股东、董事会和执行经理层等形成的关系框架。根据国际惯例，规模较大的公司，其内部治理结构通常由股东会、董事会、经理层组成，它们依据法律赋予的权利、责任、利益相互分工，并相互制衡。

衡量一家公司的治理结构是否健全、完备，需要看其是否能够较好地解决涉及公司成败的三个基本问题。

一是如何协调股东与企业的利益关系，以保证投资者（股东）的投资回报。在所有权与经营权分离的情况下，由于股权分散，股东有可能失去控制权，从而使企业被内部人（即管理者）所控制。这时，对企业拥有实际控制权的内部人有可能作出违背股东利益的决策，侵犯股东的利益。这种情况一旦出现，将引起投资者不愿投资或股东“用脚表决”的后果，从而不利于企业的长期发展。因此，一个良好的公司治理结构，必须从制度上保证所有者（股东）的控制与利益。

二是如何协调企业内部各利益集团的关系，以提高企业经营管理的效率。企业内部各利益集团的协调包括对经理层与一般员工的激励，以及对高层管理者的制约。这个问题的良好解决有助于提高企业经营管理的效率，避免因高管决策失误给企业造成不利影响。

三是如何提高企业自身的抗风险能力，以保证企业的持续经营。随着企业的发展不断加速，企业规模不断扩大，股东与企业的利益关系、企业内部各利益集团的关系、企业与其他相关利益者的关系（包括与其他企业的关系，以及企业与政府的关系）将越来越复杂，企业经营风险、财务风险、法律风险都不断增加。良好的公司治理结构，应能有效协调各方利益，缓解各利益关系的冲突，增强企业自身的抗风险能力。

（二）对子公司的管理是否到位

在法律关系上，母子公司是各自独立的；在产权关系上，母子公司以资本为纽带，母公司按出资额享受出资人权利并承担有限责任；在内部管理关系上，母子公司存在委托代理关系，母公司通过子公司法人治理结构，实施所有权、决策权、执行权和监督权四权分立，形成纵向授权、层层负责、相互制衡的关系。

母公司对子公司的管理主要通过两种途径来实现：一是通过控股股东对子公司董事会的重大决策实施控制型管理；二是对子公司日常生产经营实施服务型职能管理。具体主要通过授权、审批、备案、汇报等来实现。对子公司的管理是否到位，主要体现在授权、审批、备案、汇报等事项的各项规定是否合理，监控是否持续有效。

（三）公司风险管理三道防线的建立是否完备且落地实施

企业上市，必须要做好风险管理工作。对于拟 IPO 企业来说，则应在三道防线的基础上，建立纵向的风险管理组织，形成风险管理组织网络（见图 6-1）。

第一道防线：所有业务部门及职能部门。各部门一线员工是企业的窗口，也是最先与风险源接触的群体，在日常业务中负有及时识别、上报与初步管理风险的职责，是事前控制风险的关键。企业建立第一道防线，就是要把业务单位的战略性风险、市场风险、财务风险、营运风险等，进行系统化的分析、确认、管理和监控。同时，他们也负责执行流程以及问题的纠正和改进。

第二道防线：风险管理委员会及风险管理部。这两个机构不直接参与企业任何经营业务，而主要负责企业风险管理工作的统筹组织、协调与规划，并对第一道防线的风险管理工作、内部控制开展情况进行实时监控，同时承担重大风险的核心管理与组织职责，是事中控制风险的关键。

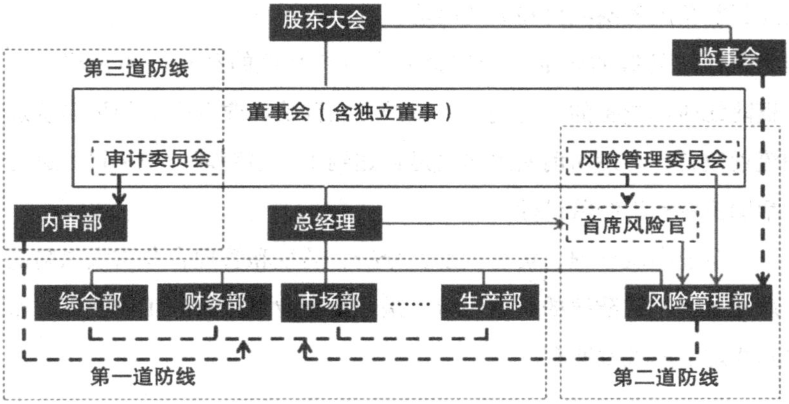

图 6-1 风险管理的三道防线模型

第三道防线：审计委员会及内审部。这两个机构也不直接参与企业任何经营业务，主要负责对第一及第二道防线的工作进行事后稽核、审计和监察等，对企业内部控制制度进行查漏补缺，对企业主要业务流程的合规性、合理性和风险可控性进行审计，对经营管理者进行经济责任审计，对企业信息系统有效性进行审计，对企业财务报表进行审计等。这两个机构是事后控制风险的关键，也是最后一道防线。

建立健全三道防线固然重要，但其实施更为重要。

作为第一道防线的业务单位要做好下列工作：了解企业战略目标及可能影响企业目标实现的风险，识别风险类别，对相关风险作出评估；决定转移、避免或降低风险的策略；设计风险实施策略的相关内部控制。

一般情况下，第一道防线可以有效预防大量的企业风险，但在实际情况中，单层防线往往不够。那么第二道防线风险管理部的职能就是管理和协助公司内部各单位在风险管理方面的工作。风险管理部应该：协助管理层制定风险政策、定义角色和职责、制定风险管理目标；对业务单位的风险进行组合管理，度量风险和评估风险的界限；建立风险信息系统和预警系统，制定关键风险指标，负责风险信息披露；沟通，协调员工培训和学习的工作；按风险与回报的分析，向各业务单位分配资金。相对于业务单位而言，风险管理部会克服狭隘的部门利益，能够从企业利益角度考察项目和活动风险。

作为第三道防线的内部审计在企业中具有高度的独立性和客观性，这是第一、二道防线所不具备的。它通过系统的方法评价和改善企业的风险管理、控制和治理流程效益，包括对前两道防线是否达到了风险管理、控制目标进行监督和评价，帮助企业实现经营目标。

此外，企业高层管理者负有识别、分析、监视和管理企业重大风险的职责。统筹管理和监督三道防线的有效运行，是推动企业风险管理工作实施、改进并立于三道防线之上的关键所在。

（四）具体的各项管理制度是否健全并具有可操作性

企业管理制度一般包括（但不限于）以下八个方面。

（1）人力资源管理制度，包括：员工守则及行为规范、岗位职责（或岗位说明书）、考勤制度、招聘制度、人事档案管理制度、离职制度、企业管理培训制度、人员调动管理制度、奖惩制度、福利管理制度、工资管理制度、绩效考核制度等。

（2）安全管理制度，包括：警卫人员值勤制度、防火安全制度、安全生产管理制度、安全保卫制度、事故管理制度、危险物品安全管理制度等。

（3）财务管理制度，包括：资金预决算制度、资金管理制度、现金管理制度、财务审批制度、财务盘点制度、审计制度、固定资产管理制度、出纳管理规范、会计档案管理制度、统计管理制度等。

（4）行政管理制度，包括：会议管理制度，文件管理制度，报刊、邮件、函电收发制度，档案管理制度，出差管理制度，车辆管理制度，食堂管理制度，保密制度，环境卫生管理制度，值班制度，办公用品管理制度等。

（5）物资管理制度，包括：仓库管理制度、招标采购管理制度、物料消耗定额管理制度、物资库存量管理制度、采购物资价格管理办法。

（6）生产管理制度，包括：车间管理制度、设备管理制度、生产调度制度等。

（7）销售管理制度，包括：合同签订制度、产品发运计划、组织回笼资金制度、产品销售信息反馈制度。

（8）质量管理制度，包括：质量信息管理制度、质量审核制度、产品质量档案及原始记录管理制度等。

管理制度的建立健全很重要，但执行更重要。一项制度执行力的强弱，首先要看制度本身是否具有可操作性。制度规范和约束人们言行的是与非、对与错，必须清清楚楚；什么可做、什么不能做，必须明明白白；何人、何时、何地，任务、条件、目标、标准、流程、责任、措施等，必须具体、明确，具有可操作性，不能似是而非、模棱两可。管理制度既要有实际性规定，又要有程序性规定；既要有大政方针的架构，又要有具体细节的措施。管理制度必须具有严密性。严密性是制度建设的内在要求，“弹性”是制度执行的大敌。此外，为了提高制度的执行力，还需要加强对管理制度的培训与考核。

三、内部控制执行的有效性审核

评价内部控制执行的有效性，主要从内部控制能否合理保证企业营运的效率与效果、生产经营的合法性、财务报告的可靠性等三个方面进行。

（一）合理保证营运的效率与效果

任何企业都有其特定的目标，要有效实现企业的目标，就必须及时对构成企业的资源（财产、人力、知识、信息等）进行合理的组织、整合与利用。这就意味着这些资源要处于控制之下或在一定的控制之中运营。如果一个企业未能实现其目标，那么该企业在从事自身活动时，很可能忽视了资源的整合作用，忽视了经济性和效率性的重要性。因为内部控制系统的目标就是促进企业目标的实现。所以，所有的企业活动和控制行为必须以促进实现企业的最高目标为依据。

就企业而言，企业的目标就是通过提高经营效率和效果，保证企业价值最大化。合理的内部控制通常能够通过如下三种方式提高企业内部的经营效率和效果。

（1）内部控制要求机构精简、权责划分明确，使每个人的责任清楚，不能推卸，从而使各部门和环节密切配合，协调一致，提高经营绩效。

（2）内部控制要求有良好的信息和沟通体系，可以使各方面的经济管理信息快速地在企业内部各个层次和系统之间传播，从而提高经济决策和反应效率。

（3）内部控制有着与岗位职责相一致的业绩考评制度，可以对经济效率的高低进行准确的考核，并对优秀者予以奖励，对落后者予以惩罚，从而形成有效的激励机制。

（二）合理保证生产经营的合法性

经营合法是企业实现目标的前提。企业在经营过程中，必须服从政府制定的法律法规、行业团体制定的职业道德规则以及利益集团之间的竞争因素等所施加的外部控制。内部控制如果不能充分考虑这些外部限制因素，就会威胁企业的生存。因此，内部控制系统必须保证企业的所有经营活动遵循国家发布的各项相关的法律法规和行业主管部门制定的各项规则。

（三）合理保证财务报告的可靠性

财务报告的可靠性是企业的核心。内部控制的目标之一就是合理保证财务报告的可靠性。为了保证信息的质量，内部控制在运行过程中必须达到如下要求：

第一，保证所有交易和事项都能够在恰当的会计期间内及时地记录于适当的账户；

第二，保证会计报表的编制符合会计准则和有关会计制度的要求；

第三，保证账面资产与实存资产定期核对；

第四，保证所有会计信息都经过必要的复核手续，并确认有关记录正确无误。

内部控制对财务报告可靠性的影响主要分为直接影响和间接影响。

直接影响主要体现在业务控制的各个活动和程序对经营活动的控制。会计工作者利用核算系统、使用价值符号把企业的经济业务以计算、汇总、编报等方式记录下来。内部控制会延伸到所有与经济活动价值有关的领域，通过对价值产生到形成财务账本的一系列活动进行有效控制（比如，原始数据资料的记录、保存、控制，对原始数据的定期检查、清点、复查，总账的复核等），保证财务报告产生过程的真实性。公司制定出高效的内部控制制度能够保证财务报告产生的各环节（确认、记录、报告等）的真实可靠性，减少会计工作中的误差，最终保证财务报告的可靠性。若其中的任何一个环节出了问题，最终得到的财务报告都是不真实、不可靠的。

间接影响主要表现在企业内部控制环境上。内部控制环境包括了公司治理结构、企业文化、人力资源政策以及内部审计四个方面。公司治理结构对财务报告的可靠性影响主要表现在对选择会计政策、形成财务报告、监督会计工作、披露会计信息的影响。企业文化对财务报告可靠性的影响主要体现在其对企业员工的行为方式和价值取向有着直接的影响，也对企业管理者的管理理念和管理方式有影响，而会计信息的产生和报告离不开高层管理者和会计工作者的参与。人力资源政策影响着企业每一个员工的素质、表现、业绩。因为企业的内部控制制度是由人来制定的，高素质的员工能够提高内部控制的效果，尤其是对会计人员来说，一个高素质的会计员工工作时认真负责能减少错误，提高财务报告的可靠性。内部审计对财务报告可靠性的影响主要表现为监督、评价企业的内部控制，保证会计信息的质量。

四、IPO 内部控制有效性审核的关注点

（一）从关注面来看

根据近几年发审委公布的 IPO 审核被否的结果，分析近几年 IPO 企业被问及的内部控制问题，可以发现提出的内部控制问题的主要形式体现在以下几方面。

一是特定行业和商业模式下的内部控制问题。如医药行业一般都会被关注企

业销售过程中是否涉及商业贿赂；对于化工行业，发审委往往会对涉及环境保护方面的问题高度关注；如果企业采用经销模式，就会经常被问及经销商进入、日常管理、退出、经销商条件等经销商管理问题；对于存货管理，如果企业存在异地存储业务，就会被问到异地仓库所采取的管理方式相关问题；如果企业是采取委托管理方式，则会被问及对受托方的考核以及异地仓库盘点相关的执行情况等；如果企业在日常交易过程中，发生大量的关联交易行为，那么发审委往往会关注关联交易定价机制、结算方式等。

二是内部控制不规范导致的风险事件暴露，企业对于相关问题的整改与完善情况。这方面最典型的是行政处罚，如果拟 IPO 企业受到相关部门（比如工商、税务、环保、安全生产及土地等部门）的行政处罚，即使没有被认定属于重大违法行为，发审委一般也会联想企业遭受行政处罚的主要原因是内部控制存在缺陷。也就是说，不只是财务信息会使发审委对内部控制予以关注，相关的行政处罚、法律纠纷、业务流程等都会使发审委关注到内部控制是否健全有效。凡是不同于常规处理的操作都可能回归到相关内部控制，都可能需要发审委对其健全有效性进行谨慎评估。

三是与行业或标杆企业比较，拟 IPO 企业存在明显异常的数据，与异常数据相关联的内部控制问题。例如拟 IPO 企业毛利润水平相比于同行可比企业，存在较大差异，或者毛利率增长趋势不符合行业规律，则企业就会被关注销售业务中信用政策管理是否到位、销售价格定价机制是否合理等；若企业工资水平奇低以及成本水平奇低，往往就会被关注到人员薪酬与社保相关内部控制和成本核算的内部控制。

（二）从涉及的主要环节看

依据近几年的 IPO 反馈意见来看，发审委关注的企业内部控制缺陷主要集中在资金管理、销售管理、采购管理等 13 个环节。

1. 资金管理

资金管理涉及的管理制度主要有：资金管理办法、银行账户管理办法、现金结算管理办法、资金拆借 / 资金占用管理办法、报销管理办法、非经营性资金占用制度等。

拟 IPO 企业常被问起的问题：是否存在现金交易、个人收付款、第三方收付款、体外收付款、与第三方发生票据融资、银行借款受托支付等情况；是否存在关联方资金拆借、关联方资金占用的情况；是否存在向关联方或供应商开具无真实交易背景的商业票据的情况。

常见的缺陷：控股股东、实际控制人等关联方占用发行人资金；通过开具无真实交易背景的票据贴现融资；银行贷款受托支付给无实际采购业务的单位；现金形式收款；资金拆借等。

2. 销售管理

销售管理涉及的管理制度主要有：销售合同管理办法、赊销管理规定、销售发货流程、货款结算管理办法、应收账款（信用期）管理办法等。

拟 IPO 企业常被问起的问题：经销商模式下收入确认是否符合企业会计准则的规定，经销商选取标准、日常管理、定价机制（包括营销、运输费用承担和补贴等）、物流（是否直接发货给终端客户）、退换货机制、销售存货信息系统等方面的内部控制是否健全并有效执行，经销商是否与发行人存在关联关系，对经销商的信用政策是否合理等。另外，企业依赖于经销商的，则经销商体系的内部控制可能会被问起；与之关联的比如折扣折让、返点、退换货的管理办法和应收账款（信用期）管理办法可能会被问起；业务开展容易存在灰色地带的，业务推广费有关的内部控制也有可能被问起。

常见的缺陷：员工通过个人银行卡收款；客户委托第三方回款；经销商管理；销售信用政策和应收账款坏账准备计提；销售过程存在商业贿赂；收入确认流程等。

3. 采购管理

采购管理涉及的管理制度主要有：采购预算管理办法、物资采购申请办法、重大物资采购招标管理办法、物资采购质量控制办法等。

常见的缺陷：现金采购、向个人采购、大额采购涉及的招标管理不规范等。

4. 生产管理

生产管理涉及的管理制度主要有：安全生产制度、产品质量管理办法、废料管理办法、外部 / 第三方 / 海外仓库管理办法、外协加工 / 委托加工物资管理办法、劳务派遣管理办法、业务分包管理办法、在建工程管理办法等。

拟 IPO 企业常被问起的问题如下。

（1）报告期内，发行人存在将业务分包给无资质分包商，以及项目限制分包而发行人实际采用分包的情形。请发行人补充披露该等项目是否存在被处罚的风险，是否存在纠纷或潜在纠纷。如被处罚或引致纠纷，发行人应披露该事项对发行人业务和财务数据可能造成的影响。

（2）补充披露报告期内安全生产情况，涉及的危险化学品、易制毒化学品的名称，生产、储存、运输、交易等各环节的具体情况，是否符合危险化学品、易制毒化学品管理的相关规定；补充披露发行人是否具备相关化学品的生产、销售与运输资质。

（3）关于安全生产费，请发行人补充披露：报告期安全生产费的计提标准、计算过程，计提是否充分，是否符合相关法律法规的规定，相关会计处理是否合规；报告期内发行人是否发生重大安全事故；各期安全生产费的实际支出使用情况、构成明细，相关会计处理是否符合《企业会计准则》的规定。

5. 研发管理

研发管理涉及的管理制度主要有研发费用管理办法。

拟 IPO 企业常被问起的问题：研发支出的开支范围、标准、审批程序以及研发支出资本化的起始时点、依据、内部控制流程。同时，应按照研发项目设立台账，归集核算研发支出。发行人应审慎制定研发支出资本化的标准，并在报告期内保持一致。

6. 资产管理

资产管理涉及的管理制度主要有：资产管理办法、盘点制度、报废管理、商标（专利、技术）管理办法等。

拟 IPO 企业常被问起的问题：存货仓储管理，存货跌价准备和固定资产减值准备计提的制度。

7. 关联方管理与利益输送问题

拟 IPO 企业常被问起的问题：是否存在现金交易、个人收付款、第三方收付款、体外收付款、与第三方发生票据融资、银行借款受托支付等情况；是否存在关联方资金拆借、关联方资金占用的情况；是否存在向关联方或供应商开具无真实交易背景的商业票据的情况。

8. 业务外包管理

业务外包管理涉及的管理制度主要有业务外包管理办法。

拟 IPO 企业常被问起外包方的业务资质问题。

常见的缺陷：外包方不具备业务资质、外包方生产安全问题等。

9. 会计核算

会计核算涉及的管理制度主要有收入核算办法和成本核算办法。

拟 IPO 企业常被问起的问题：与收入有关的内部控制（如果收入确认比较复杂，比如分期确认的收入、较多的运用会计估计确认的收入等情形，与收入有关的内部控制也是常见的问题之一）；收入的具体确认；研发费用处理。

10. 财务内部控制

财务内部控制涉及的管理制度很多。《54 条》问题 41 指出，拟 IPO 企业的财务内部控制不规范的情形主要有：

（1）为满足贷款银行受托支付要求，在无真实业务支持情况下，通过供应商等取得银行贷款或为客户提供银行贷款资金走账通道（简称“转贷”行为）；

（2）向关联方或供应商开具无真实交易背景的商业票据，通过票据贴现后获取银行融资；

（3）与关联方或第三方直接进行资金拆借；

（4）因外销业务结算需要，通过关联方或第三方代收货款；

（5）利用个人账户对外收付款项；

（6）出借公司账户为他人收付款项；

（7）违反内部资金管理规定对外支付大额款项、大额现金借支和还款、挪用资金等重大不规范情形。

11. 信息系统

《54 条》问题 53 的解答指出，部分申请首发的企业，如电商、互联网信息服务、互联网营销企业等，其业务主要通过互联网开展。此类企业，报告期任意一期通过互联网取得的营业收入占比或毛利占比超过 30%，原则上，保荐机构和申报会计师应对该类企业通过互联网开展业务的信息系统可靠性分别进行专项核查并发表明确核查意见。发行人应向保荐机构和申报会计师完整提供报告期应用的信息系统情况，包括系统名称、开发人、基本架构、主要功能、应用方式、各层级数据浏览或修改权限等；应向保荐机构和申报会计师核查信息系统数据开放足够权限，为其核查信息系统提供充分条件。

（1）对于直接向用户收取费用的此类企业，如互联网线上销售、互联网信息服务、互联网游戏等，保荐机构和申报会计师的核查应包括但不限于以下方面：①经营数据的完整性和准确性，是否存在被篡改的风险，与财务数据是否一致；②用户真实性与变动合理性，包括新增用户的地域分布与数量、留存用户的数量、活跃用户数量、月活用户数量、单次访问时长与访问时间段等，系统数据与第三方统计平台数据是否一致；③用户行为核查，包括但不限于登录 IP 或 MAC 地址信息、充值与消费的情况、重点产品消费或销售情况、僵尸用户情况等，用户充值、消耗或消费的时间分布是否合理，重点用户充值或消费是否合理；④系统收款或交易金额与第三方支付渠道交易金额是否一致，是否存在自充值或刷单情况；⑤平均用户收入、平均付费用户收入等数值的变动趋势是否合理；⑥业务系统记录与计算虚拟钱包（如有）的充值、消费数据是否准确；⑦互联网数据中心（IDC）或带宽费用的核查情况，与访问量是否匹配；⑧获客成本、获客渠道是否合理，变动是否存在异常。

（2）对用户消费占整体收入比较低，主要通过展示或用户点击转化收入的此类企业，如用户点击广告后向广告主或广告代理商收取费用的企业，保荐机构和会计师的核查应包括但不限于以下方面：①经营数据的完整性和准确性，是否存在被篡改的风险，与财务数据是否一致；②不同平台用户占比是否符合商业逻辑与产品定位；③推广投入效果情况，获客成本是否合理；④用户行为真实性核查，应用软件的下载或激活的用户数量、新增和活跃的用户是否真实，是否存在购买虚假用户流量或虚构流量情况；⑤广告投放的真实性，是否存在与广告商串通进行虚假交易；⑥用户的广告浏览行为是否存在明显异常。

如因核查范围受限、历史数据丢失、信息系统缺陷、涉及商业秘密等原因，导致无法获取全部或部分运营数据，无法进行充分核查的，保荐机构、会计师应考虑该等情况是否存在异常并就信息系统可靠性审慎发表核查意见；同时，对该等事项是否构成本次发行上市的实质性障碍发表核查意见。发行人日常经营活动高度依赖信息系统的，保荐机构和申报会计师应参照上述内容对信息系统可靠性进行专项核查并发表明确核查意见。

此外，发行人主要经营活动并非直接通过互联网开展，但其客户主要通过互联网销售发行人产品或服务，如发行人该类业务营业收入占比或毛利占比超过30%，保荐机构和申报会计师应核查该类客户向发行人传输交易信息、相关数据的方式、内容，并以可靠方式从发行人获取该等数据，核查该等数据与发行人销售、物流等数据是否存在差异，互联网终端客户情况（如消费者数量、集中度、地域分布、消费频率、单次消费金额分布等）是否存在异常。对无法取得客户相关交易数据的，保荐机构和申报会计师应充分核查原因并谨慎评估该情况对发表核查意见的影响。

12. 财务报告

财务报告涉及的管理制度主要有：报表编制方法；前期纳税报表的调整规定；会计政策、会计估计及变更的规定；会计差错更正管理办法。

拟 IPO 企业常被问起的问题：是否存在现金交易、个人收付款、第三方收付款、体外收付款、与第三方发生票据融资、银行借款受托支付等情况；是否存在关联方资金拆借、关联方资金占用的情况；是否存在向关联方或供应商开具无真实交易背景的商业票据的情况。

13. 社会责任

拟 IPO 企业常被问起的问题有以下几个方面。

（1）报告期内拟 IPO 企业是否发生产品质量问题、引发不良反应等安全事件或存在产品召回情形，是否受到有关药品监管部门的处罚及媒体报道、消费者关注等，是否存在因产品质量问题引发的纠纷或诉讼。

（2）补充披露报告期内环保执行情况，包括生产经营中涉及环境污染的具体环节、主要污染物名称及排放量、主要处理设施及处理能力、设施实际运营情况。

（3）报告期内是否遵守环保方面的法律法规，是否受到环保部门的处罚。

如是，请披露：原因、经过等具体情况及是否构成重大违法行为，整改措施及整改后是否符合环保法律法规的有关规定，对照《审核问答》问题 15 核查并说明上述行政处罚是否属于重大违法违规及对本次发行的影响。请保荐人、发行人律师核查并发表明确意见，包括：是否符合国家或地方环保要求，已建和在建项目是否履行环评手续，排污达标检测情况和环保部门现场检查情况，是否发生重大环保事故等。

（4）对比同行业可比公司情况，说明报告期拟 IPO 企业环保投入、环保相关成本费用是否与产能、排污量相匹配。披露报告期内拟 IPO 企业环保设施的运营情况，日常环境污染的治理费用、环保投入、环保设施的实际处理能力与日常生产经营实际产生的“三废”的匹配程度。分析环境保护税开征后对拟 IPO 企业业务、相关财务指标及持续盈利能力的影响。

（5）报告期期末拟 IPO 企业存在未为少部分员工缴纳社会保险和住房公积金的情况，请披露应缴未缴社会保险和住房公积金的具体金额及对其净利润的影响，是否构成重大违法行为及对本次发行的影响。

（三）从审核方式来看

发审委对内部控制的审核方式主要体现在两方面：现场核查和现象推导。现场核查是证实，拟 IPO 企业被发审委抽中进行现场核查，就能直观体现企业内部控制是否有效；现象推导体现内部控制有效的“可证伪性”，发审委通过现象来分析推导出拟 IPO 企业内控是否有效。如果在 IPO 申请的报告期内，发行人发生了内部控制存在重大缺陷的事件，那么就表示企业内部控制是存在缺陷的。比如：发行人因产品质量受到惩罚，频繁发生安全事故，那么发审委认定发行人在产品质量控制方面以及安全生产控制方面有重大内部控制缺陷；如果发行人更正会计差错较多，则发审委可以判断发行人的会计基础工作薄弱。为了满足《首发办法》（2020）和《创业板首次公开发行股票注册管理办法（试行）》对内部控制的相关要求，在进行内部控制规范时，拟 IPO 企业不仅需要注重建设财务报告内部控制，而且需要不断加强非财务报告内部控制，尽最大努力减少和避免发生类似上述控制偏差事件。

五、IPO 前企业内部控制可能存在的一些典型问题

1. 财务基础制度规范缺失，导致发行人财务规范性管理难以落到实处

如：会计基础工作规范、税务管理（发票开具、接收、纳税申报与缴纳、所得税汇算）、资金管理（资金支付、内部往来流转）、装修改造项目预决算管理（工程预算、工程竣工决算、工程票据合同等文件管理）、固定资产管理（固定资产增加、票据、调拨、清查、盘点）、费用报销管理、预算管理等相关基础制度缺失或虽有但未实际执行。

2. 企业固定资产管理及其入账与后续核算的问题

如：固定资产管理与核算不够精细，仅仅建立了固定资产的总账和明细账，而缺少了对实物卡片账的建立；缺乏对盘亏、报废的固定资产的账务处理；固定资产内部监督机制不健全，可能存在重复购置固定资产或是大量固定资产闲置的问题，造成了在采购、配置、调换、变更、报销固定资产方面很容易发生违规行为；没有建立起完善的固定资产管理与核算的信息系统；等等。

3. 企业税务管理中的问题

如：发票开具与实际业务主体不对应的情况、营业外收入的认定及其发票开具问题、税务筹划中存在的问题、开票主体与合同主体不对应的情况等。

4. 企业账实不相符的问题

许多拟 IPO 企业在这方面并不规范，这也成为拟 IPO 企业的一个痛点。如：公司的原始报表反映的公司的固定资产、收入、成本与费用的状况与实际业务、合同、发票等情况不尽相符，一方面是因为缺乏定期核查清对，另一方面因为原始资料不齐全，难以核对纠正。

5. 支出与费用管理中存在的问题

如大额采购涉及的招标管理问题、支出的发票及时清收问题、员工报销的规范性问题等。

6. 跨地区经营财务管理控制中存在的问题

如：公司异地财务管理未建立健全有效的体系，很多都是一人兼任所有的职责与岗位，存在账务处理无复核，不相容职责混同，税务申报与缴纳控制不强，收入与支出的账务管理、催收管理、单据管理不到位等情况。

7. 公司业务流转与对应的单据留存的问题

有的情况是业务流转中本身就未设计要求形成相关单据；有的是有要求，但未得到妥善执行和管理。

8. ERP 系统与业务流程设计存在控制缺陷

如：忽视高级财务管理人员在企业财务控制中的重要地位，未及时发现并纠正业务实施过程中存在的偏差，无法实现企业内部、企业之间的业务协同等，从而导致财务安全隐患，如出现账外收入或资金体外循环等问题。

9. 财务部门的独立性与职责的不相容问题

如：出纳职务与收入、支出、费用的核算职务，与债权债务的核算职务，与稽核职务，与会计档案的保管职务等不相容职务未能有效分离；会计核算职务与相应的稽核检查职务未能有效分离；总分类账的登记职务与相关明细分类账的登记职务未能有效分离；开展会计电算化的企业，电算化会计岗位中的软件操作职务、审核记账职务、电算审查职务、档案保管职务等不相容职务未能有效分离；钱、账未能有效分管；与支票签发相关的专用公章、人名私章由出纳一人保管等。

10. 借款与资金往来的问题

如：公司与股东之间的借款与往来、子公司之间的资金调拨、子公司之间的代收代付都较为随意等问题。

六、给保荐人等中介机构的建议

（一）针对内部控制不规范的一般问题的检查

对于拟 IPO 企业内部控制不规范的问题，保荐机构在上市辅导期间，应该会同申报会计师、律师，要求发行人严格按照现行法规、规则、制度对涉及问题进行整改或纠正，在提交申报材料前强化发行人内部控制制度建设及执行有效性检查。具体要求可从以下方面把握。

（1）出于保护中小投资者合法权益的考虑，发行人内部控制必须规范。在报告期内存在内部控制（尤其是财务内部控制）不规范情形的，中介机构在上市辅导过程中应督促完成整改或纠正（如收回资金、结束不当行为等措施），以达到与上市公司要求一致的内部控制水平。

（2）发行人已按照程序完成相关问题整改或纠正的，中介机构应结合此前不规范情形的轻重或影响程度的判断，全面核查、测试并确认发行人整改后的内部控制制度是否已合理、正常运行并持续有效，出具明确意见。

（3）对首次申报审计截至日前报告期内依然存在的内部控制不规范情形，中介机构应根据有关情形发生的原因及性质、时间及频率、金额及比例等因素，综合判断是否构成对内部控制制度有效性的重大不利影响，是否属于主观故意或恶意行为并构成重大违法违规。

（4）首次申报审计截止日后，发行人原则上不能再出现上述内部控制不规范和不能有效执行情形。

（5）发行人的对外销售结算应自主独立，内销业务通常不应通过关联方或第三方代收货款。外销业务如因外部特殊原因确有必要通过关联方或第三方代收货款的，应能够充分提供合理性证据，不存在审计范围受到限制的重要情形。

（6）检查发行人连续 12 个月内银行贷款受托支付累计金额与相关采购或销售（同一交易对手或同一业务）累计金额是否基本一致或匹配，是否属于“转贷”行为。

（二）针对财务内控不规范问题的整改核查

保荐机构等中介机构对发行人财务内控不规范情形及整改纠正、运行情况的核查，一般需注意以下方面。

（1）关注发行人前述行为信息披露的充分性，如对相关交易形成原因、资金流向和使用用途、利息、违反有关法律法规具体情况及后果、后续可能影响的承担机制、整改措施、相关内控建立及运行情况等。

（2）关注前述行为的合法合规性，由中介机构对发行人前述行为违反法律法规、规章制度（如《票据法》《贷款通则》《外汇管理条例》《支付结算办法》等）的事实情况进行说明认定，说明是否属于主观故意或恶意行为并构成重大违法违规，是否存在被处罚情形或风险，是否满足相关发行条件的要求。

（3）关注发行人对前述行为财务核算是否真实、准确，与相关方资金往来的实际流向和使用情况，是否通过体外资金循环粉饰业绩。

（4）不规范行为的整改措施，发行人是否已通过收回资金、纠正不当行为、改进制度、加强内控等方式积极整改，是否已有针对性地建立内控制度并有效执行，且申报后未发生新的不合规资金往来等行为。

（5）前述行为不存在后续影响，已排除或不存在重大风险隐患。

（6）中介机构能够对前述行为进行完整核查，能够验证相关资金来源或去向，能够确认发行人不存在业绩虚构情形，并发表明确意见，确保发行人的财务内控在提交申报材料的审计截止日后能够持续符合规范性要求，能够合理保证发行人运行效率、合法合规和财务报告的可靠性，不存在影响发行条件的情形。

审计截止日为经审计的最近一期资产负债表日。

七、IPO 被否或取消审核案例

案例 6-1：因会计基础工作薄弱和内控缺失等问题 IPO 注册被否

2019 年 8 月 30 日，证监会对外发布了《关于不予同意恒安嘉新（北京）科技股份公司首次公开发行股票注册的决定》。值得注意的是，恒安嘉新成为第一家被证监会不予通过的科创板注册企业。

恒安嘉新曾于 2019 年 7 月 11 日 IPO 审核过会。对于恒安嘉新没有通过 IPO 注册的原因，证监会指出，发行人于 2018 年 12 月 28 日、12 月 29 日签订当年签署验收报告的 4 个重大合同，金额 15 859.76 万元，2018 年底均未回款，且未开具发票。公司将上述 4 个合同收入确认在 2018 年。2019 年，发行人以谨慎性为由，经董事会及股东大会审议通过，将上述4个合同收入确认时点进行调整，相应调减2018年营业收入13 682.84万元，调减净利润7 827.17万元，扣非后归母净利润由调整前的8 732.99万元变为调整后的905.82万元，调减金额占扣非前归母净利润的89.63%。发行人将该会计差错更正认定为特殊会计处理事项的理由不充分，不符合企业会计准则的要求，发行人存在会计基础工作薄弱和内控缺失的情形。

同时，2016年，发行人实际控制人金红将567.20万股股权分别以象征性1元的价格转让给了刘长永等16名员工。在提交上交所科创板上市审核中心的申报材料、首轮问询回复、二轮问询回复中，发行人都认定上述股权转让系解除股权代持，因此不涉及股份支付；三轮回复中，发行人、保荐机构、申报会计师认为时间久远，能够支持股份代持的证据不够充分，基于谨慎性考虑，会计处理上调整为在授予日一次性确认股份支付5 970.52万元。发行人未按招股说明书的要求对上述前期会计差错更正事项进行披露。

证监会不予注册的决定显示，与上市申报稿相比，恒安嘉新在上会稿、注册稿中将4个重大项目合同收入确认做了调整。证监会认定，发行人"将该会计差错更正认定为特殊会计处理事项"理由不充分，不符合企业会计准则的要求，发行人存在会计基础工作薄弱和内控缺失问题。同时，发行人还存在另一项会计差错更正没有按照招股说明书更正事项进行披露。

对比发现，恒安嘉新首次申报的招股说明书（2019年4月3日），和呈报上会的招股说明书（2019年7月2日）、注册稿的招股说明书（2019年7月18日），三份文档中2018年收入利润情况并不相同，进而导致一系列数据不同。

在招股说明书申报稿中，恒安嘉新在2018年12月28日、12月29日签订4个重大合同，金额1.586亿元，2018年签署验收报告，2018年底均未回款，且未开具发票。公司将上述4个项目收入在2018年确认，使得2018年营业收入为6.25亿元，归属母公司所有者净利润（下称"净利润"）9 664.35万元。

上交所受理公司申报后，进入了审核问询环节。问询中，上交所共问询16个问题，其中第6个问题是关于4个项目的收入确认时点的合理性：是否存在提前或延后确认收入调节利润的情形。上交所要求发行人对此作出说明，保荐机构也要核查并发表明确意见。

在 2019 年 5 月 24 日的回复中，恒安嘉新介绍了公司业务流程及收入确认关联，认为这些收入的确认符合企业会计准则的规定，不存在提前或延后确认收入调节利润的情形。

作为保荐机构，中信建投称自己对恒安嘉新做了合同追查、客户走访等核查，得出的结论与发行人一致。

因这 4 个项目基本尚未回款，与恒安嘉新所述的项目完成初验后约定的占合同总额的累计支付比例不一致，第二轮问询的回答似乎没能使上交所满意。上交所要求发行人解释，这样的收入确认是否符合行业惯例，付款比例不一致，有何原因；同时，仍要求中信建投继续发表意见。

恒安嘉新在 2019 年 6 月 16 日做了补充回答。恒安嘉新称，收入确认符合行业惯例，客户付款流程长，客户比较强势，并非严格按照合同条款执行，导致实际付款具有一定的滞后性。

中信建投也表示：恒安嘉新的收入确认审慎，符合《企业会计准则》规定，未发现提前确认收入的情况。

多轮问询之后，在 2019 年 7 月 2 日上会的招股说明书中，恒安嘉新调整了收入确认时间，调减 2018 年营业收入 1.37 亿元，从 6.25 亿元降至 4.88 亿元，使得净利润由 9664.35 万元降至 1837.18 万元，减少了 80.99%。扣非后归属于母公司所有者的净利润，由调整前的 8732.99 万元变为调整后的 905.82 万元，净利润调减了 90%。

恒安嘉新招股说明书申报稿与上会稿、注册稿的差异如表 6-1 所示。

表 6-1　恒安嘉新招股说明书申报稿与上会稿、注册稿的差异

项目	申报稿	上会稿、注册稿	调减
资产总额（万元）	83 291.25	72 421.12	13.05%
归属于母公司股东权益合计（万元）	44 208.57	36 381.41	17.71%
资产负债率（母公司）	45.30%	47.91%	–5.76%
营业收入（万元）	62 513.09	48 830.25	21.89%

续表

项目	申报稿	上会稿、注册稿	调减
净利润（万元）	9 664.35	1 837.18	80.99%
归属于母公司所有者的净利润（万元）	9 664.35	1 837.18	80.99%
扣除非经常性损益后归属于母公司所有者的净利润（万元）	8 732.99	905.82	89.63%
基本每股收益（元）	1.260 1	0.239 5	80.99%
稀释每股收益（元）	1.260 1	0.239 5	80.99%
加权平均净资产收益率	25.89%	5.50%	78.76%
经营活动产生的现金流量净额（万元）	−5 149.24	−5 149.24	0.00%
研发投入占营业收入的比例	20.41%	26.13%	−28.03%

数据来源：恒安嘉新招股说明书

上交所科创板上市委 2019 年 7 月 11 日审核恒安嘉新，虽然同意公司首发上市，仍对前文所述的 4 个项目收入最终确认要求公司补充披露“交易的特殊性”“交易的会计处理与常规业务会计处理的差异”，并要求给出特别风险提示。

在 2019 年 7 月 18 日呈交注册的招股说明书中，恒安嘉新对会计处理给出了理由：为了使会计处理更加审慎，增强信息披露的可理解性，将上述 4 个项目的收入确认调整到“在主要经济利益流入公司时确认”。

通过上交所审核，进入证监会注册流程时，恒安嘉新“搁浅”了。证监会审阅恒安嘉新的材料，认为恒安嘉新将该“会计差错更正”认定为“特殊会计处理事项”的理由不充分，不符合《企业会计准则》的要求。并且，恒安嘉新存在会计基础工作薄弱和内控缺失的情形。证监会否决了恒安嘉新的注册。

同时，证监会于 2019 年 10 月底对恒安嘉新、中信建投及两位保代发出警示函。恒安嘉新因收入确认的信息披露前后不一致且有实质性差异，中信建投因内部控制制度存在薄弱环节，受到证监会责令对内控制度存在的问题进行整改；两位保代未能勤勉尽责地履行保荐义务。

案例 6-2：因内部控制缺陷、持续经营能力存疑等问题 IPO 被否

2021 年 3 月 17 日上交所披露：申请科创板的上海康鹏科技股份有限公司（首

发）不符合发行条件、上市条件和信息披露要求。被否的原因主要有以下两个。

一是不满足内控有效性。根据申请文件，报告期内公司及其子公司存在较多行政处罚，在审期间频繁出现安全事故和环保违法事项，导致重要子公司停工停产，公司在内控方面存在缺陷。

二是没有持续经营能力。重要子公司停工停产导致公司重要业务及经营业绩大幅下滑，对公司持续经营能力产生影响。

案例 6–3：三度谋求 IPO，内控缺陷等问题导致前两次 IPO 被否

2020 年 2 月 12 日，中国证监会披露了江西 3L 医用制品集团股份有限公司（以下简称“3L 股份”）拟 IPO 接受辅导的信息，辅导机构为国信证券。这是 3L 股份第三次在 A 股谋求 IPO。之前两次 IPO 申请，分别因为内控问题、财务报告可靠性问题等被证监会否决。

3L 股份第一次递交招股说明书是在 2014 年，计划登陆创业板。证监会发审委在 2015 年以“私刻公章”“虚假发票”等内部控制存在缺陷等为由否决了其首发申请。

2018 年 3L 股份更换保荐机构，并再次冲击创业板，但其第二次 IPO 申请依然没有通过发审委审核。发审委对 3L 股份财务数据的怀疑、内控制度及产品质量的担忧，成为 IPO 申请没有通过的主要原因。

2019 年 7 月 11 日，证监会披露第十八届发审委 2019 年第 78 次会议审核结果公告。发审委主要问询 3L 股份五大方面的一系列问题：①现有内控制度是否健全且有效运行；②经销商大幅变动、经销模式销售占比逐年提升，是否存在商业贿赂；③公司各报告期末应收账款余额占同期营收的比例较高的合理性；④毛利率高于可比公司平均水平的合理性；⑤产品质量问题曾受行政处罚及赔偿风险等。

可见，前两次 IPO 申请被否的原因都涉及公司内部控制缺陷的问题。梳理公开信息还可以发现，3L 股份的内控不到位除了反映在内部制度、人员管理、财务管理方面，还表现在公司的产品质量上。据不完全统计，3L 股份在 2019 年有 4 次医疗器械及产品质量抽检结果显示不合格，2018 年公司还召回 4 种类别部分批次不合格产品。

案例 6-4：因对内部控制有效性等核查不充分，两保代被暂停申请

2021 年 4 月，证监会发布《关于对中信建投证券股份有限公司采取监管谈话措施的决定》《关于对赵鑫、王璟采取暂不受理与行政许可有关文件 3 个月措施的决定》。经查，证监会发现中信建投证券作为二十一世纪空间技术应用股份有限公司（以下简称“世纪空间”）首次公开发行股票并上市的保荐机构，存在对发行人商誉减值、关联交易、资产负债表日后调整事项等情况的核查不充分，未按规定对发行人转贷事项发表专业意见，内部控制有效性不足的违规行为。

在 2020 年 6 月 28 日上交所科创板上市委 2019 年第 12 次审议会议上，上市委曾四问世纪空间。

问题一：进一步描述发行人核心技术内容及应用，增加信息披露的可理解性。

问题二：补充披露未对北京天目计提商誉减值的理由，并对未来商誉减值风险进行提示。

问题三：补充披露报告期内发行人研发支出资本化的相关信息。

问题四：补充披露报告期内将卫星资产由固定资产调整为无形资产核算的依据，以及按照 7 年摊销的合理性。

世纪空间对上述四个问题的回复很快，在发审委第二天就完成了上市委会议意见落实函的回复。

最后，证监认为，保荐代表人赵鑫、王璟在担任世纪空间上市保荐过程中，未勤勉尽责，对发行人商誉减值、关联交易、资产负债表日后事项等核查不充分，未按规定对发行人转贷事项发表专业意见，违反了《证券发行上市保荐业务管理办法》（证监会令第 137 号，以下简称《保荐办法》）第四条的规定，决定对他们采取暂不受理与行政许可有关文件 3 个月措施的决定。

07

CHAPTER SEVEN

第七章

财务数据审核及应对

注册制 IPO 条件的放宽是指财务条件放宽，即不对拟 IPO 企业的盈利状况有过度的要求，而不是放宽财务数据的真实性与合规性审查，这一点是需要牢记的……

注册制 IPO 条件的放宽是指财务条件放宽，即不对拟 IPO 企业的盈利状况有过度的要求，而不是放宽财务数据的真实性与合规性审查，这一点是需要牢记的。财务数据的审核主要涉及净利润（涉及收入与成本费用、毛利率等）、资产质量、现金流量、重大财务风险等四个方面的审核，防止拟 IPO 企业财务数据造假，“带病申报”。

一、净利润审核

净利润的审核主要关注营业收入、成本费用的真实性，毛利率、投资收益占比等是否异常。

（一）营业收入审核

营业收入是利润表的重要科目，反映了公司创造利润和现金流量的能力。审核的重点是营业收入的真实性。营业收入审核的主要关注点包括以下方面。

（1）销售循环的内控制度是否健全，流程是否规范，单据流、资金流、货物流是否清晰可验证。这些是确认收入真实性、完整性的重要依据，也是 IPO 审核中对营业收入的关注重点。

（2）销售合同的验收标准、付款条件、退货、后续服务及附加条款。同时还须关注商品运输方式。

（3）营业收入的确认，如经销商模式下的收入确认、代理商模式下的收入确认、平台交易模式下的收入确认、工程施工企业的收入确认等。

（4）营业收入的完整性，即所有收入是否均开票入账，对于大量现金收入，是否有专门内部控制进行管理。对于零售企业等大量收入现金的企业，更须引起重点关注。

（5）现金折扣、商业折扣、销售折让等政策。根据会计准则规定，发生的现金折扣，应当按照扣除现金折扣前的金额确定销售商品收入金额，现金折扣在实际发生时计入财务费用；发生的商业折扣，应当按照扣除商业折扣后的金额确定销售商品收入金额；发生的销售折让，企业应分别不同情况进行处理。

（6）关注销售的季节性、产品的销售区域和对象、企业的行业地位及竞争对手。结合行业变化、新客户开发、新产品研发等情况，确定各期收入波动趋势是否与行业淡旺季一致，收入的变动与行业发展趋势是否一致，是否符合市场同期的变化情况。

（7）企业的销售网络情况及主要经销商的资金实力，所经销产品对外销售和回款等情况，企业的营业收入与应收账款及销售商品、提供劳务收到的现金的增长关系。

（二）成本费用审核

成本费用直接影响企业的毛利率和利润，影响企业的规范性、合规性和盈利能力，审核的主要关注点如下。

（1）发行人的成本核算方法是否规范，核算政策是否一致。发行人的成本核算往往较为混乱。对历史遗留问题，一般可采取如下方法处理：对存货采用实地盘点核实数量，用最近购进存货的单价或市场价作为原材料、低值易耗品和包装物等的单价，参考历史成本，结合技术人员的测算作为产成品、在产品、半成品的估计单价。问题解决之后，应立即着手建立健全存货与成本内部控制体系以及成本核算体系。

（2）分析成本的构成及合理性，是否存在通过资金体外循环减少发行人成本、费用的情况；是否存在关联方替发行人承担成本、费用，向发行人输送利益的情况。

（3）费用报销流程是否规范，相关管理制度是否健全，票据取得是否合法，有无税务风险。对于成本费用的结构和趋势的波动，应有合理的解释。

（4）原材料采购模式、供应商管理制度等相关内部控制制度是否健全，价格形成机制是否规范，采购发票是否规范。

（三）毛利率审核

核准制下 IPO 财务数据审核中，最常见的就是毛利率问题，毛利率异常是财务造假的一大征兆。注册制下，IPO 财务数据审核虽然对毛利率没有以前那么严格，但若拟 IPO 企业毛利率异常，还是会被重点关注。毛利率代表着一个企业的盈利能力、行业地位、竞争能力。单纯地从一张报表中看毛利率数据，本身并没有多大的意义，只有通过毛利率的对比，包括与同行业的对比和与自身各个会计期间的对比（即毛利率波动），才能知道企业经营的好坏、有没有造假的可能以及是否具备持续经营能力。审核毛利率时，既要结合具体行业的供求关系、竞争情况，还要结合企业自身的变动趋势、销售模式以及产品结构等。

从 IPO 审核实务来看，发审委对毛利率的审核主要集中在以下几点。

（1）毛利率大幅提高 / 下降的原因及合理性。

（2）毛利率波动大的原因及合理性。

（3）毛利率高于 / 低于行业平均水平的原因及合理性。

（4）发行人毛利率变动趋势与行业平均毛利率变动趋势不符的原因及合理性。

（四）投资收益占比审核

《首发办法》对发行人持续盈利能力条件中，要求发行人不得有“最近 1 个会计年度的净利润主要来自合并报表范围以外的投资收益”的情形，通常是指发行人最近一个会计年度的投资收益不超过当期合并报表净利润的 50%。对该款限制性要求的把握，不仅关注发行人来自合并财务报表范围以外的投资收益对盈利贡献程度，还关注发行人纳入合并报表范围的主体状况、合并财务报表范围以外的投资对象业务内容以及招股说明书相关信息披露等情况。《54 条》问题 39 的解答指出，如发行人能够同时满足以下三个条件，则最近 1 个会计年度投资收益占净利润比例较高的情况不构成影响发行人持续盈利能力条件的情形。

（1）发行人如减除合并财务报表范围以外的对外投资及投资收益，仍须符合发行条件要求，包括具有完整产供销体系，资产完整并独立运营，具有持续盈利能力，如不含相关投资收益仍符合首发财务指标条件。

（2）被投资企业主营业务与发行人主营业务须具有高度相关性，如同一行业、类似技术产品、上下游关联产业等，不存在大规模非主业投资情况。

（3）需充分披露相关投资的基本情况及对发行人的影响。发行人如存在合并报表范围以外的投资收益占比较高情况，应在招股说明书“风险因素”中充分披露相关风险特征。同时，在管理层分析中披露以下内容：①被投资企业的业务内容、经营状况，发行人与被投资企业所处行业的关系，发行人对被投资企业生产经营状况的可控性和判断力等相关信息；②发行人对被投资企业的投资过程、与被投资企业控股股东合作历史、未来合作预期、合作模式是否属于行业惯例、被投资企业分红政策等；③被投资企业非经常性损益情况及对发行人投资收益构成的影响，该影响数是否已作为发行人的非经常性损益计算；④其他重要信息。

二、资产质量审核

企业资产质量良好、资产负债结构合理是企业上市的一项要求。IPO 审核的主要关注点如下。

（一）现金交易审核

1. 正常的现金交易应符合的条件

企业在正常经营活动中发生的现金销售或现金采购，通常情况下应考虑是否同时符合以下条件：

（1）现金交易情形符合行业经营特点或经营模式（如线下商业零售、向农户采购、日常零散产品销售或采购支出等）；

（2）现金交易的客户或供应商不是关联方；

（3）现金交易具有可验证性，且不影响发行人内部控制有效性；

（4）现金交易比例及其变动情况整体处于合理范围内，近三年一期一般不超过同行业平均水平或与类似公司不存在重大差异（如能获取可比数据）；

（5）现金管理制度与业务模式匹配且执行有效，如发行人与个人消费者发生的商业零售、门票服务等现金收入通常能够在当日或次日缴存发行人开户银行，发行人与单位机构发生的现金交易仅限于必要的零星小额收支，现金收支业务应账账一致、账款一致。

2. IPO 审核重点

（1）现金交易的必要性与合理性，是否与发行人业务情况或行业惯例相符，与同行业或类似公司的比较情况。

（2）现金交易的客户或供应商的情况，是否为发行人的关联方。

（3）相关收入确认及成本核算的原则与依据，是否存在体外循环或虚构业务情形。

（4）与现金交易相关的内部控制制度的完备性、合理性与执行有效性。

（5）现金交易流水的发生与相关业务发生是否真实一致，是否存在异常分布。

（6）实际控制人及发行人董事、监事、高级管理人员等关联方是否与客户或供应商存在资金往来。

（7）发行人为减少现金交易所采取的改进措施及进展情况。

（8）发行人是否已在招股说明书中充分披露上述情况及风险。

结合上述要求，中介机构应详细说明对发行人现金交易可验证性及相关内控有效性的核查方法、过程与证据，对发行人报告期现金交易的真实性、合理性和必要性发表明确意见。符合上述要求的现金交易通常不影响内部控制有效性的判断。

（二）应收账款与应收票据的审核

1. 应收账款、应收票据与营业收入的匹配性

应收账款与营业收入不匹配，可能隐含重大经营风险与重大错报风险。有些公司实际上是主动靠扩大应收账款，来维持营业收入与利润的增长态势，这是非常危险的举动。应收账款增长率大大超过销售收入增长率一般有以下几种原因。

（1）暂估入账，提前确认收入。

（2）非正常的关联交易，通常只是开票，货款能否收回不重要，甚至根本未打算收回，将来通过其他形式核销（如重大资产购置）。

（3）大客户出现了资金周转困难，或者变更了结算模式，回款风险加大。

（4）企业的信用政策与经营模式发生了重大变化。

当然，应收账款与营业收入的匹配性问题，没有一个特别的标准。作为保荐人，可以关注发行人前几期应收账款增长幅度与收入增长幅度之间的关系，看是否异常，也可以从同行业的数据去验证。

2. 应收账款账龄及坏账准备计提是否充足

重点审核拟 IPO 企业是否参考同行业上市公司确定合理的应收账款坏账准备计提政策，对于计提比例明显低于同行业上市公司水平的，是否在招股说明书中披露具体原因。

3. 不计提减值准备的情形

有部分企业以应收账款客户信用风险较低为理由不计提坏账准备，也有部分企业对于应收票据不计提减值准备。对于此类情形，拟 IPO 企业应以《企业会计准则第 22 号——金融工具确认和计量》的相关规定为依据，根据预期信用损失模型，综合考虑预期信用风险。

根据预期信用损失模型，拟 IPO 企业应合理划分不同组合后分别进行减值测试，不同组合的划分应当充分说明确定信用风险特征的依据。相关依据包括客户类型、商业模式、付款方式、回款周期、历史逾期、违约风险、时间损失、账龄结构等因素形成的显著差异。

IPO 审核时，重点核查拟 IPO 企业是否根据所有合理性依据、前瞻性信息、相关减值参数，详细论证并披露预期信用损失率的确定方法和具体依据。拟 IPO 企业不应以欠款方为关联方客户、优质客户、政府工程客户或历史上未发生实际损失等理由而不计提坏账准备。

关于应收票据是否应计提减值准备问题，依据《54 条》问题 28 解答，应收票据应当按照《企业会计准则第 22 号——金融工具确认和计量》关于应收项目的减值计提要求，根据其信用风险特征考虑减值问题。对于在收入确认时对应收账款进行初始确认，后又将该应收账款转为商业承兑汇票结算的，发行人应按照账龄连续计算的原则对应收票据计提坏账准备。如果对某些单项或某些组合应收款项不计提坏账准备，发行人需充分说明未计提的依据和原因，详细论证是否存在确凿证据，是否存在信用风险，账龄结构是否与收款周期一致，是否考虑前瞻性信息，保荐机构和申报会计师应结合业务合作、回款进度、经营环境等因素谨慎评估是否存在坏账风险、是否符合会计准则要求。对于应收账款保理业务，如为有追索权债权转让，发行人应仍根据原有账龄计提坏账准备。发行人应参考同行业上市公司确定合理的应收账款坏账准备计提政策，对于计提比例明显低于同行业上市公司水平的，应在招股说明书中披露具体原因。保荐机构及申报会计师应对上述事项进行核查并发表明确意见。

4. 应收账款转为应收票据的情形

部分企业在已对时间较长的应收账款计提坏账准备后，欠款方使用票据支付，形成应收账款转应收票据的情况，却未对相关应收票据计提坏账准备。由于应收票据存在兑付期，实质上延长了这笔应收账款的收款时间，应对此类应收票据，在原有账期基础上继续计提坏账准备。

（三）其他应收款与其他应付款的审核

IPO 审核关注大额其他应收款是否存在以下情况：关联方占用资金、变相的资金拆借、隐性投资、费用挂账或有损失、误用会计科目。IPO 审核还应关注大额其他应付款是否用于隐瞒收入，低估利润。

（四）第三方回款审核

第三方回款通常是指发行人收到的销售回款的支付方（如银行汇款的汇款方、银行承兑汇票或商业承兑汇票的出票方或背书转让方）与签订经济合同的往来客户（或实际交易对手）不一致的情况。

1. 正常的第三方回款应符合的条件

企业在正常经营活动中存在的第三方回款，通常情况下应考虑是否符合以下条件。

（1）与自身经营模式相关，符合行业经营特点，具有必要性和合理性。例如客户为个体工商户或自然人，其通过家庭约定由直系亲属代为支付货款，经中介机构核查无异常的；客户为自然人控制的企业，该企业的法定代表人、实际控制人代为支付货款，经中介机构核查无异常的；客户所属集团通过集团财务公司或指定相关公司代客户统一对外付款，经中介机构核查无异常的；政府采购项目指定财政部门或专门部门统一付款，经中介机构核查无异常的；通过应收账款保理、供应链物流等合规方式或渠道完成付款，经中介机构核查无异常的；境外客户指定付款，经中介机构核查无异常的。

（2）第三方回款的付款方不是发行人的关联方。

（3）第三方回款与相关销售收入钩稽一致，具有可验证性，不影响销售循环内部控制有效性的认定，申报会计师已对第三方回款及销售确认相关内部控制有效性发表明确核查意见。

（4）能够合理区分不同类别的第三方回款，且相关金额及比例处于合理可控范围。

2. IPO 审核的重点

（1）第三方回款的真实性，是否存在虚构交易或调节账龄的情形。

（2）第三方回款形成收入占营业收入的比例。

（3）第三方回款的原因、必要性及商业合理性。

（4）发行人及其实质控制人、董事、高级管理人员或其他关联方是否与第三方回款的支付方存在关联关系或其他利益安排。

（5）境外销售涉及境外第三方的，其代付行为的商业合理性或合法合规性。

（6）报告期内是否存在第三方回款导致的货款归属纠纷。

（7）如签订合同时已明确约定由其他第三方代购买方付款，该交易安排是否具有合理原因。

（8）资金流、实物流与合同约定及商业实质是否一致。

保荐人及申报会计师应对实际付款人和合同签订方不一致情形进行重点核查。核查方法包括但不限于：抽样选取不一致业务的明细样本和银行对账单回款记录，追查至相关业务合同、业务执行记录及资金流水凭证，获取相关客户代付款确认依据，以核实和确认委托付款的真实性、代付金额的准确性及付款方和委托方之间的关系，说明合同签约方和付款方存在不一致情形的合理原因及第三方回款统计明细记录的完整性，并对第三方回款所对应营业收入的真实性发表明确意见。

通过上述措施能够证实第三方回款不影响销售真实性的，通常不构成影响发行条件事项。发行人应在招股说明书营业收入部分充分披露第三方回款相关情况及保荐人等中介机构的核查意见。

（五）存货的审核

存货审核的重点如下：

（1）存货余额是否过大，账实是否相符；

（2）存货的具体构成，包括存货中是否有残次冷背，周转率是否过低；

（3）存货跌价准备的计提是否充分；

（4）存货盘点的相关内部控制的有效性。

（六）财务性投资资产的审核

财务性投资资产包括交易性金融资产、可供出售的金融资产等，其占总资产的比重过高，表明企业现金充裕，上市融资的必要性不足。

（七）固定资产、无形资产、商誉的审核

固定资产、无形资产、商誉的审核重点如下。

（1）是否存在停工的在建工程，停工原因的合理性。

（2）固定资产产权证是否齐全，是否有闲置、残损固定资产。

（3）无形资产的产权是否存在瑕疵，作价依据是否充分。

（4）对外购买客户资源或客户关系等事项作为无形资产处理是否恰当。

（5）固定资产、无形资产、商誉的减值准备的计提是否充分，披露是否适当。

（6）投资性房地产采用公允价值模式的披露问题。

《54 条》问题 31 解答指出，对于客户资源或客户关系，只有在合同或其他法定权利支持，确保企业在较长时期内获得稳定收益且能够核算价值的情况下，才能确认为无形资产。如果企业无法控制客户关系、人力资源等带来的未来经济利益，则不符合无形资产的定义，不应将其确认为无形资产。发行人在开拓市场过程中支付的正常营销费用，或仅从出售方购买了相关客户资料，而客户并未与上述出售方签订独家或长期买卖合同，即在没有明确合同或其他法定权利支持情

况下，客户资源或客户关系通常理解为发行人为获取客户渠道而发生的费用。若将其确认为无形资产，发行人应详细说明确认的依据，是否符合无形资产的确认条件。保荐机构及申报会计师应针对上述事项谨慎发表明确意见。

对于固定资产等非流动资产减值准备的问题，《54 条》问题 29 解答指出，发行人应根据《企业会计准则第 8 号——资产减值》从外部信息来源和内部信息来源两方面判断资产负债表日资产是否存在可能发生减值的迹象。

资产存在减值迹象的，应当估计其可收回金额。根据《企业会计准则第 8 号——资产减值》，可收回金额应当根据资产的公允价值减去处置费用后的净额与资产预计未来现金流量的现值两者之间较高者确定。资产的公允价值减去处置费用后的净额与资产预计未来现金流量的现值，只要有一项超过了资产的账面价值，就表明资产没有发生减值，不需再估计另一项金额。

由于行业前景、监管政策等发生重大变化，生产线停产或资产闲置，以及由于技术迭代、持续更新等，相关设备、无形资产或开发支出失去使用价值，且无预期恢复时间，相关中介机构应结合该资产未来处置方案或处理计划，合理估计其可收回金额，核查发行人资产减值相关会计处理是否恰当，减值测试方法、关键假设及参数是否合理。

因企业合并所形成的商誉和使用寿命不确定的无形资产，无论是否存在减值迹象，每年都应当进行减值测试。对于商誉减值事项的会计处理、信息披露及审计评估情况，应详细说明是否符合《会计监管风险提示第 8 号——商誉减值》的要求。

发行人应在招股说明书中披露重要资产减值测试过程与方法、可收回金额的确定方法、减值计提情况及对报告期和未来期间经营业绩的影响。相关中介机构应结合资产持有目的、用途、使用状况等，核查发行人可收回金额确定方法是否恰当、资产减值相关会计处理是否谨慎、信息披露是否充分。

对于部分企业投资性房地产采用公允价值模式进行后续计量的披露问题，鉴于目前 A 股同类上市公司普遍以成本模式对投资性房地产进行计量，计价模式不同导致报表列报存在较大差异，并可能影响投资者价值判断。因此，《54 条》问题 34 解答指出，发行人应在招股说明书中充分披露以下事项。

（1）发行人投资性房地产采用公允价值模式计量与采用成本模式计量的具体差异，披露按成本模式下模拟测算的财务数据，在招股说明书“重大事项提示”及“风险因素”中就投资性房地产采用公允价值计量而导致的公允价值变动风险及与同行业上市公司财务数据不具可比性的情况进行充分风险揭示。

（2）分析披露近几年国内投资性房地产价格持续上涨趋势的特殊性及可持续性，在招股说明书“重大事项提示”及“风险因素”中就公允价值变动收益占比较大对未来分红的影响进行充分风险提示。

（3）要求发行人承诺上市后后续持续披露选用的会计政策选择对上市公司利润的影响。

（4）要求评估师说明其选用的评估方法、评估值的确定依据等是否符合评估准则等规定。

（5）发行人在对投资性房地产采用收益现值法进行评估时，应合理确定房地产收益口径，不能笼统地以合同收入全额认定为房产租赁类收入。根据资产评估准则的规定，评估师运用收益法评估不动产时，应当了解不动产未来收益应当是不动产本身带来的收益；即在预计房地产未来收益时，应合理剔除附加经营管理活动所产生的相关收益，明确将物业本身所直接带来的纯租金收入作为测算的归集标准。发行人若认为难以依据合同直接划分房产租赁类收入和经营管理收入的，应对相关收入进行合理拆分，并详细论证拆分的依据。

保荐机构及申报会计师应对上述事项进行核查并发表明确意见。

（八）研发费用核算的审核

研发费用核算的审核重点如下。

（1）研发费用核算的合规性。

（2）同行业可比性。

（3）与税务机关报送研发费用加计扣除专项报告的差异。

（4）研发支出资本化及会计合规性。

（5）关注研发投入是否对应明确研发项目。

（6）关注资本化的时点和金额是否准确。

（九）资金流失情况的审核

1. 资金流水核查

资金流水核查内容包括：发行人所有银行账户资金流水；控股股东，实际控制人，发行人主要关联方、董事、监事、高管、关键岗位人员等开立或控制的银行账户资金流水；与上述银行账户发生异常往来的发行人关联方及员工开立或控制的银行账户资金流水。

2. 转贷情况

转贷是指为满足贷款银行受托支付要求，在无真实业务支持的情况下，企业通过供应商等取得银行贷款，或为客户提供银行贷款资金走账通道。审核关注的重点有：相关交易形成原因；资金流向和用途、利息；违反有关法律法规具体情况及后果；后续的管理机制、整改措施。

3. 个人账户结算情况

审核关注的重点如下。

（1）个人账户收款对应的销售真实性及合理性。

（2）个人账户收付款对应的成本、费用的合规性和记账的完整性。

（3）个人账户结算的原因及必要性。

（4）是否存在规避税务监管情形和法律风险。

（5）会计基础工作是否规范，相关内部控制制度是否健全有效。

三、现金流量审核

现金流量反映了一个企业真实的盈利能力、偿债能力和支付能力，现金流量表提供了资产负债表、利润表无法提供的更加真实有用的财务信息，更为清晰地揭示了企业资产的流动性和财务状况。

现金流是企业的“血液”，是企业的生命线，有了现金流，企业才能持续经营。因此，发审委对拟 IPO 企业的现金流特别关注，主要关注以下几个方面。

1. 经营活动产生的现金流量净额

经营活动产生的现金流量相当于企业的“造血”功能，其净额直接关系到收入的质量及企业的核心竞争力。拟 IPO 企业应结合行业特点和经营模式，将经营活动产生的现金流量与主营业务收入、净利润进行比较，对于经营活动产生的现金流量净额为负数的要进行合理解释。

例：某公司 2017—2020 年净利润与经营活动产生的现金流量净额比较如表 7-1 所示。

表 7-1　净利润与经营活动产生的现金流量净额比较

项目	2020 年	2019 年	2018 年	2017 年
净利润 (A)	272 755 115.85	882 282 651.56	1 643 049 546.43	1 437 375 284.03
经营活动产生的现金流量净额 (B)	−103 585 443.12	1 658 730 411.37	2 682 976 364.65	3 152 290 213.48
净利润现金率 (C=B/A)	−37.98%	188.00%	163.29%	219.31%

从表 7-1 中可以看到，前三年经营活动产生的现金流量净额为正数，且远大于当期净利润，但 2020 年经营活动产生的现金流量净额为负数，与净利润相背离。发审委请发行人及保荐人说明最近一期经营活动产生的现金流量净额与净利润之间差异较大的原因。

2. 两个比率

两个比率即收现比与付现比。这两个比率，进一步反映了企业经营活动的情况。

例：某公司 2017—2020 年销售与采购的经营活动产生的现金流量情况如表 7-2 所示。

表 7-2　销售与采购的经营活动产生的现金流量情况

项目	2020 年	2019 年	2018 年	2017 年
营业收入 (A)	7 393 919 087.45	16 978 442 681.35	16 932 663 434.76	16 102 766 847.39

续表

项目	2020 年	2019 年	2018 年	2017 年
销售商品提供劳务收到的现金 (B)	7 481 592 396.12	13 052 913 012.43	15 042 529 795.24	14 154 235 728.67
销售现金比率 (C=B/A)	101.19%	76.88%	88.84%	87.90%
营业成本 (D)	6 200 598 793.02	14 304 385 855.09	13 597 261 294.58	13 019 843 007.12
购买商品接受劳务支付的现金 (E)	6 402 187 362.66	8 612 719 840.28	10 103 108 501.43	8 591 076 580.51
货款支付率 (F=E/D)	103.25%	60.21%	74.30%	65.98%

从表 7-2 中可以看到，前三年销售现金比率均不超过 90%，但 2020 年销售现金比率达到 101.19%；前三年货款支付率均不超过 75%，但 2020 年货款支付率达到 103.25%。发审委请发行人和保荐人核实最近一期（2020 年）现金流量编制方法是否与前面三年保持一致，分析最近一期销售现金比率及货款支付率超过 100% 的原因。特别是直接材料占营业成本不超过 65% 的情况下，货款支付率超过 100% 较为异常。

3. 投资活动现金流量与公司经营战略的关系

我们要结合企业的行业特性、成长阶段、经营战略等特性来判断投资活动现金流量的合理性。投资会产生相应资产，如固定资产、无形资产、交易性金融资产、长期股权投资、债券投资等项目。我们一般结合具体资产项目、行业特点、企业发展阶段以及实际经营情况来判断企业投资行为的合理性，一定要警惕通过投资活动掏空上市公司的行为。

4. 筹资活动现金流量与公司经营战略的关系

筹资活动现金流会反映在负债项目内。我们一般通过梳理企业历年直接融资

（股权、债券）和间接融资（银行贷款）明细，判断企业的真实负债和偿付情况，并结合现金流情况判断其真实的偿债能力。对于那些严重依赖筹资活动维持经营的企业要特别警惕。

5. 综合分析

例如，企业投资和筹资活动产生的现金流量净额增加，表明企业实行的是扩张的战略，处于发展阶段，此时需要关注其偿债风险。

四、重大财务风险审核

财务风险是指企业可能丧失偿债能力的风险和股东收益的可变性。根据财务风险等级来看，重大财务风险包括：涉及资产规模大，如 1 000 万元以上的资产损失，且对企业的信誉形象产生严重影响；依法承担违约责任或大额赔偿责任，涉及金额在 500 万元以上；主要资产、银行账户被查封、扣押、冻结或被抵押、质押；与财务管理相关，被新闻、网络等媒体报道，可能给企业品牌形象造成损害、影响企业声誉的事项等。财务风险管理是企业内部管理工作的重点，而重大财务风险则是关乎企业存续发展的主要方面。因此 IPO 审核中，发审委特别关注发行人的重大财务风险。中国证监会颁布的主板和创业板发行上市管理办法对于拟 IPO 企业的重大财务风险均作了禁止性规定，包括：不存在重大偿债风险，不存在影响持续经营的担保、诉讼以及仲裁等重大或有事项；不存在为控股股东、实际控制人及其控制的其他企业进行违规担保的情形；不得有控股股东、实际控制人及其控制的其他企业以借款、代偿债务、代垫款项或者其他方式占用的情形。

五、IPO 被否或取消审核案例

案例 7–1：因毛利率异常、关联交易定价公允性等问题 IPO 被否

2021 年 9 月 3 日，上交所发布公告，浙江天地环保科技股份有限公司（以下简称“天地环保”）未能通过科创板上市委审核。

在上会前的问询中，上交所主要关注了天地环保核心技术及研发情况、公司治理与独立性以及相关财务会计信息、持续经营能力、员工股权激励等情况。

上交所要求发行人代表结合具体生产经营模式和细分工序环节说明：报告期固废处理业务收入、脱硫特许经营收入、以总额法确认的与施工分包和船厂改装相关的船舶脱硫系统收入和大气污染治理综合解决方案收入是否属于核心技术相关收入，是否依靠核心技术经营，上述业务所涉技术是否具有先进性。

招股说明书披露，天地环保关联交易对报告期内的业绩贡献较大。2018 年至 2020 年，公司向关联方销售商品或提供劳务的金额分别为 6.32 亿元、5.47 亿元和 5.80 亿元，占营业收入的比例分别为 42.71%、24.13% 和 20.86%；向关联方采购商品或接受劳务的金额分别为 2.43 亿元、2.90 亿元和 2.64 亿元，占营业成本的比例分别为 28.38%、17.84% 和 15.77%。同时，固废处理业务毛利占营业毛利的比例分别为 69.57%、58.65% 和 59.28%，公司相关业务毛利率高于同类非关联业务或其他可比公司相应毛利率。

上交所在问询中要求天地环保结合可比市场公允价格、第三方市场价格、关联方与其他交易方的价格等，说明关联交易的定价依据及公允性，公司和关联方是否存在利益输送行为。

上交所在关于终止天地环保首次公开发行股票并在科创板上市审核的决定中披露，科创板上市委审议认为，根据申请文件，天地环保未能充分、合理说明以下事项：（1）报告期内固废处理、脱硫特许经营、与施工分包和船厂改装相关的船舶脱硫系统和大气污染治理综合解决方案等业务和经营环节所涉技术是否具有先进性；（2）上述业务所涉关联交易的公允性及相关业务的独立性。

案例 7-2：因股权架构复杂、商誉减值、应收账款异常等问题 IPO 被否

2021 年 2 月 3 日，深交所发布公告，宣布《中国好声音》的制作方灿星文化在创业板 IPO 申请被否决。被否的主要原因：一是历史背景造成的股权架构过于复杂，不符合上市条件；二是商誉减值；三是应收账款异常。

灿星文化成立于 2006 年 3 月 24 日，为电视和互联网节目制作和运营商，旗下节目包括《中国达人秀》《舞林大会》《中国好声音》《中国好歌曲》《出彩中国人》《中国好舞蹈》等。

在发审会上，上市委提出：灿星文化成立至红筹架构搭建期间，贺斌等 4 名中国公民根据美国新闻集团安排持有灿星文化股权。灿星文化经营范围包括当时有效的《外商投资产业指导目录》中禁止外商投资的电视节目制作发行和文化（含演出）经纪业务。请发行人代表说明，上述安排是否存在规避相关外商投资规定的情形，相关风险是否已充分披露。

上市委审议认为，灿星文化在拆除红筹架构后，股权架构设计复杂，认定实际控制人的理由不充分、披露不完整，不符合《创业板首次公开发行股票注册管理办法（试行）》等规定。

引发上市委对灿星文化此次 IPO 否决的第二大重要缘由则是巨额商誉未计提减值准备。灿星文化招股说明书（申报稿）最新版本显示，其报告期内，商誉高达 16.35 亿元，截至 2020 年 6 月 30 日，净资产总额才仅为 37.79 亿元。商誉在净资产中占比之高是比较罕见的。这么高比重的商誉无疑成了灿星文化 IPO 之路的重大阻碍。上市委现场问询中就商誉问题要求灿星文化解释 2016 年收购梦响强音价格的公允性，并要求其说明报告期内未计提商誉减值准备的原因及合理性，而在 2020 年 4 月对 2016 年末的商誉减值进行追溯调整是否符合企业会计准则的相关规定。

最终上市委审议认为，灿星文化在 2020 年 4 月对收购梦响强音产生的商誉进行追溯调整，并在 2016 年计提减值损失 3.47 亿元，该会计处理未能准确反映公司当时的实际情况，不符合《创业板首次公开发行股票注册管理办法（试行）》等相关规定。

另外，灿星文化近几年营业收入整体呈下滑趋势，2019 年较 2017 年下跌近 16 个百分点，但应收账款却不减反增。招股说明书显示，2017—2019 年，灿星文化应收账款账面余额分别为 8.1 亿元、9.91 亿元、11.99 亿元，应收账款占各期营业收入的比例分别为 39.33%、59.98%、69.18%，两年间增长近 30 个百分点。通过计算可得，2018 年、2019 年该公司的营业收入增速分别为 −23.93%、−19.71%、4.87%，应收账款账面余额增速分别为 −32.85%、22.44%、20.96%。这意味着，报告期内灿星文化应收账款在营业收入下滑的背景下，仍呈双位数增长。此外，灿星文化有多起悬而未决的诉讼、仲裁。这些都会被上市委质疑是否对发行人的核心竞争力和持续经营能力构成重大不利影响。

案例 7-3：因营业收入存疑、行业定位不清、专利数量表述不一致等问题 IPO 被否

2020 年 11 月 26 日，上交所发布科创板上市委会议审议结果，长沙兴嘉生物工程股份有限公司（以下简称“兴嘉生物”）首发未通过。被否的主要原因是营业收入受质疑、行业定位不清、专利数量表述不一致等。

对于公司的 IPO 计划，科创板上市委提出了多方面的质疑，包括：新产品研发及饲喂效果验证的流程；区分新产品研发支出的量产产品的成本的方法；公司所持发明专利与核心技术、主营业务收入的相关性；包括董事长、总经理在内的管理团队成员参与研发项目的情况；在公司审核期间将部分工资支出由研发投入改列为管理费用的情况下，研发投入的会计核算是否准确、合理等。

科创板上市委还进一步指出，兴嘉生物需说明：其经销商的终端销售及期末存货情况、经销商是否根据其终端客户的需求向公司采购、国外经销商期末库存情况、经销商期末库存水平是否合理，并解释上述情形是否受到 2020 年新冠肺炎疫情的影响而发生重大变化。

值得关注的是，报告期内，公司是否存在通过放宽信用政策促进销售、利用经销商囤货提前确认收入的情形。公司披露的各期营业收入是否真实准确等疑问也被提出。

同时，科创板上市委审议认为，兴嘉生物在审核期间修改关于自身行业属性、专利数量表述，对自身科创板定位的合理性存疑。

公开资料显示，兴嘉生物于 2020 年 6 月 23 日进入问询阶段，并完成了两次问询回复。兴嘉生物披露的相关信息显示，经发行人复核，公司不符合科创板生物医药行业定位。根据《高新技术企业认定管理办法》之附件《国家重点支持的高新技术领域》，发行人主要产品属于“生物与新医药”之“农业生物技术”之“畜禽水产优良新品种与健康养殖技术”之“安全、优质、专用新型饲料、饲料添加剂”。因此，发行人已修订相关申报材料，并将自身所属行业重新定位为《上海证券交易所科创板企业发行上市申报及推荐暂行规定》之“第三条”之

“符合科创板定位的其他领域”。

此外，兴嘉生物还将53项发明专利（其中两项于2020年8月到期）修改为51项，将《研发管理制度》中董事长薪酬的70%和总经理薪酬的40%计入研发费用的相关规定予以修订并对董事长和总经理薪酬统一在管理费用列报。

结合科创板上市委审议意见，上交所决定对兴嘉生物首次公开发行股票并在科创板上市申请予以终止审核。

六、就毛利率问题给拟IPO企业的建议

财务数据IPO审核中，被问及最多的还是毛利率问题。如果发行人的毛利率高于同行业平均水平，发审委会怀疑其是否有粉饰业绩，甚至财务造假的情况；如果发行人的毛利率低于行业平均水平，发审委会怀疑发行人的行业地位、竞争能力，以及是否具备持续经营的能力。不管是毛利率高了还是低了，发行人都必须要有充足的理由来解释，甚至可以把这个“异常”解释为核心竞争力，以此来打消审核员的疑虑。

那么应该如何应对才恰当呢？这里对拟IPO企业提两点建议。

建议一：数据说明要具体，图文并茂更好。

（1）要用数据来解释，如果再配备具体数据图表则更具有说服力。

（2）如果存在多种商品，要深入具体的细分产品层面，把每类细分产品的毛利率及同比变动情况分别列示进行解释。

建议二：陈述理由要充分得当。

每个行业都具有每个行业的特点，每个行业中的每个企业也都具有各自的特色，对毛利率问题的解释也就各不相同。拟IPO企业要结合自己的实际情况，合情合理地解释毛利率异常的原因，只要不被监管机构怀疑财务数据的真实性和合理性，并且相信企业具备持续盈利的能力，毛利率的问题很可能就不会成为实质性障碍。企业可以试着从以下几方面寻找IPO申报或者反馈的材料中对毛利率问题进行解释的思路。

1. 从销售端来解释

（1）产品的价格发生变化。销售价格的提高或降低会影响毛利率的变化。

（2）客户群体定位发生了变化。比如从满足大众消费向高净值客户转变，由国内转到国外，毛利率会随之提升，反之下降。

（3）销售模式发生了变化。比如从直销模式向经销模式转变，从线下销售向线上销售转变，从直营模式向加盟模式转变，从贴牌向自有品牌转变，毛利率都会随之变动。

（4）销售策略进行了调整。比如商品促销活动、信用政策的改变都会影响毛利率。

2. 从采购端来解释

（1）原材料价格发生变化。原材料价格的上涨或者下跌会直接影响毛利率水平。

（2）原材料的组成发生改变。比如生产产品所用原材料由一种变成两种或者更多品种，或者所用原材料替代性比较强而改用替代品种，毛利率会相应改变。

（3）采购模式发生改变。比如由自己单独购买转为成立行业联盟共同采购，毛利率会随之提高。

（4）进货渠道进行优化。比如由从经销商或批发商处购买原材料转为直接向生产厂家购买，毛利率会提高。

3. 从生产加工能力来解释

（1）企业近期对生产技术进行了升级改造。

（2）企业近期对生产设备进行了更新。

（3）企业近期采用了人工智能自动化的生产线。

（4）企业近期对操作人员的操作水平进行了培训，生产效率有所提升。

4. 从行业宏观状况来解释

（1）行业政策发生变化。行业的政策会直接影响这个行业的兴衰。如果是国家鼓励发展的行业，各种优惠政策就会增多。如果是国家限制的行业（比如重污染行业），其生产等方面就很可能会被限制，甚至有可能会倒闭。

（2）供需状况发生改变。市场的供需状况会直接影响企业的毛利空间，供不应求属于卖方市场，毛利率相对较高；如果供大于需，则产能过剩，则导致毛利率下降。

（3）竞争程度发生改变。如果企业处于行业的蓝海，或者行业的门槛很高，竞争者较少，毛利率会相对较高；如果企业所在行业已经处于红海状态，或者行业进入门槛比较低，毛利率水平会比较低。

（4）行业地位发生变化。如果企业是行业的龙头，无论是品牌的影响力还是规模，都具有优势，能够得到消费者的认可，定价能力和议价能力比较强，毛利率就会相对较高。如果企业在行业里不具有品牌的影响力，定价能力和议价能力比较弱，毛利率自然会比较低。

08

CHAPTER EIGHT

第八章
持续经营能力审核及应对

持续经营能力，是指企业在可预见的将来，可以按照既定目标持续经营下去的能力。只有具备良好盈利能力的企业才有可能给投资者带来投资回报。

一、从追求“持续盈利”到关注“持续经营”

持续盈利以持续创造利润为导向，关键要素包括利润点、利润源、毛利率和利润保障。利润点即企业通过什么产品或服务获利，重点分析企业业务构成；利润源即产品或服务的购买者，重点分析顾客群体；毛利率代表产品或服务的市场竞争力；利润保障是指企业为维持竞争优势而采取的一系列防范措施，体现于企业生态布局、运营、人才、技术等核心优势。

持续盈利能力主要通过财务指标反映，然而基于历史数据的财务指标存在局限，并不能很好地反映未来情况。使用财务指标判断得出的持续盈利能力并非对未来盈利能力变化发展可能性的合理评价，甚至有可能受不真实财务数据的影响。正因为如此，2020 年 3 月 1 日起施行的《证券法》将公司首次公开发行新股应符合条件中的“具有持续盈利能力”修改为“具有持续经营能力”。这一修改，为资本市场发展和创新改革赋能。首先，修改后，发行条件体现了发展多层次资本市场的包容性，尊重新经济背景下企业发展规律，有助于激发市场活力和资源配置效率。其次，取消盈利指标硬性标准，有助于减少企业为迎合上市标准进行“财务造假”“盈余管理”等弊端。再次，持续经营是持续盈利的基础，一家企业若连续亏损肯定会给持续经营能力带来重大不确定性，因而资本市场各利益主体首先应关注企业的持续经营能力，在此基础上合理评价持续盈利能力。最后，参考发达资本市场经验，加强信息披露同时放宽盈利能力等上市要求，可以培育理性投资和长期投资，有助于提升资本市场韧性和市场化水平。

二、如何理解持续经营能力

持续经营能力，是指企业在可预见的将来，可以按照既定目标持续经营下去的能力。只有具备良好盈利能力的企业才有可能给投资者带来投资回报。上市后公司的股价能达到每股净利润的几十倍甚至上百倍，正是基于上市公司具备持续经营能力的假设。理论上讲，市值可以说是企业现在的价值与未来的预估价值的和，它是将现在和未来结合起来，并用一个数值反映所有未来现金流量信息的综合指标。一家公司的市值长期稳定是对自身实力的证明，也是对股东最好的回报。高市值的公司同时也意味着高盈利率和稳定盈利能力。市值直接反映上市公司对社会资本的吸纳能力，影响和决定着公司未来的发展。不具备持续经营能力的靠炒作出来的公司没有投资价值，不仅给投资者带来直接的投资损失，也不利于证券市场的健康发展。因此，从保护未来二级市场投资者利益出发，发行人的持续经营能力一直是IPO审核极为关注的重点。

评价持续经营能力就是要准确预测企业发展的未来，因此需要从多维度进行评价。从会计角度来看，持续经营是会计的基本前提，是企业对交易和事项进行会计确认、计量及报告的基础。在持续经营假设下，企业资产和负债可以按照实际成本进行计量，而在非持续经营假设下，资产则按可变现净值计量、负债按预计结算金额计量。因此，上市公司财务报告中必须披露管理层对公司持续经营能力的评估。

关于如何评价发行人的持续经营能力，《54条》问题40的解答指出，影响发行人持续经营能力的重要情形有：

（1）发行人所处行业受国家政策限制或国际贸易条件影响存在重大不利变化风险；

（2）发行人所处行业出现周期性衰退、产能过剩、市场容量骤减、增长停滞等情况；

（3）发行人所处行业准入门槛低、竞争激烈，相比竞争者发行人在技术、资金、规模效应方面等不具有明显优势；

（4）发行人所处行业上下游供求关系发生重大变化，导致原材料采购价格或产品售价出现重大不利变化；

（5）发行人因业务转型的负面影响导致营业收入、毛利率、成本费用及盈利水平出现重大不利变化，且最近一期经营业绩尚未出现明显好转趋势；

（6）发行人重要客户本身发生重大不利变化，进而对发行人业务的稳定性和持续性产生重大不利影响；

（7）发行人工艺过时、产品落后、技术更迭、研发失败等导致市场占有率持续下降、重要资产或主要生产线出现重大减值风险、主要业务停滞或萎缩；

（8）发行人多项业务数据和财务指标呈现恶化趋势，短期内没有好转迹象；

（9）对发行人业务经营或收入实现有重大影响的商标、专利、专有技术以及特许经营权等重要资产或技术存在重大纠纷或诉讼，已经或者未来将对发行人财务状况或经营成果产生重大影响；

（10）其他明显影响或丧失持续经营能力的情形。

中介机构应详细分析和评估上述情形的具体表现、影响程度和预期结果，综合判断上述情形是否对发行人持续经营能力构成重大不利影响，审慎发表明确意见，并督促发行人充分披露可能存在的持续经营风险。

三、IPO 持续经营能力的审核

“具有持续经营能力，财务状况良好”是《证券法》中关于发行条件的简单描述，但是其内涵却十分丰富，任何对企业经营不利的情形都可能被认为对企业持续经营能力造成不利影响，关键在于判断不利影响是否重大。通过对 IPO 成功与失败的案例分析，发审委对“具备持续经营能力，财务状况良好”的审核主要从以下 8 个维度进行：组织的稳定性、经营活动的连贯性、资金的安全性、良好的盈利能力、业绩的真实合理性、盈利的可持续性、商业模式与战略的匹配性、对持续经营能力产生不利影响的其他因素等。

（一）组织的稳定性

组织的稳定性包括资产安全完整、核心人员稳定，不存在重要子公司无法持续经营且未进行处置，或并购重组等重大事项进展存在不确定性等情况。

（二）经营活动的连贯性

经营活动的连贯性指公司的基本业务市场稳定，不存在经营活动长期停滞等情况。主要关注点包括重大项目进展、经营事件、突发事件、对外投资等。

（三）资金的安全性

资金的安全性主要指运营资金及现金流能够维持正常的生产经营，不存在大股东长期占款、高比例股权质押、信用等级下降、资金周转困难而导致破产的情况。企业的收支来源和收支方式符合长期战略和中短期规划，不存在经营失败引发连续亏损等情况。

（四）良好的盈利能力

盈利能力是经营能力的核心。盈利能力弱的企业抗风险能力差，经不起大风大浪。

衡量盈利能力最重要的指标是扣非净利润。扣非净利润是指利润表中扣除非经常性损益后的净利润。非经常性损益是指与公司正常经营业务无直接关系，以及虽与正常经营业务相关，但由于其性质特殊和偶发性，影响报表使用人对公司经营业绩和盈利能力作出正常判断的各项交易和事项产生的损益。

非经常性损益通常包括以下项目。

（1）非流动性资产处置损益，包括已计提资产减值准备的冲销部分。

（2）越权审批，或无正式批准文件，或偶发性的税收返还、减免。

（3）计入当期损益的政府补助，但与公司正常经营业务密切相关，符合国家政策规定、按照一定标准定额或定量持续享受的政府补助除外。

（4）计入当期损益的对非金融企业收取的资金占用费。也就是说，钱借给别的公司收的利息，算非经常性损益。如果存入银行收取的利息，在财务费用里面用负数表示，是经常性损益。

（5）企业取得子公司、联营企业及合营企业的投资成本小于取得投资时应享有被投资单位可辨认净资产公允价值产生的收益。

（6）非货币性资产交换损益。

（7）委托他人投资或管理资产的损益。

（8）因不可抗力因素，如遭受自然灾害而计提的各项资产减值准备。

（9）债务重组损益。

（10）公司重组费用，如安置职工的支出、整合费用等。

（11）交易价格显失公允的交易产生的超过公允价值部分的损益。

（12）同一控制下公司合并产生的子公司期初至合并日的当期净损益。

（13）与公司正常经营业务无关的或有事项产生的损益。

（14）除同公司正常经营业务相关的有效套期保值业务外，持有交易性金融资产、交易性金融负债产生的公允价值变动损益，以及处置交易性金融资产、交易性金融负债和可供出售金融资产取得的投资收益。也就是说，与主营业务无关的金融投资活动的损益，为非经常性损益。

（15）单独进行减值测试的应收款项减值准备转回。

（16）对外委托贷款取得的损益。

（17）采用公允价值模式进行后续计量的投资性房地产公允价值变动产生的损益。

（18）根据税收、会计等法律、法规的要求对当期损益进行一次性调整对当期损益的影响。

（19）受托经营取得的托管费收入。

（20）除上述各项之外的其他营业外收入和支出。

（21）其他符合非经常性损益定义的损益项目。

虽然注册制对拟 IPO 企业的盈利没有硬性要求，但不是不关注企业的盈利能力。通常，IPO 上会前一年度扣除非经常性损益的净利润不低于 3 000 万元是比较妥当的。

（五）业绩的真实合理性

业绩的真实合理，是指经营业绩真实，会计核算规范，不存在核查不清、滥用会计政策调节利润的情况。扣非净利润的高低固然重要，但是业绩的真实性和合理性更是IPO审核关注的重点。审核的目的是严格防范虚增业绩及利润调节等行为，比如：放宽信用政策，应收账款大幅增长问题；费用的不合理压缩问题等。我们注意到，发审委问题里出现较多的表述为“请发行人说明该会计处理是否符合企业会计准则”“请发行人说明公司毛利率比同行业高的原因和合理性”“请发行人说明收入增长与净利润情况不匹配的原因和合理性”“请保荐机构核查经销商存货最终是否销售”“请保荐机构补充说明对海外客户的核查程序，并对收入的真实性发表明确意见”等。

（六）盈利的可持续性

扣非净利润高、业绩真实合理代表企业过去和现在的经营状况良好。对于持续经营能力的判断主要是基于现在、判断未来。过去的表现当然很重要，但是如果现在经营情况发生了明显变化，报告期初的利润可能就显得不那么重要了。有不少企业报告期内净利润较低，甚至为负，但是在上会前一年净利润高于3 000万元，业绩呈现较高的增长，也过会了。实践中，也存在上会前一年扣非净利润小于3 000万元甚至为负数而过会的企业。如2021年科创板IPO过会的亚虹医药，近三年营业收入为0元，累计亏损了约4.5亿元。当然，该类企业有以下特点：期后盈利能力有所好转、规范运作无明显瑕疵、报告期内业绩波动较小、行业属于新兴产业、具有高科技属性等。显然，对于扣非净利润较低的企业，发审委对其他条件可能从严审核。

因此，持续盈利能力实际上指的是企业未来的赚钱能力。虽然注册制IPO对企业业绩放宽了要求，但为了保障投资者获得所有与决策相关的信息，监管层更重视持续盈利能力及相关风险因素的披露，将能够持续盈利作为企业发行上市的基本要求。

从财务会计信息来看，持续盈利能力主要体现在收入的结构组成及增减变动、毛利率的构成及各期增减、利润来源的连续性和稳定性等三个方面。

从公司自身经营来看，决定企业持续盈利能力的内部因素主要是核心业务、核心技术、主要产品的市场占有率，以及其主要产品的原料供应等方面。

从公司经营所处环境来看，决定企业持续盈利能力的外部因素主要是所处行业环境、行业中所处地位、市场空间、公司的竞争特点及产品的销售情况、主要消费群体等方面。

（七）商业模式与战略的匹配性

企业的商业模式是否适应市场环境、是否具有可复制性，决定了其扩张能力和快速成长的空间。战略思考始于良好的商业模式，而商业模式作为一个系统，则是完成组织特定目标的经营体系。因此，商业模式与战略的匹配是企业发展的必然要求。一方面商业模式为战略的实施创造了具体的企业情景；另一方面，战略又为商业模式的设计提供了长期的愿景和价值主张。两者相匹配会使新的商业模式产生难以复制的竞争力，使企业获得成长发展。商业模式与战略的匹配体现为收支来源和收支方式符合长期战略和中短期规划，不存在经营失败引发连续亏损等情况。

（八）对持续经营能力产生不利影响的其他因素

对持续经营能力产生不利影响的因素主要包括以下情形。

（1）发行人最近 1 个会计年度的营业收入或净利润对关联方或者存在重大不确定性的客户存在重大依赖。这包括两方面，一是重大不确定性的客户依赖。直接的指标就是对单一客户的销售收入占营业收入的比例以及对毛利额的贡献比例，如果任一项大于 50%，将会引起关注。如果下游市场企业集中度高，且发行人具备较强的技术实力、与大客户的关系较为紧密持久、被替代的风险较小，则将被认为符合行业特征，不属于重大不确定性的客户依赖，不构成 IPO 障碍。二是关联方依赖。对于关联交易主要关注交易的必要性、定价公允性。考虑到发行人与关联方进行利益输送，虚增业绩的难度较小，因此笔者认为关联交易尽管不再作为 IPO 管理办法里的红线，但仍然是审核的重点。IPO 被否案例中，多数企业因关联交易额较大被认为盈利质量不佳。

（2）发行人的行业地位或发行人所处行业的经营环境已经或者将发生重大变化，对发行人的持续盈利能力构成重大不利影响。一家企业经营业绩的变化与其所处行业的变化高度相关。行业增长快，企业业绩不增长都难；行业走向末路，龙头企业要保持业绩也是十分不易的。我们看到2015年以来新能源汽车的爆发式增长带来了整个锂电池行业的集体爆发，星原材质、科达利业绩增长十分可观，顺利过会；而IPO被否企业中，受石油行业价格持续下跌的影响，克拉玛依新科澳石油天然气技术业绩受到影响，此外四川新闻网传媒（集团）、广东日丰电缆所处行业景气度也不高。

（3）发行人在用的商标、专利、专有技术以及特许经营权等重要资产或技术的取得或者使用存在重大不利变化的风险。发行人若因商标、专利、专有技术以及特许经营权与第三方发生纠纷并出现诉讼，轻则延缓上市进程，重则构成实质性障碍。许多企业IPO被否的主要原因就是核心产品所使用的专利技术存在争议。

（4）发行人的经营模式、产品或服务的品种结构已经或者将发生重大变化，并对发行人的持续盈利能力构成重大不利影响。经营模式主要指采购模式和销售模式，其变化如以直销为主的改为以经销为主。

（5）其他可能对发行人持续盈利能力构成重大不利影响的情形。其他情形可能包括关键高管离职、未取得关键资源的所有权、发行人行为不符合国家产业政策等。

四、IPO被否或取消审核案例

案例8-1：因持续经营能力不足等问题IPO被否

2021年7月22日，上交所科创板上市委审议结果显示，赛赫智能设备（上海）股份有限公司（以下简称“赛赫智能”）未能通过IPO审核。

赛赫智能属于智能制造装备行业，主营业务为汽车车身成型系统、总装系统的研发、生产、销售。目前销售的主要产品包括车身成型系统、车轮装配与检测系统、其他整车总装与整车下线检测系统等三大主要产品。

上市委现场问询问题如下。

（1）请发行人代表说明是否已向合肥市肥东县人民政府提交关于延后发行

人对爱斯伯特出资期限的申请，预计何时可以获得肥东县人民政府的相关批复，是否存在实质性障碍。若无法及时获得上述批复，发行人是否面临丧失对爱斯伯特控制权的风险，以及是否对发行人的经营业绩构成重大不利影响。请保荐代表人发表明确意见。

（2）请发行人代表说明发行人与兴业银行上海陆家嘴支行所签备忘录的法律效力，发行人获得兴业银行授信是否存在不确定性。同时，根据顾村镇政府及宝山区经济委员会出具的《关于协助申请〈宝山区加快建设上海科创中心针对促进产业高质量发展政策〉的情况说明》，发行人获得相应财政补贴是否具备确定性。如果发行人无法获得兴业银行授信贷款及相应财政补贴，发行人是否会面临重大偿债风险，是否影响发行人的持续经营能力。请保荐代表人发表明确意见。

（3）请发行人代表说明如果其未能按时支付与收购 Expert 相关或有对价的违约责任和法律后果，以及如果 CMBC 并购贷款未能按时偿还，CMBC 行使股份质押权的法律后果，是否存在发行人丧失对相关境外子公司控制权的风险，进而对发行人的持续经营能力产生重大不利影响。请保荐代表人发表明确意见。

（4）请发行人代表说明在招股说明书中，对相关子公司股份质押及其风险未在“重大事项提示”“风险因素”“重大合同”章节进行披露的原因，并说明是否符合《公开发行证券的公司信息披露内容与格式准则第 41 号——科创板公司招股说明书》的信息披露要求。请保荐代表人发表明确意见。

（5）请保荐代表人说明对发行人研发费用归集方面的核查情况，发行人研发投入占比是否符合科创板上市条件，相关信息披露事项是否符合《上海证券交易所科创板股票发行上市审核规则》的要求。

案例 8-2：因核心业务毛利率持续下滑 IPO 被否

2021 年 9 月，申请在科创板上市的上海吉凯基因医学科技股份有限公司（以下简称“吉凯基因”）IPO 注册申请折戟，其主要原因是核心业务毛利率持续下滑，突击确认收入遭质疑。

吉凯基因成立于 2002 年 8 月，是一家主要从事靶标发现相关业务，为客户提供靶标筛选及验证服务，并同时自主开展靶标筛选验证和新药研发的公司。公司主要业务涵盖靶标筛选及验证服务、新药研发及其知识产权交易、临床前研究 / 临床研究服务；同时也从事医学检测服务业务、科研仪器和耗材销售业务。

招股说明书显示，2018—2020 年以及 2021 年上半年，公司整体毛利率分别为 62.2%、63.7%、54.65%、51.67%，可见，吉凯基因整体毛利率在 2020 年出现大幅下滑，下滑幅度达 9.05 个百分点，且 2021 年上半年呈持续下滑趋势。

与此同时，和同行公司相比，吉凯基因近三年毛利率也相对较低。在招股说明书中，吉凯基因将成都先导（688222.SH）、维亚生物（1873.HK）、金斯瑞生物科技（1548.HK）、药石科技（300725）（300725.SZ）4 家公司列为同业可比公司。近三年来，4 家公司近三年平均毛利率依次为 64.83%、61.84%、58.58%，可见，2018 年与 2020 年，吉凯基因毛利率均低于 4 家公司平均值。

五、就经营业绩大幅下滑给保荐人等中介机构的建议

如拟 IPO 企业在报告期内出现营业收入、净利润等经营业绩指标大幅下滑的情形，保荐人等中介机构应重点关注是否存在可能对企业持续盈利能力和投资者利益有重大不利影响的事项，充分核查经营业绩下滑的程度、性质、持续时间等方面；发行人应按经营业绩下滑专项信息披露要求做好披露工作。

1. 发行人存在最近一年（期）经营业绩较报告上一年（期）下滑幅度超过 50% 情形的原因

发行人及中介机构应全面分析经营业绩下滑幅度超过 50% 的具体原因，审慎说明该情形及相关原因对持续盈利能力是否构成重大不利影响。如无充分相反证据或其他特殊原因能够说明发行人仍能保持持续盈利能力，一般应重点关注并考虑该情形的影响程度。

2. 针对业绩下滑进行核查

针对业绩下滑，发行人及中介机构应区分以下不同情况予以论证核查。

（1）对于发行人经营能力或经营环境发生变化导致经营业绩出现下滑的情形，发行人应充分说明经营能力或经营环境发生变化的具体原因，变化的时间节点、趋势方向及具体影响程度，正在采取或拟采取的改善措施及预计效果；结合

前瞻性信息或经审核的盈利预测（如有）情况，说明经营业绩下滑趋势是否已扭转，是否仍存在对持续盈利能力产生重大不利影响的事项。保荐机构应对上述情况予以充分核查，获取明确的证据，并发表明确意见。发行人及中介机构应在论证、核查和充分证据基础上，合理判断该情形的影响程度。

（2）对于发行人认为自身属于强周期行业的情形，发行人应结合所处行业过去若干年内出现的波动情况，分析披露该行业是否具备强周期特征；比较说明发行人收入、利润变动情况与行业可比上市公司情况是否基本一致；说明行业景气指数在未来能够改善，行业不存在严重产能过剩或整体持续衰退。结合上述要求，保荐机构应对发行人属于强周期行业的依据是否充分发表专项核查意见。满足以上条件的，其业绩下滑可不认定为对持续盈利能力构成重大不利影响的情形。

（3）对于发行人报告期因不可抗力或偶发性特殊业务事项导致经营业绩下滑的情形（如自然灾害造成的一次性损失或阶段性业绩下滑、大额研发费用支出、并购标的经营未达预期导致巨额商誉减值、个别生产线停产或开工不足导致大额固定资产减值、个别产品销售不畅导致大额存货减值、债务人出现危机导致大额债权类资产减值或发生巨额坏账损失、仲裁或诉讼事项导致大额赔偿支出或计提大额预计负债、长期股权投资大幅减值等），发行人应说明不可抗力或偶发性特殊业务事项产生的具体原因及影响程度，最近一期末相关事项对经营业绩的不利影响是否已完全消化或基本消除；结合前瞻性信息或经审核的盈利预测（如有）情况，说明特殊业务事项是否仍对报告期后经营业绩产生影响进而影响持续盈利能力。保荐机构应对特殊业务事项是否影响发行人持续盈利能力发表专项核查意见。若特殊业务事项的不利影响在报告期内已完全消化或基本消除，披露的前瞻性信息或经审核的盈利预测（如有）未出现重大不利变化，其业绩下滑可不认定为对持续盈利能力构成重大不利影响的情形。

3. 针对业绩下滑信息披露的核查

针对经营业绩下滑，发行人应进行专项信息披露，中介机构应进行专项核查。具体要求包括以下两个方面。

（1）发行人应充分说明核心业务、经营环境、主要指标是否发生重大不利变化，业绩下滑程度与行业变化趋势是否一致或背离，发行人的经营业务和业绩水准是否仍处于正常状态，并在重大事项提示中披露主要经营状况与财务信息，以及下一报告期业绩预告情况，同时充分揭示业绩变动或下滑的风险及其对持续盈利能力的影响。

（2）保荐机构、申报会计师需要就经营业绩下滑是否对持续盈利能力构成重大不利影响发表专项核查意见，详细分析发行人业绩变动的原因及合理性，明确说明业绩预计的基础及依据，核查发行人的经营与财务状况是否正常，报表项目有无异常变化，是否存在影响发行条件的重大不利影响因素，出具明确意见。

09

CHAPTER NINE

第九章

募资用途审核及应对

企业通过 IPO 或再融资募集来的资金投产的项目，称作募投项目，募投项目成功是企业 IPO 成功的关键。募集资金运用是招股说明书四大核心章节中十分关键的一个章节……

企业通过 IPO 或再融资募集来的资金投产的项目，称作募投项目，募投项目成功是企业 IPO 成功的关键。募集资金运用是招股说明书四大核心章节中十分关键的一个章节[①]。募投项目也是证监会审核阶段非常关键的一环。上市委会根据企业的募投项目的市场前景、技术含量、财务数据等综合判断企业的投资价值和成长潜力，从而判断是否让企业成功过会，因此，上市募投项目可行性研究工作直接关系到企业能否上市成功。

一、募集资金总额规定

2014 年 3 月 21 日以后，证监会规定企业 IPO 市盈率统一为 23 倍，股本总额（实收资本）不超过人民币 4 亿元的，可发行比例为 25% 以上，股本总额超过在 4 亿元的，发行比例为 10%。

计算公式：募集资金总额≤净利润 ×23×25%

关于净利润，企业要根据实际情况合理预测，不能为募集更多资金而过分夸大，但也不能过于保守，因为证监会遵照募集资金从低原则，降低股票发行价。

二、募集资金使用的核心原则

将审核风险降到最低，是拟 IPO 公司将募集资金投向募投项目时的核心原则。发行人应注意以下几个方面，以避免募集资金的使用导致发行失败。

1. 募集资金谨慎投资于全新产品业务线

中小企业由于资产、资金、收入、产能等受限，常常缺乏足够的流动资金，

① 招股说明书四大核心章节包括：发行人基本情况、业务与技术、财务会计信息、募集资金运用。

且新产品在技术、生产、销售等方面存在诸多不确定因素。如果投资于全新产品，企业将面临很大的不确定性。但如果发行人在技术上有一定把握，至多可将35% 的募集资金投资于全新产品。

2. 投资于研发项目或营销网络的募集资金要符合实际建设需求，循序渐进，投资金额不宜大（特殊行业除外）

营销网络的大额投资有可能改变企业的营销模式，从而使企业受到强势利益相关方的抵制，增加市场的不确定性和风险。

3. 募集资金投资项目导致企业生产模式发生重大转变时，应慎重比较

中小企业都有很强烈的意愿将企业迅速做强做大。许多轻资产运营的中小企业上市后都进行大量的固定资产投资，扩建厂房、生产线，从而导致总资产收益率、净资产收益率大幅下降，增加了中小企业渡过转型期的风险。因此保荐机构应仔细分析不同投资项目安排对企业未来各项财务指标的影响，从而对企业是否适合做转型类型的项目投资给出客观、准确的预估计，对企业选择投资方向给出专业指导意见。

4. 募集资金用途的变更

上市公司募集资金应当按照招股说明书或募集说明书所列用途使用。上市公司改变招股说明书或募集说明书所列资金用途的，必须经股东大会作出决议。但募集资金用途变更太大，会影响公司上市以后的再融资，所以募集资金变更最好也是做企业以往的业务。

募投项目地址变更不属于募投项目变更，只需要保荐代表人发表意见即可。

三、IPO 募资用途审核要点

（一）资金运用情况

依据《公开发行证券的公司信息披露内容与格式准则第 28 号——创业板公司招股说明书》（2020 年修订）第八十五条规定，发行人应根据重要性原则披露募集资金运用情况，具体内容如下。

（1）募集资金的具体用途。简要分析募集资金具体用途的可行性及其与发行人现有主要业务、核心技术之间的关系。

（2）投资概算情况。发行人所筹资金如不能满足预计资金使用需求的，应说明缺口部分的资金来源及落实情况；如所筹资金超过预计资金使用需求的，应说明相关资金在运用和管理上的安排。

（3）募集资金具体用途所需的时间周期和时间进度。

（4）募集资金运用涉及履行审批、核准或备案程序的，应披露相关的履行情况。

（5）募集资金运用涉及环保问题的，应披露可能存在的环保问题、采取的措施及资金投入情况。

（6）募集资金运用涉及新取得土地或房产的，应披露取得方式、进展情况及未能如期取得对募集资金具体用途的影响。

（7）募集资金运用涉及与他人合作的，应披露合作方基本情况、合作方式、各方权利义务关系。

（8）募集资金向实际控制人、控股股东及其关联方收购资产，如果对被收购资产有效益承诺的，应披露效益无法完成时的补偿责任。

（二）募集资金具体用途说明

募集资金的具体用途必须要说清楚。

（1）募集资金拟用于项目建设的，应当说明资金需求和资金投入安排，是否符合国家产业政策和法律、行政法规的规定；并披露所涉及审批或备案程序、土地、房产和环保事项等相关情况。

（2）募集资金拟用于购买资产的，应当对标的资产的情况进行说明，并列明收购后对发行人资产质量及持续经营能力的影响、是否构成重大资产重组，如构成，应说明是否符合重大资产重组的有关规定并披露相关信息；募集资金拟用于向发行人控股股东、实际控制人或其关联方收购资产的，如对被收购资产有效益承诺，应披露效益无法完成时的补偿责任。

（3）募集资金拟用于补充流动资金的，应当说明主要用途及合理性。

（4）募集资金拟用于偿还银行贷款的，应当列明拟偿还贷款的明细情况及贷款的使用情况。

（5）募集资金拟用于其他用途的，应当明确披露募集资金用途、资金需求的测算过程及募集资金的投入安排。

事实上，有很多企业的 IPO 都在募集资金运用方面遇到了阻碍。有些企业为了上市，会刻意编制一些项目作为募投项目。历年来已经上市的一些公司一两年内便更改募投项目的比比皆是，就是一个证明。之所以这样，一方面，是因为有的项目的确随着时间和环境的变化，已经无法再实施了。另一方面，有很多项目，在公司上市前设立时本来就不切合实际，只是这些公司为了上市和募集资金的一个借口。所以，拟 IPO 公司募集资金运用是发审委关注度最高的问题之一。有一家拟 IPO 公司，自身资产为 68 亿元，募投项目是收购价值 88 亿多元的资产。发审委最终认定，收购资产规模远高于公司自身资产规模，公司现在的生产经营规模、财务状况及管理能力都无法适应收购的资产运营，所以把这个 IPO 申请否决了。

（三）投资项目可行性分析

发行人应披露董事会对募集资金投资项目可行性的分析意见，并说明募集资金数额和投资项目与企业现有生产经营规模、财务状况、技术水平和管理能力等相适应的依据。

（四）募集资金用于偿还债务的情形

募集资金用于偿还债务的，应披露债务产生的原因及用途、偿债的总体安排及对发行人财务状况、偿债能力和财务费用的具体影响。

（五）募集资金用于补充营运资金的情形

募集资金用于补充营运资金的，发行人应披露补充营运资金的必要性和管理运营安排，说明对公司财务状况及经营成果的影响和对提升公司核心竞争力的作用。

四、IPO 注册成功案例分析

下面以 2020 年 7 月 24 日创业板首批 IPO 注册生效的四家企业的募资用途为例，进行分析，如表 9-1 所示。

表 9-1 创业板首批 IPO 注册生效企业募资用途分析

单位：万元

企业名称	行业	募资用途	金额
锋尚文化	文化艺术业	创意制作及综合应用中心建设项目	64 283.97
		创意研发及展示中心建设项目	5 416.25
		企业管理与决策信息化系统建设项目	1 496.62
		补充流动资金	60 000.00
		合计	131 196.84
康泰医学	专用设备制造业	医疗设备生产改扩建项目	21 927.25
		智能医疗设备产业研究院项目	7 701.81
		合计	29 629.06
美畅新材	非金属矿物制品业	美畅产业园建设项目	46 200 .00
		研发中心建设项目	16 400.00
		高效金刚石线建设项目	71 000.00
		补充流动资金项目	100 000.00
		合计	233 600.00
蓝盾光电	仪器仪表制造业	研发中心及监测仪器生产基地建设项目	21 024.63
		大气环境综合立体监测系统及数据服务建设项目	25 070.04
		运维服务体系建设项目	4 954.97
		补充流动资金项目	18 000.00
		合计	69 049.64

从表 9-1 可以看到，在这四家创业板公司中，有三家募集资金用于补充流动

资金，美畅新材所需募集资金最多，为23.36亿元，其中补充流动资金10亿元，占总募集资金的42.81%；锋尚文化募集资金为131 196.84万元，其中补充流动资金60 000万元，占总募集资金的45.73%。在这种情况下，招股说明书第九节募集资金用途及未来发展的章节中，要详细描述募集资金用于补充流动资金的原因，发行人应披露补充流动资金的必要性和管理运营安排，说明对公司财务状况及经营成果的影响和对提升公司核心竞争力的作用。下面仅以美畅新材（公司全称：杨凌美畅新材料股份有限公司）为例做进一步的分析。

美畅新材是一家金刚石工具及制品研发商，主要产品为电镀金刚石线，95%以上的产品用于光伏晶硅片的切割，属于耗材。在美畅新材的招股说明书中募集资金用途部分可以看到，募集资金用于4个项目，其中3个项目为固定资产项目，1个项目为补充流动资金项目，见表9-2。

表9-2　美畅新材募集资金用途项目

单位：万元

项目名称	投资总额	拟使用募集资金投资额
美畅产业园建设项目	46 200.00	46 200 .00
研发中心建设项目	16 400.00	16 400.00
高效金刚石线建设项目	71 000.00	71 000.00
补充流动资金项目	100 000.00	100 000.00
合计	233 600.00	233 600.00

本次募集资金投资项目中，除补充流动资金项目不需要备案及环评外，其他项目均已取得杨凌区发展和改革局出具的投资项目备案、杨凌示范区环境保护局出具的环评批复（见表9-3）。

表9-3　美畅新材募集资金投资项目备案与环批批复

项目名称	备案情况（项目代码）	环批情况
美畅产业园建设项目	2018-611102-33-03-040926	杨管环批复［2018］44号
研发中心建设项目	2018-611102-33-03-040927	杨管环批复［2018］45号
高效金刚石线建设项目	2018-611102-33-03-007298	杨管环批复［2018］23号
补充流动资金项目	无须备案	无须环评

再深入一步，细看 3 个固定资产项目的最终用途，以美畅产业园建设项目为例。

从招股说明书中可以看到，该项目将规划购买土地，自建厂房、仓储中心、运营中心、员工食堂、多功能活动中心及员工宿舍等。该项目的建设，首先可以使公司完全根据自身需求，合理规划场地，实现公司统一管理、改善办公环境以及提升品牌形象的目标；其次，自建产业园还可避免因租赁合同到期无法续签进而变更经营地点的风险，使得公司长期生产经营更为稳定；最后，随着公司生产规模的继续扩大和业务发展的多元化，公司未来将新增更多的生产人员、办公人员及营销人员等，自建产业园可以通过合理布局为公司未来发展预留较为充足的发展空间，解决公司因租赁产生的经营场所分散及缺乏整体性布局问题，提高场地的使用效率和管理效率。

美畅产业园项目建成后将作为公司的生产、研发及管理总部。公司的金刚石线产品及未来开发的新产品生产将全部在美畅产业园中进行。自建现代化结构厂房的内部布局可灵活调整，从而满足公司当前产品及未来新产品的生产需求。自建员工食堂及宿舍等，可以大幅提升公司的硬件设施水平，改善公司员工的工作环境，有助于引进人才，提高公司员工的工作荣誉感和积极性，使其更好地为公司服务及创造价值。

美畅产业园建设项目的内容如表 9-4 所示。

表 9-4　美畅产业园建设项目的内容

内容	规划面积	说明
购买土地	197 316 平方米	本次计划通过招拍挂形式取得的整块工业用地，用于公司生产经营管理总部的建设
自建厂房	10 000 平方米	主要用于承接公司位于富海工业园内的金刚石线生产线及公司规划的其他新产品的生产
自建仓储中心	10 000 平方米	用于公司产品、原材料及其他生产物件的存放
自建运营中心	10 000 平方米	用于公司行政管理部门办公、会议，对外接待、公司品牌展示等
自建员工食堂	5 000 平方米	用于公司员工用餐、对外接待用餐等
自建多功能活动中心	10 000 平方米	用于公司员工培训、公司日常团建活动、举办各类员工活动等
自建员工宿舍	30 000 平方米	用于解决公司员工的住宿问题

美畅产业园建设项目投资概算。该项目计划总投资46 200万元，其中购置土地估算总额3 000万元，建设投资估算总额为43 200万元。项目投资概算具体情况如表9-5所示。

表9-5　美畅产业园建设项目投资概算

序号	项目	金额（万元）	占比%
一	购置土地	3 000.00	6.49
二	建设投资	43 200.00	93.51
1	建筑工程	23 000.00	49.78
2	装修工程	7 900.00	17.10
3	配套工程	10 300.00	22.29
4	预备费	2 000.00	4.33
三	合计	46 200.00	100.00

表中数据为《美畅股份：首次公开发行股票并在创业板上市招股说明书》原文，由于与图书数据标准不同，其分项数据相加可能不等于100%。

该项目的建设投资具体内容及投资金额如表9-6所示。

表9-6　美畅产业园建设投资明细

建设内容	规划面积（平方米）	投资标准（元/平方米）	投资金额（万元）
自建厂房	10 000	2 600	26 000
仓储中心	10 000	2 600	2 600
运营中心	10 000	3 000	3 000
员工宿舍	30 000	2 200	6 600
员工食堂	5 000	2 000	1 000
多功能活动中心	10 000	2 000	2 000
合计			41 200（注）

（笔者注：41 200万元的建设投资中应该没有包含2 000万元的预备费。）

该项目建设所需资金计划全部通过首次公开发行募集资金筹集。若募集资金数额（扣除发行费用后）不足以满足以上项目的投资需要，不足部分公司将通过银行贷款或自筹资金等方式解决。如本次发行的实际募集资金量超过项目的资金需求量，公司将按照实际资金状况和募集资金管理制度，将多余部分用于补充与公司主营业务相关的营运资金。

美畅产业园建设项目可能存在的环保问题及解决措施如下。

根据对项目工艺流程中各环节产物因素分析，确定在生产过程中可能造成环境影响的因素有废水、废气、固体废弃物、噪声。如以上污染因素不能得到妥善处理，将可能对周边环境造成一定损害。各类污染物及污染源情况如表 9-7 所示。

表 9-7　污染物及污染源

污染物	污染源
废气	主要是上砂工序产生的工艺废气、机加粉尘、食堂油烟、炊事燃料废气及汽车尾气
废水	主要为生产废水（浓缩液、电镀生产线废水及车间地面清洗废水）和生活污水
固体废弃物	主要为废槽液（含酸洗槽废酸）、不合格产品、污泥、废弃的滤膜、废石英砂、废活性炭、化验废液、蒸发结晶废物、废过滤纤维等生产固体废弃物及员工生活垃圾
噪声	主要来源于生产车间风机、空压机和水处理系统泵类等噪声

对于美畅产业园建设项目生产中产生的污染物可能造成的影响，配套工程建设及解决措施如表 9-8 所示。

表 9-8　配套工程建设及解决措施

污染物	处理措施说明	排放执行标准
废气	每条生产线上砂工序上方均设置有 1 个集气装置，捕集率可达 95% 以上，收集的废气经管道引入车间外侧排气筒，排气筒内安装纤维过滤装置，处理后废气经排气筒达标排放	执行《电镀污染物排放标准》（GB 21900—2008）及《大气污染物综合排放标准》（GB 16297—1996）中二级标准和无组织排放要求
	食堂油烟采用油烟净化器处理后达标排放	执行《饮食业油烟排放标准》（GB 18483—2001）中相关要求

续表

污染物	处理措施说明	排放执行标准
废水	生产废水采用废水收集沉淀池+中水处理系统+污水站（蒸发浓缩系统）进行处理	在《电镀污染物排放标准》（GB 21900—2008）基础上，采用超滤－反渗透工艺深度处理，达到现有环保部要求的检测方法（火焰原子吸收分光光度法）（GB/T 11912—1989）无法检出重金属要求
	生活污水经化粪池处理；处理后废水经市政污水管网排入杨凌示范区污水处理厂进一步处理	执行《污水综合排放标准》（GB 8978—1996）三级标准及《黄河流域（陕西段）污水综合排放标准》（DB 61/224—2011）二级标准中相关规定
固体废弃物	危险废物收集暂存后定期交有资质单位进行处置	执行《危险废物贮存污染控制标准》（GB 18597—2001）及 2013 年修改单中的有关规定
	一般固体废物能回收利用的回售利用，不能回收利用的运至垃圾填埋场处置，生活垃圾收集后交环卫部门处理	执行《一般工业固体废物贮存、处置场污染控制标准》（GB 18599—2001）及 2013 年修改单中的有关规定
噪声	通过采取隔声、减振处理等措施后，厂界噪声达标排放	执行《工业企业厂界环境噪声排放标准》（GB 12348—2008）中 2 类标准要求

五、IPO 被否或取消审核案例

案例 9-1：因业务模式存疑、应收账款逾期、募投项目前景不好等问题 IPO 被否

2020 年 9 月 1 日，上交所发布公告，精英数智科技股份有限公司（以下简称“精英数智”）科创板上会未获通过。

精英数智是 2020 年科创板 IPO 首家上会被否的企业。精英数智是一家为煤矿等高危行业提供以自主软件为主的安全生产监测及管理整体解决方案的高新技术企业，产品和服务面向煤矿等高危行业企业、安全监管部门、保险及安全服务机构。

此次上会，精英数智的业务情况、应收账款、募投项目前景、技术壁垒等方面皆遭科创板上市委质疑。

1. 关于业务情况

对于发行人来讲非常重要的一点就是业务模式以及获取客户订单的合法合规性。精英数智采取直销模式销售商品和提供服务。直销模式又分为两种情形，一种是发行人独立开拓市场并获取订单，另一种是发行人与项目服务商合作开发项目，发行人支付项目服务商费用，项目服务商协助发行人拓展新的市场。报告期内，发行人有项目服务商参与的项目收入情况如表 9-9 所示。

表 9-9　项目服务商参与的项目收入情况

单位：万元

项目	2019 年	2018 年	2017 年
营业收入	25 321.50	21 063.34	16 106.69
其中：有项目服务商参与的项目收入	22 930.34	19 342.05	10 485.75
占营业收入的比例	90.56%	91.83%	65.10%

这个问题，不仅是业务来源的问题，也不仅是简单的业务独立性问题，而是更深层次的经营合规性问题和灰色地带的商业贿赂问题。就连发行人自己在招股说明书及之前的反馈回复中均承认，项目服务商协助销售是公司的商业模式，具有商业合理性，但不符合行业惯例。

对此，上交所发布的《关于终止精英数智科技股份有限公司首次公开发行股票并在科创板上市审核的决定》说得很清楚，上市审核中心在审核问询中重点关注了以下事项。根据发行人披露，发行人业务主要采用项目服务商合作模式，项目服务商起到协调客户和发行人关系、顺利推进项目并回款等职能。报告期内发行人向项目服务商支付的项目服务费金额分别为 1 411.94 万元、2 769.52 万元、5 743.10 万元。发行人项目服务费一般以项目毛利率、所属区域的市场竞争情况、市场成熟度和项目实施复杂度为依据确定，与销售合同金额之间不具有稳定的比例关系。审核重点关注：通过项目服务商协助销售的商业合理性以及与最终达成销售交易价格的关系，相关内部控制制度是否健全有效，是否存在商业贿赂、利益输送或体外资金循环的情形。

科创板上市委审议认为：发行人未能充分、准确地披露项目服务商所提供服务内容、项目服务费的计费标准及确定方式，与项目服务商合作的相关内部控制制度不够健全，不符合《科创板首次公开发行股票注册管理办法（试行）》第五条、第十一条的规定；不符合《上海证券交易所科创板股票发行上市审核规则》第十五条、第二十八条的规定。

2. 关于应收账款

报告期各期末，精英数智应收账款余额分别为 11 627.27 万元、24 421.75 万元和 27 039.08 万元，应收账款逾期金额分别为 8 721.05 万元、14 078.99 万元和 16 781.68 万元，应收账款逾期金额占应收账款余额的比例分别为 75.01%、57.65% 和 62.06%。对于一个收入只有 2 亿元左右、净利润只有 5 000 万元左右的企业来说，这样规模的应收账款是非常危险的，关键是应收账款逾期的占比非常高，同时存在很多客户回款周期越来越长甚至无法回款的风险。

因此，上市委要求精英数智：

（1）说明在部分主要客户已呈现诸多信用风险、期末应收账款余额中逾期款项占比较高的情况下，对资信状况恶化客户应收账款的坏账准备计提是否充分，是否符合企业会计准则的相关规定，与同行业可比公司相比是否存在重大差异；

（2）说明是否对应收账款逾期风险采取了有效的应对措施，控股股东、实际控制人是否已采取有效措施避免因应收账款计提坏账准备不充分而可能遭受损失的风险；

（3）说明控股股东、实际控制人、董事、高级管理人员、发行人员工及前述主体的关联方是否与相关客户、第三方达成任何未披露的约定。

3. 关于募投项目前景

募投项目前景方面，科创板上市委要求精英数智：（1）结合山西省煤炭行业安全生产信息化建设的总体情况，说明发行人在报告期内占主营业务收入比例较大的安全生产风险智能检测业务收入是否将大幅回落，分析该等变化是否对发行人持续经营能力构成重大不利影响；（2）结合 2020 年上半年业务的实际情况及对 2020 年全年业务收入的展望，说明发行人未来业务变化的前景，分析在市场空间可能收窄的情况下，以募集资金投入“安全生产智能感知系统产业化项目”的必要性。

此问题关注到发行人安全生产风险智能检测业务稳定性，进而进一步关注发行人募投项目的必要性，实质上仍是关注发行人的持续经营能力。报告期内，发行人主营业务收入金额分别为 16 106.69 万元、21 063.34 万元和 25 321.50 万元，其中来自煤炭企业的收入分别为 10 638.85 万元、13 599.71 万元和 23 022.40 万元，占主营业务收入的比例分别为 66.05%、64.57% 和 90.92%。

煤炭行业是典型的周期性行业，且受监管政策影响较大，如果未来国家及相关省份产业政策、监管规定发生对发行人不利的变化，而发行人未能在经营和产品技术上及时调整以适应相关政策的变化，会对发行人的经营产生不利影响。同时，发行人存在明显的市场区域性风险，销售区域高度集中，主要集中于山西省。发行人若无法解决此发展瓶颈，在销售区域广度和深度上有实质性突破，则将面临成长空间受限的风险。

4. 关于技术壁垒

科创板上市委还要求精英数智说明：（1）自身地理信息系统的核心 GIS 平台作为核心技术的产品特点，是否存在较高进入壁垒、是否存在相关专利保护或需要面对竞争对手通过专利保护形成的进入壁垒；（2）是否在地理信息外部供应商的基础操作系统基础上进一步做行业应用开发；（3）开发过程中是否与大部分商业化的地理信息系统一样，需要大量人力现场标记和采集信息。

此问题可以被认为是关注发行人是否符合科创板定位而延伸的技术相关问题，也可以被认为是关注发行人的技术壁垒问题，关注的实质是发行人所处行业及其技术发展趋势、核心竞争力及其科技创新水平。

案例 9-2：因募投项目披露存在差异 IPO 被否

2020 年 8 月 IPO 被否的深圳威迈斯新能源股份有限公司专业从事电力电子产品研发、生产和销售，主要产品是开关电源，包括车载电源、通信电源、电梯电源等多类应用领域的产品。发审委会议主要提出了五个方面的问题，涉及是否依赖关联交易、财务处理是否合理、股权结构是否稳定，以及信息披露矛盾等方面，其中最主要的是信息披露的矛盾。发审委注意到，发行人披露的募投项目“龙岗宝龙新能源汽车电源产业基地建设项目”与深圳市龙岗区发展和改革局项目公示存在差异。据招股说明书，龙岗宝龙新能源汽车电源产业基地建设项目预计总投资 2.38 亿元，预计达产后每年可生产 18 万台车载电源产品。然而，一份由地方政府披露的该项目环境影响报告显示，该项目建成后预计年产电源模块 30 万台。一个项目，两份报告，存在如此差异，当然会引起发审委的高度关注。

案例 9-3：因更改募资用途而终止 IPO 审核

2020 年 12 月 18 日，科创板上市委 2020 年第 124 次审议会议发布补充公告称：因上海健耕医药科技股份有限公司（以下简称“健耕医药”）撤回发行上市申请、国金证券股份有限公司撤销保荐，根据相关规则规定，上交所已终止上海健耕医药科技股份有限公司发行上市审核。本次上市委审议会议取消审议上海健耕医药科技股份有限公司发行上市申请。

上海健耕医药科技股份有限公司在科创板上会前夕，突然被终止审核，其主要原因也是募集资金方面的问题。在 2020 年 12 月 11 日招股说明书上会稿中，健耕医药删掉了收购上海耘沃的募集资金项目，其余两个项目不变，公司募集资金总额减少至 8.1 亿元。在 IPO 审查过程中更改所募集资金用途的情况并不常见。据查证，在上交所第三轮问询的三个问题中，有两个都是关于健耕医药募集资金拟用于收购其子公司上海耘沃的。健耕医药回复函中表示，为保护上市后中小投资者对其子公司的表决权，因此终止了该收购交易。

10

CHAPTER TEN

第十章
信息披露审核及应对

IPO 信息披露审核的主要目的是确定拟 IPO 公司披露的信息符合市场规范、会计规范以及相关法律规范，质量合格，即要求 IPO 信息披露遵循真实、准确、完整、及时、公平五大基本原则……

一、IPO 信息披露审核的基本要求

（一）IPO 信息披露的基本原则

IPO 信息披露审核的主要目的是确定拟 IPO 公司披露的信息符合市场规范、会计规范以及相关法律规范，质量合格，即要求 IPO 信息披露遵循真实、准确、完整、及时、公平等五大基本原则。

1. 真实性原则

真实是指发行人及相关信息披露义务人披露的信息应当以客观事实或者具有事实基础的判断和意见为依据，如实反映客观情况，不得有虚假记载和不实陈述。

2. 准确性原则

准确是指发行人及相关信息披露义务人披露的信息应当使用明确、贴切的语言和简明扼要、通俗易懂的文字，不得含有任何宣传、广告、恭维或者夸大等性质的词句，不得有误导性陈述。发行人披露预测性信息及其他涉及未来经营和财务状况等信息时，应当合理、谨慎、客观。

3. 完整性原则

完整是指发行人及相关信息披露义务人披露的信息应当内容完整、文件齐备，格式符合规定要求，不得有重大遗漏。

4. 及时性原则

及时是指发行人及相关信息披露义务人应当在规定的期限内披露所有对公司股票及其衍生品种交易价格可能产生较大影响的信息。

5. 公平性原则

公平是指发行人及相关信息披露义务人应当同时向所有投资者公开披露重大信息，确保所有投资者可以平等地获取同一信息，不得私下提前向特定对象单独披露、透露或者泄露。发行人向股东、实际控制人或者其他第三方报送文件和传递信息涉及未公开重大信息的，应当及时向证券交易所报告，并依据证券交易所相关规定履行信息披露义务。

（二）注册制下 IPO 信息披露审核的基本要求

信息披露审核是注册制下 IPO 审核的核心。随着全面注册制的稳步推进，信息披露及其审核变得更加重要。与以前的核准制相比较，注册制下的信息披露审核更加严格。证券交易所上市委将采取“提出问题—回答问题”的问询方式，督促发行人真实、准确、完整地披露信息，要求发行人说清楚、讲明白，将拟 IPO 企业的真实情况呈现在投资者面前。

需要说明的是，注册制下的 IPO 不是不审，而是不对拟上市公司的投资价值背书，重点在于要通过问询弄清楚一家公司的真实情况。如果发行人披露的信息存在重大质疑，是不可能通过 IPO 审核的。这里所说的重大质疑主要是指：发行人申请文件存在虚假记载、误导性陈述或重大遗漏（如引用数据不权威、客观，业务模式、竞争地位等披露不清晰）；发行人申请文件中记载的信息存在矛盾，或就同一事实前后存在不同表述且有实质性差异；根据申请文件披露的信息，发行人不符合发行条件；媒体报道、信访举报反映或者通过其他途径发现发行人申请文件涉嫌违法违规，或者存在其他影响首次公开发行的重大事项，经初步核查无法澄清。

针对招股说明书问题，上交所 2019 年 4 月曾指出其中 5 方面不足[①]。

一是对科技创新相关事项披露不够充分。比如，未充分披露核心技术的来源、研发团队情况、技术先进性程度、在国内外市场的地位及竞争优劣势、技术的迭代性和可替代性、技术路线演进和发展趋势、知识产权保护及管理、核心技术产业化应用及收入占比等。

二是企业业务模式披露不够清晰。部分科创板招股说明书存在对业务模式，特别是发行人主营业务、主要产品或服务的基本情况披露不清楚，产供销模式与财务数据缺乏对应关系，行业上下游经营和竞争情况披露比较分散、模糊等问题。

三是企业生产经营和技术风险揭示不到位。不少招股说明书风险揭示不到

① 上交所就首轮问询及回复情况答记者问上海证券交易所，2019-4-23.

位，泛泛而谈、避重就轻的比较多。比如，未结合科创企业的特点进行风险揭示，风险因素披露缺乏针对性；未能对风险产生的原因和对发行人的影响程度进行充分披露，缺乏结合公司实际情况的定量分析；有的风险因素披露违反规则要求，包含发行人竞争优势及类似表述，风险揭示变成自我表扬等。

四是信息披露语言表述不够友好。比如，有的招股说明书未能使用事实描述性语言、突出事件实质，而使用市场推广的宣传用语，明显美化甚至夸大；有的大篇幅披露与发行人相关度不大的行业等信息，对自身直接相关的业务与技术披露较少，信息披露冗余的同时，有效性不足、针对性不强；有的招股说明书使用很多晦涩难懂的专业术语；有的未能使用图表、图片或其他较为直观的披露方式，以及引用的第三方数据或结论未注明资料来源等。

五是文件格式和内容安排不够规范。比如，部分招股说明书未能结合自身业务特点，披露重要性水平的确定标准和依据；会计政策和会计估计的具体执行标准简单照抄会计准则；各主体承诺事项仍大量堆砌在重大事项提示部分，未能达到重大事项提示以简要语言提醒投资者特别关注事项的目的等。

基于此，上交所全面梳理了科创板股票发行上市信息披露和核查把关中的常见共性问题和薄弱环节，依据现有发行上市审核标准和要求，于 2021 年 2 月发布了《上海证券交易所科创板发行上市审核业务指南第 2 号——常见问题的信息披露和核查要求自查表》（以下简称《自查表》，见表 10-1）。

表 10-1　上海证券交易所科创板发行上市审核业务指南第 2 号——常见问题的信息披露和核查要求自查表

一、科创板审核问答落实情况							
序号	问题	是否适用	披露要求落实情况	核查要求落实情况			备注
			招股书页码	保荐工作报告页码	律师工作报告页码	会计师核查报告页码	
1-1	尚未盈利或最近一期存在累计未弥补亏损						
1-2	重大违法行为						

续表

一、科创板审核问答落实情况							
序号	问题	是否适用	披露要求落实情况	核查要求落实情况			备注
			招股书页码	保荐工作报告页码	律师工作报告页码	会计师核查报告页码	
1-3	重大不利影响的同业竞争						
1-4	境外控制架构（控股股东和受控股股东、实际控制人支配的股东所持发行人股权清晰）						
1-5	最近2年内董事、高管及核心技术人员的重大不利变化						
1-6	研发投入						
1-7	主要依靠核心技术开展生产经营						
1-8	员工持股计划						
1-9	期权激励计划						
1-10	整体变更存在累计未弥补亏损						
1-11	研发支出资本化						
1-12	政府补助						
1-13	信息披露豁免						
1-14	工会、职工持股会及历史上自然人股东人数较多						
1-15	申报前后新增股东						
1-16	出资或改制瑕疵						
1-17	发行人资产来自上市公司						
1-18	实际控制人的认定						
1-19	没有或难以认定实际控制人情形下的股份锁定						
1-20	发行人租赁控股股东、实际控制人房产或商标、专利、主要技术来自控股股东、实际控制人的授权使用						
1-21	发行人与控股股东、实际控制人等关联方共同投资						
1-22	“三类股东”						

续表

一、科创板审核问答落实情况							
序号	问题	是否适用	披露要求落实情况	核查要求落实情况			备注
			招股书页码	保荐工作报告页码	律师工作报告页码	会计师核查报告页码	
1-23	对赌协议						
1-24	同一控制下的企业合并						
1-25	客户集中						
1-26	持续经营能力						
1-27	财务内控不规范						
1-28	第三方回款						
1-29	会计政策、会计估计变更与会计差错更正						
二、首发业务若干问题解答以及常见审核问题落实情况							
序号	问题	是否适用	披露要求落实情况	核查要求落实情况			备注
			招股书页码	保荐工作报告页码	律师工作报告页码	会计师核查报告页码	
关于发行人股权结构、董监高等基本情况							
2-1	共同控制的认定						
2-2	无实际控制人的认定						
2-3	控股股东、实际控制人支配的股权存在质押、冻结或发生诉讼仲裁等不确定性事项						
2-4	发行人报告期内存在应缴未缴社会保险和住房公积金						
关于发行人业务与技术							
2-5	客户						
2-6	供应商						
2-7	引用第三方数据						
2-8	劳务外包						
2-9	发行人使用或租赁使用集体建设用地、划拨地、农用地、耕地、基本农田及其上建造的房产						

续表

二、首发业务若干问题解答以及常见审核问题落实情况							
序号	问题	是否适用	披露要求落实情况	核查要求落实情况			备注
			招股书页码	保荐工作报告页码	律师工作报告页码	会计师核查报告页码	
关于发行人业务与技术							
2-10	环保问题						
2-11	合作研发						
2-12	重要专利系继受取得或与他人共有						
2-13	经营资质及产品质量瑕疵						
2-14	安全事故						
2-15	生产模式主要采用外协加工						
2-16	同行业可比公司的选取						
2-17	技术先进性的客观依据						
关于公司治理与独立性							
2-18	关联交易						
2-19	注销或转让重要关联方（含子公司）						
关于财务会计信息与管理层讨论							
2-20	收入确认政策						
2-21	报告期收入波动较大						
2-22	境外销售收入金额较大或占比较高						
2-23	经销收入金额较大或占比较高						
2-24	毛利率波动较大或与同行业可比公司存在较大差异						
2-25	期间费用报告期内波动较大或占营业收入的比重与同行业可比公司存在较大差异						
2-26	股份支付						
2-27	应收账款及应收票据						
2-28	存货						
2-29	在建工程余额或发生额较大						

续表

二、首发业务若干问题解答以及常见审核问题落实情况							
序号	问题	是否适用	披露要求落实情况	核查要求落实情况			备注
			招股书页码	保荐工作报告页码	律师工作报告页码	会计师核查报告页码	
关于财务会计信息与管理层讨论							
2-30	固定资产闲置或失去使用价值						
2-31	商誉余额较大						
2-32	税收优惠到期或即将到期						
2-33	无形资产认定与客户关系						
2-34	建筑施工类企业存在大量已竣工并实际交付的工程项目余额						
2-35	委托加工业务						
2-36	投资性房地产采用公允价值计量						
2-37	现金交易						
2-38	信息系统核查						
2-39	资金流水核查						
其他事项							
2-40	重大诉讼或仲裁						
2-41	发行人为新三板挂牌 / 摘牌公司、H 股或境外上市公司，或者涉及境外分拆、退市						
2-42	发行人存在曾经申报 IPO 但未成功上市的情形						
2-43	重大事项提示						
2-44	红筹企业						
2-45	境内上市公司分拆						
2-46	存在特别表决权股份						
2-47	科创板定位中的例外条款 - 其他领域						
2-48	科创板定位中的例外条款 - 科技创新能力突出						

上交所表示，制定《自查表》的目的如下。

一是进一步压严压实“两个责任”。上交所发现，在科创板招股说明书准则和审核问答等规则均已公布的情况下，发行人信息披露不到位、中介机构尽调和核查把关不到位的情况仍具一定普遍性。部分发行人信息披露质量特别是针对性和有效性不理想，离把投资者进行投资决策需知晓的重大事项“讲清楚”仍有较大距离；一些保荐机构及其保荐代表人核查把关的主动性、专业能力和责任心不足，离将发行人应当披露的重要事项“核清楚”，还有不小距离。《自查表》对申报文件常见问题的信息披露和核查要求进行总结列明，并要求发行人和中介机构对照进行披露和核查，将相关工作要求具体化，有助于切实提高申报文件的披露质量和中介机构执业水平。

二是进一步提升审核效能，把好上市企业入口关。针对招股说明书等申报文件中的常规性、基础性信息披露和核查问题，上交所在审核中仍需频繁进行反复问询，很大一部分审核资源陷于其中，客观上影响了审核部门将审核精力集中于需要重点关注的审核事项，也影响了发行人和中介机构通过审核问询不断提高信息披露质量。

三是进一步提升上市审核的透明度和友好度。《自查表》对科创板开板以来审核问答和常见问题执行不到位情况等进行梳理、提炼和公开，引导发行人尤其是中介机构逐项对照自查，对常见问题、基础事项查缺补漏，有助于进一步增强科创板上市审核工作的透明度。此外，《自查表》也方便发行人和中介机构事先全面做好发行上市申报准备，减少被审核问询的问题数量和轮次，降低不必要成本。

《自查表》主要围绕已公布的科创板相关审核标准、问答，结合审核实践发现的问题，对发行人、中介机构在申报文件信息披露及核查把关方面存在的共性问题和薄弱环节进行梳理、归纳和提炼，主要包括以下两方面内容。

一是科创板发行上市条件的相关问题，如重大不利影响的同业竞争、重大违法违规行为、持续经营能力、研发投入等。

二是常见信息披露和核查问题，如客户和供应商的核查、同行业可比公司选取等常见 IPO 申报问题，以及重大事项提示、合作研发等科创板审核实践中总结的针对性问题。

因此，《自查表》所列示的审核标准、问答相关自查事项，也正是 IPO 信息披露审核的基本要求与问询重点。

二、财务信息披露审核及应对

企业 IPO 申请文件中，需要披露的信息很多，总体上可以分为两类：财务信息与非财务信息。

依据《关于首次公开发行股票并上市公司招股说明书财务报告审计截止日后主要财务信息及经营状况信息披露指引》（2020 年修订），财务信息主要包括（但不限于）：总资产、所有者权益、营业收入、营业利润、利润总额、净利润、归属于母公司股东的净利润、扣除非经常性损益后的归属于母公司股东的净利润、经营活动产生的现金流量净额，以及纳入非经常性损益的主要项目和金额。发行人及其董事、监事、高级管理人员需出具专项声明，保证上述财务信息不存在虚假记载、误导性陈述或者重大遗漏，并对其内容的真实性、准确性及完整性承担相应的法律责任。发行人负责人、主管会计工作负责人及会计机构负责人（会计主管人员）应出具专项声明，保证该等财务报表的真实、准确、完整。会计师事务所就该等财务报表出具审阅意见的，应当切实履行审阅责任，保持应有的职业谨慎。经审阅财务报表与对应经审计财务报表存在重大差异的，保荐机构及申报会计师应在 15 个工作日内向中国证监会、证券交易所报告，说明差异原因、性质及影响程度。

若该季度的主要会计报表项目与财务报告审计截止日或上年同期相比发生较大变化，应披露变化情况、变化原因以及由此可能产生的影响，并在重大事项提示中披露相关风险。发行人应在招股说明书重大事项提示中提醒投资者，发行人已披露财务报告审计截止日后经会计师事务所审阅的主要财务信息（如有）及经营状况。

发行人应在招股说明书重大事项提示中补充披露下一报告期业绩预告信息，主要包括年初至下一报告期末营业收入、扣除非经常性损益前后净利润的预计情况、同比变化趋势及原因等；较上年同期可能发生重大变化的，应分析披露其性质、程度及对持续经营的影响。若审计截止日后发行人经营状况发生较大不利变化，或经营业绩呈下降趋势，应在风险因素及重大事项提示中披露相关风险。

从当前的 IPO 审核实务来看，上市委在审核发行人财务信息披露质量时，着重要求发行人及保荐机构、会计师事务所做好以下方面的工作。

针对当前首次公开发行股票公司财务信息披露工作中存在的突出问题，对发行人、会计师事务所和保荐机构提出以下九个方面的工作要求，主要包括：发行人应建立健全财务报告内部控制制度，合理保证财务报告的可靠性、生产经营的合法性、营运的效率和效果；发行人及相关中介机构应确保披露的财务信息真实、准确、完整地反映公司的经营情况；相关中介机构应关注发行人申报期内的盈利增长情况和异常交易，防范利润操纵；发行人及各中介机构应严格按照《企业会计准则》、《上市公司信息披露管理办法》和证券交易所颁布的相关业务规则的有关规定进行关联方认定，充分披露关联方关系及其交易；发行人应结合经济交易的实际情况，谨慎、合理地进行收入确认和毛利率分析，相关中介机构应关注收入确认的真实性、合规性和毛利率分析的合理性；相关中介机构应对发行人主要客户和供应商进行核查；发行人应完善存货盘点制度，相关中介机构应关注存货的真实性和存货跌价准备是否充分计提；发行人及相关中介机构应充分关注现金收付交易对发行人会计核算基础的不利影响；相关中介机构应保持对财务异常信息的敏感度，防范利润操纵。

保荐机构应督促发行人切实做好审计截止日后主要财务信息及经营状况信息披露，核查发行人生产经营的内外部环境是否发生或将要发生重大变化，包括但不限于：产业政策重大调整，进出口业务受到重大限制，税收政策出现重大变化，行业周期性变化，业务模式及竞争趋势发生重大变化，主要原材料的采购规模及采购价格或主要产品的生产、销售规模及销售价格出现大幅变化，新增对未来经营可能产生较大影响的诉讼或仲裁事项，主要客户或供应商出现重大变化，重大合同条款或实际执行情况发生重大变化，重大安全事故，以及其他可能影响投资者判断的重大事项等。保荐机构应在发行保荐书中说明相关结论，并在发行保荐工作报告中详细说明核查的过程、了解并收集到的相关情况、得出结论的依据，并在此基础上就发行人审计截止日后经营状况是否出现重大不利变化出具核查意见。

关于财务信息审核更详细的内容参见本书“第七章财务数据审核及应对”。

三、非财务信息披露审核及应对

对于非财务信息的概念，目前没有准确的定义。美国财务会计准则委员会在《企业财务报表项目的确认和计量》中指出，只有符合可定义性、可计量性、相关性、可靠性的项目才能予以确认进入报表，而那些不满足条件被排斥在财务报表之外的、反映公司经营活动的信息就可以定义为非财务信息。也就是说，非财务信息是指那些不以货币计量的、与企业财务状况不存在直接关系、无法进入财务报表内进行确认和计量，但与企业生产经营密切相关的，且有助于理解企业财务信息的各种信息。非财务信息的内容包括基本信息、主要经营状况、重大事项、前瞻性信息等四大方面。

（一）基本信息

基本信息主要包括：企业规模、实际控制人、独立性、经营模式、同业竞争、关联交易、募集资金运用、股权转让等信息。

这里重点说说经销商模式的相关披露。依据《54 条》问题 46 的解答，发行人采取经销商销售模式的，IPO 审计的重点是收入实现的真实性，详细核查经销商具体业务模式及采取经销商模式的必要性。

发行人应就经销商模式的相关情况进行充分披露，主要包括：

（1）经销商和发行人是否存在实质和潜在关联关系；

（2）发行人同行业可比上市公司采用经销商模式的情况；

（3）发行人通过经销商模式实现的销售比例和毛利是否显著大于同行业可比上市公司；

（4）经销商是否专门销售发行人产品；

（5）经销商的终端销售及期末存货情况；

（6）报告期内经销商是否存在较多新增与退出情况；

（7）经销商是否存在大量个人等非法人实体；

（8）经销商回款是否存在大量现金和第三方回款。

出现下述情况时，发行人应充分披露相关情况：

（1）发行人通过经销商模式实现的销售毛利率和其他销售模式实现的毛利率的差异较大；

（2）给予经销商的信用政策显著宽松于其他销售方式，对经销商的应收账款显著增大；

（3）海外经销商毛利率与国内经销商毛利率差异较大。

保荐机构、律师和申报会计师应对经销商业务进行充分核查，并说明发行人经销商销售模式、占比等情况与同行业上市公司是否存在显著差异及原因，对经销商业务的核查方式、核查标准、核查比例、核查证据等应足以支持核查结论。

保荐机构、律师及申报会计师应当综合、合理利用电话访谈、合同调查、实地走访、发询证函等多种核查方法进行综合判断，核查发行人报告期内经销商模式下的收入确认原则、费用承担原则及给经销商的补贴或返利情况、经销商的主体资格及资信能力，核查关联关系，结合经销商模式检查与发行人的交易记录及银行流水记录、经销商存货进销存情况、经销商退换货情况。保荐人、律师和申报会计师应对经销商模式下收入的真实性发表明确意见。

（二）主要经营状况

主要经营状况包括以下内容。

（1）背景信息。企业的背景信息包括：企业经营的总计划和企业管理的战略目标、企业的经营活动和资产的范围与内容、企业所属行业的特点、产品的寿命及产品的结构。

（2）经营业绩说明。企业的经营业绩说明包括企业的活动指标、成本指标、关键经营业务指标、关键资源数量和质量指标。对于一些指标异常，企业需要进行解释性说明。比如，应收账款不合理增加、上会前一年放宽信用期等，就会成为重点审核问题。有的发行人为了增加销售，延长信用周期，对后续的持续经营能力会产生重大影响。因这类问题被否决的案例较多。

（3）研发情况说明，如直接从事研发设计人员数量，研发人员占员工的比例，研发项目、研发费用的内容构成、金额和占比，拥有的自主知识产权的重要科研成果和关键技术设备等。

（4）管理部门的分析和讨论。发行人的管理部门应该对自身的财务状况、经营业绩及其变化的原因和未来的发展趋势进行分析和讨论。

（5）社会责任。社会责任信息披露的内容包括环境信息报告、人力资源报告等。发行人的环境责任指标包括处理废水、废气、废渣的情况等。发行人应对社会环境治理提供服务，在发展的基础上不污染社会环境，减少对稀有及不可再生资源的耗用。发行人的人力资源信息包括员工的构成情况、员工的安全和健康信息、员工培训、员工福利和社会保障等信息。发行人的社会责任信息中还应该披露其经营对当地社会的影响，包括对带动地区经济发展的积极作用、为当地提供就业机会、对居民居住的环境和社会稳定的影响和措施。

（三）重大事项

依据《上市公司信息披露管理办法》第三十条规定，重大事项是指发生可能对上市公司证券及其衍生品种交易价格产生较大影响的重大事件。发生重大事项时，上市公司应当立即披露，说明事件的起因、目前的状态和可能产生的影响。

这里所说的“重大”，可以按照以下三个层次界定：

第一层次需要按照《公司法》《证券法》等法律法规、《上市公司信息披露管理办法》、《优先股试点管理办法》，以及深交所《股票上市规则》等相关规定进行判断；

第二层次是在上述法律法规未界定的情况下，由上市公司结合行业、业务等特点自行判断；

第三层次是上市公司在自行判断存在困难时，可参考相关事项对上市公司总资产、净资产、营业收入或净利润的影响是否达到 10%，或相关事项对公司股票价格是否可能产生较大影响进行判断。

重大事件包括：

（1）公司的经营方针和经营范围的重大变化；

（2）公司的重大投资行为，公司在一年内购买、出售重大资产超过公司资产总额百分之三十，或者公司营业用主要资产的抵押、质押、出售或者报废一次超过该资产的百分之三十；

（3）公司订立重要合同、提供重大担保或者从事关联交易，可能对公司的资产、负债、权益和经营成果产生重要影响；

（4）公司发生重大债务和未能清偿到期重大债务的违约情况；

（5）公司发生重大亏损或者重大损失；

（6）公司生产经营的外部条件发生的重大变化；

（7）公司的董事、三分之一以上监事或者经理发生变动，董事长或者经理无法履行职责；

（8）持有公司百分之五以上股份的股东或者实际控制人持有股份或者控制公司的情况发生较大变化，公司的实际控制人及其控制的其他企业从事与公司相同或者相似业务的情况发生较大变化；

（9）公司分配股利、增资的计划，公司股权结构的重要变化，公司减资、合并、分立、解散及申请破产的决定，或者依法进入破产程序、被责令关闭；

（10）涉及公司的重大诉讼、仲裁，股东大会、董事会决议被依法撤销或者宣告无效；

（11）公司涉嫌犯罪被依法立案调查，公司的控股股东、实际控制人、董事、监事、高级管理人员涉嫌犯罪被依法采取强制措施；

（12）公司发生大额赔偿责任；

（13）公司计提大额资产减值准备；

（14）公司出现股东权益为负值；

（15）公司主要债务人出现资不抵债或者进入破产程序，公司对相应债权未提取足额坏账准备；

（16）新公布的法律、行政法规、规章、行业政策可能对公司产生重大影响；

（17）公司开展股权激励、回购股份、重大资产重组、资产分拆上市或者挂牌；

（18）法院裁决禁止控股股东转让其所持股份；任一股东所持公司百分之五以上股份被质押、冻结、司法拍卖、托管、设定信托或者被依法限制表决权等，或者出现被强制过户风险；

（19）主要资产被查封、扣押或者冻结；主要银行账户被冻结；

（20）上市公司预计经营业绩发生亏损或者发生大幅变动；

（21）主要或者全部业务陷入停顿；

（22）获得对当期损益产生重大影响的额外收益，可能对公司的资产、负债、权益或者经营成果产生重要影响；

（23）聘任或者解聘为公司审计的会计师事务所；

（24）会计政策、会计估计重大自主变更；

（25）因前期已披露的信息存在差错、未按规定披露或者虚假记载，被有关机关责令改正或者经董事会决定进行更正；

（26）公司或者其控股股东、实际控制人、董事、监事、高级管理人员受到刑事处罚，涉嫌违法违规被中国证监会立案调查或者受到中国证监会行政处罚，或者受到其他有权机关重大行政处罚；

（27）公司的控股股东、实际控制人、董事、监事、高级管理人员涉嫌严重违纪违法或者职务犯罪被纪检监察机关采取留置措施且影响其履行职责；

（28）除董事长或者经理外的公司其他董事、监事、高级管理人员因身体、工作安排等原因无法正常履行职责达到或者预计达到三个月以上，或者因涉嫌违法违规被有权机关采取强制措施且影响其履行职责；

（29）中国证监会规定的其他事项。

这里重点说明一下主营业务的重大变化问题。《首次公开发行股票并上市管理办法》要求发行人最近 3 年主营业务没有发生重大变化。申请在主板上市的首发企业为谋取外延式发展，在报告期内发生业务重组行为，如何界定主营业务是否发生重大变化？对此，《54 条》问题 36 解答指出，发行人在报告期内发生业务重组，要依据被重组业务与发行人是否受同一控制分别进行判断。如为同一控制下业务重组，应按照《证券期货法律适用意见第 3 号》相关要求进行判断和处理。如为非同一控制下业务重组（通常包括收购被重组方股权或经营性资产、以被重组方股权或经营性资产对发行人进行增资、吸收合并被重组方等行为方式），发行人、中介机构可关注以下因素：

（1）重组新增业务与发行人重组前的业务是否具有高度相关性，如同一行业、类似技术产品、上下游产业链等；

（2）业务重组行为对实际控制人控制权掌控能力的影响；

（3）被合并方占发行人重组前资产总额、资产净额、营业收入或利润总额的比例，业务重组行为对发行人主营业务变化的影响程度等。

实务中，通常按以下原则判断非同一控制下业务重组行为是否会引起发行人主营业务发生重大变化：

（1）对于重组新增业务与发行人重组前业务具有高度相关性的，被重组方重组前一个会计年度末的资产总额、资产净额或前一个会计年度的营业收入或利润总额，达到或超过重组前发行人相应项目 100%，则视为发行人主营业务发生重大变化；

（2）对于重组新增业务与发行人重组前业务不具有高度相关性的，被重组方重组前一个会计年度末的资产总额、资产净额或前一个会计年度的营业收入或利润总额，达到或超过重组前发行人相应项目 50%，则视为发行人主营业务发生重大变化。

对主营业务发生重大变化的，应根据《首次公开发行股票并上市管理办法》的规定，符合相关要求。

对于重组新增业务与发行人重组前业务具有高度相关性的，被重组方重组前一个会计年度末的资产总额、资产净额或前一个会计年度的营业收入或利润总额达到或超过重组前发行人相应项目 50%，但未达到 100% 的，通常不视为发行人主营业务发生重大变化，但为了便于投资者了解重组后的整体运营情况，原则上发行人重组后运行满 12 个月后方可申请发行（注：北交所无此项规定）。

12 个月内发生多次重组行为的，重组对发行人资产总额、资产净额、营业收入或利润总额的影响应累计计算。

对于发行人报告期内发生的业务重组行为，应在招股说明书中披露发行人业务重组的原因、合理性以及重组后的整合情况，并披露被收购企业收购前一年的财务报表。保荐机构应当充分关注发行人业务重组的合理性、资产的交付和过户情况、交易当事人的承诺情况、盈利预测或业绩对赌情况、人员整合、公司治理运行情况、重组业务的最新发展状况等。

（四）前瞻性信息披露

前瞻性信息的主要特点是陈述者往往缺乏现有数据能证实其陈述的准确性，主要基于主观估计和评价。正是由于前瞻性信息内在的风险性，在充分揭示这种风险的前提下，信赖与否以及多大程度上信赖完全是投资者个人的选择。前瞻性信息主要包括以下内容。

1. 资本预算、未来生产计划以及相关的行业发展数据等

（1）资本预算。如固定资产的购置、扩建、改造、更新等编制的预算。

（2）未来生产计划。如依据市场预测计划未来某一时期很可能将会生产产品品种、数量、质量和进度的计划。

（3）行业发展数据。如行业规模、用户数量、增长潜力、市场前景、盈利趋势等。

2. 核心竞争力

（1）人力资源信息。如公司高管及独立董事的教育背景、专业背景、薪酬及持股情况；公司员工的学历结构、年龄结构和薪酬状况；新员工的招聘条件；员工流动率等。

（2）对原材料供应的定价影响能力。需要注意的是，供应商和客户重合问题很可能导致企业 IPO 被否，是 IPO 雷区。

（3）对产品销售的定价能力。

（4）研究开发与创新能力。它主要指企业在生产和改进现有产品时开发和创造适应市场需要的新产品的能力，可通过开发新产品方面付出的代价及取得的成果来反映。其中，企业拥有的专利权是比较有说服力的一项指标。

（5）资源利用能力，通过设备利用率、机器完好率、材料利用率、废弃物再生利用率等指标来反映。

（6）顾客满意度和顾客投诉数量。

3. 持续经营能力

盈利能力是企业持续经营能力的重要体现。因此，扣非净利润、毛利率、营业收入等财务指标及其增长情况是判断一家企业是否具有较为领先的行业地位、是否具有人才与技术优势、是否具有品牌优势、是否具有客户优势、所处行业是否具有前景等企业核心竞争力与持续经营能力的最直接的指标。判断一家企业好不好，最直观、最简单的方法就是观察企业当前的这些财务指标及发展趋势。IPO 审核时，发审委将会对发行人的持续经营能力进行评估，重点考虑的因素包括：市场经营风险、目前或长期的盈利能力、偿债能力、财务弹性以及管理层改变经营政策的意向等。评估后对发行人持续经营能力产生严重怀疑的，IPO 审核肯定不会通过。

关于持续经营能力审核的主要内容及应对措施参见本书第八章。

4. 企业面临的风险和机遇

每家企业面临的风险和机遇各不相同，需要具体情况具体分析。

企业面临的风险主要有：财务风险、技术风险、市场风险、环境风险、安全风险、法律风险。

企业面临的机遇主要有：政策机遇、合作机遇、周期性机遇等。

四、IPO 被否或取消审核案例

案例 10-1：因报告期内出现较多信息披露不一致等情况 IPO 被否

浙江春晖智能控制股份有限公司（以下简称“春晖智控”）2018 年 1 月 IPO 被否。发审委提到，发行人新三板申报材料和挂牌期间的公告与本次发行申请文件存在多项差异，多数事项发生在报告期内。请发行人代表说明，报告期内出现较多信息披露不一致情况的具体原因，会计基础是否规范，内部控制制度是否健全且被有效执行。

此后，春晖智控吸取经验，改进了内部控制和信息披露规范，申请创业板

IPO，并于 2020 年 4 月成功过会。

案例 10-2：因上市前夕出现重大事项被取消审核

苏州敏芯微电子技术股份有限公司（以下简称“敏芯股份”）原定于 2020 年 4 月 30 日接受上市委审核。2020 年 5 月 2 日科创板上市委称，因苏州敏芯微电子技术股份有限公司在本次上市委审议会议公告发布后出现重大事项，根据本所相关规则规定，本次上市委审议会议取消审议苏州敏芯微电子技术股份有限公司发行上市申请。

这里所说的重大事项，主要指的是知识产权诉讼。敏芯股份主要拥有的核心技术有 9 项，其中涉及“麦克风”产品的核心技术存在诉讼。

取消审核后，敏芯股份就审核中心意见落实函进行了回复。2020 年 6 月 2 日，上交所发布科创板上市委审议结果，同意敏芯股份首发上市。

案例 10-3：因信息披露数据失真被取消审核

青岛中加特电气股份有限公司（以下简称“中加特”）专注于变频调速一体机、专用变频器、高性能特种电机、电气控制及供电产品等工业自动化领域电气传动与控制设备的研发、设计、生产、销售和维修服务。2020 年 5 月，中加特申报 IPO，寻求科创板上市，原定于 12 月 3 日上会审核，但在上市前一天，公司却因故取消审核，停止了 IPO 步伐。笔者认为，信息披露真实性问题可能是公司取消审核的主要原因之一。

1. 社保及公积金的缴纳数据存疑

《中华人民共和国社会保险法》第十条规定，职工应当参加基本养老保险，由用人单位和职工共同缴纳基本养老保险费。《中华人民共和国社会保险法》第十二条规定，用人单位应当按照国家规定的本单位职工工资总额的比例缴纳基本养老保险费，记入基本养老保险统筹基金。根据国家法律规定，企业需为在职员工缴纳社保，对公积金不作强制要求。

仅以 2017 年为例，在社保缴纳情况表中，2017 年中加特的在职人员为 165 人，但住房公积金缴纳情况表中，其在职人员被统计为 166 人，前后矛盾。出现如此矛盾的数据实属罕见，其数据的真实性问题自然会引起发审委的严查。

报告期内，发行人为员工缴纳社会保险、住房公积金的情况如表 10-2 所示。

表 10-2 社会保险与住房公积金缴纳情况

社会保险缴纳情况						
项目	2019-12-31		2018-12-31		2017-12-31	
	人数	占比	人数	占比	人数	占比
在职员工总人数	394	100.00%	283	100.00%	165	100.00%
已参保的员工	370	93.91%	264	93.29%	146	88.48%
未参保的员工	24	6.09%	19	6.71%	19	11.52%
住房公积金缴纳情况						
项目	2019-12-31		2018-12-31		2017-12-31	
	人数	占比	人数	占比	人数	占比
在职员工总人数	394	100.00%	283	100.00%	166	100.00%
已参与的员工	343	87.06%	255	90.11%	143	86.67%
未参与的员工	51	12.94%	28	9.89%	23	13.94%

数据来源：中加特招股说明书。

2. 不披露员工学历

中加特的员工学历信息被有意隐瞒，招股说明书中未见员工学历构成情况说明。招股说明书披露，中加特在三个完整财年内，人员数量出现快速增长，2017年为165人，2018年为283人，2019年增长到394人。中加特称已经通过高新技术企业认定，享受企业所得税优惠政策，但是中加特的人员构成更像一般的生产加工企业。人员构成表显示，超50%的员工为生产人员，研发人员占比仅为21%。由于其有意隐瞒员工学历情况，可能会让人怀疑员工学历结构层次不高，再结合发行人在技术研发投入方面的乏力（研发投入占比连续三年下降，研发费用占比增长率远低于销售及管理费用占比增长率），进一步让人质疑发行人的高新技术认证及科创属性。

案例 10-4：因核心技术的先进性披露不够充分 IPO 被否

2021年4月，申请科创板的武汉珈创生物技术股份有限公司（以下简称“珈创生物”）IPO被否的主要原因是核心技术的先进性披露不够充分。上市委现场问询提出的问题如下。

请发行人代表：（1）结合中国药典对相关检测工作内容、检测技术原理及方法等的描述，说明发行人主要从事的细胞检定业务的性质、技术通用性及稳定性、相关仪器及设备在其中所起的作用；（2）对比同行业检测机构，说明发行人所从事的该项业务的主要技术壁垒，分析发行人与同行业可比检测机构在检测技术上是否存在重大差异；（3）结合发行人部分核心技术专利由外部机构受让取得发行人的自行研发投入较少、技术人员较少且人数在报告期内发生过较大波动等情况，论证发行人是否具有突出的创新能力，请保荐代表人发表明确意见。

上会之前，珈创生物在被问询之时，监管部门已经关注到其科创板定位、技术和销售的独立性等问题。会上，珈创生物持续经营能力，特别是研发和创新能力也被反复问及。最终，其 IPO 因上述问题被否。

案例 10-5：上会前夕因突发“重大事项”取消 IPO 审核

2021 年 6 月 8 日，深交所官网披露的创业板上市委 2021 年第 30 次审议会议第二次补充公告显示，鉴于欣巴科技在本次上市委审议会议公告发布后出现重大事项，按照相关程序，对原本在 6 月 9 日上会的欣巴科技作出取消审核的决定。欣巴科技也成了 2021 年创业板 IPO 首家被取消审核的企业。

欣巴科技于 2020 年 11 月 4 日获受理创业板 IPO 申请。截至 2021 年 6 月 8 日，已经完成三轮审核问询函回复和一轮审核中心意见落实函的回复。在此前的三轮问询中，深交所对欣巴科技实际控制人、资金流水核查、创业板定位、技术先进性、持续经营能力、关联交易、对赌协议、员工持股、客户与供应商重叠、重大诉讼、产品与资质、信息披露等方面进行了问询。欣巴科技在申报前曾两次变更实际控制人。深交所对实际控制人多次变更的问题进行了一系列问询，要求欣巴科技披露自设立以来控股股东、实际控制人历次变更涉及的股权变动的背景、原因、履行程序的合法合规性、定价公允性、资金来源情况及其合法合规性、价款支付、税收缴纳等情况。

案例 10-6：因隐瞒重大事项被终止审核，两名保代被采取监管措施

2019 年 11 月 25 日，上市委发布《关于终止对安翰科技（武汉）股份有限公司首次公开发行股票并在科创板上市审核的决定》称，终止对安翰科技首次公开发行股票并在科创板上市的审核。

IPO 企业上市前，安翰科技引进大客户美年大健康实际控制人（通过中卫安健）入股，并在增资协议约定了美年大健康的业务贡献承诺（美年大健康承诺了 4 年的采购任务，即利益输送或利益绑定约定），招股说明书隐瞒了上述承诺。证券交易所多轮问询，券商和保代回复称：发行人与该客户不存在其他利益安排。由于监管机构认定安翰科技的招股说明书和保代问询回复存在虚假披露，上交所于 2020 年 5 月 29 日发布了《关于对保荐代表人傅承、沈韬予以监管警示的决定》（［2020］11 号）的监管措施决定书，对两名保代采取监管措施。

五、就信息披露问题给企业的建议

由于财务信息的披露有明确的要求，且具有可验证性，相对来说出问题的可能性小，除非有意造假。这里重点就非财务信息的披露问题，给企业提出一些建议。由于非财务信息不具备可验证性，其披露质量、披露频率的保障体系并不完善，因此成为监管部门审核关注的重点。企业是信息披露保障体系中的关键因素，在非财务信息的披露过程中应该注意以下几点。

1. 决策相关性

大量无关信息的披露增加了信息披露者的披露成本和风险。披露成本包括信息收集成本、信息处理成本和审计成本。这些成本都随着信息披露量的增加而增加。同时，大量披露的信息对使用者而言，分析难度加大，影响了决策者的决策效率，也增加了使用者的使用成本。因而，决策相关性无论对信息的生产者还是对信息的使用者都有益，提高了资源的使用效率。

2. 披露的规范性

特别是对于一些前瞻性信息的披露，应该注意其可靠程度，防止对相关信息的使用者造成误导，从而造成投资决策失误。比如，有些企业自身所处的行业在过去若干年内出现波动情况，具备较强的周期性特征。这时，企业就应进一步披露行业当前的发展状况。如果有明显迹象显示行业的景气指数已接近或处于顶峰，或已出现下滑趋势，且短期内主要影响因素将持续存在，应就该情况及可能对企业未来经营业绩产生的不利影响作重大事项提示。

3. 内容的完整性

非财务信息披露虽然没有统一的标准，但就其应该披露的几个方面内容都要有所涉及，以保证信息使用者能正确评价公司的价值，为理性投资者提供一个有效的信息平台。有专家经过长期的研究工作，提出了企业业绩计量框架，旨在为投资者提供可比的、可审计的和标准的非财务信息计量指标。该框架由 3 个有机组成部分构成：类似于财务会计准则概念框架和贯穿于整个框架的统一价值标准、进一步优化的方法论、得到认证的非财务信息。同时，平衡计分卡、供应链管理、全面质量管理、六希格玛（6Sigma）等方法论的进一步完善，也为甄别和计量关键业绩指标（KPI）提供了强有力的理论支持。

4. 部分信息豁免披露问题

依据《54 条》问题 23 解答，发行人有充分依据证明，准则要求披露的某些信息涉及国家秘密、商业秘密及其他因披露可能违反国家有关保密法律法规规定或严重损害公司利益的，发行人可向中国证监会申请豁免披露。发行人主营业务涉及军工的，信息披露应当符合国家的相关规定。证监会不对发行人申请豁免披露的信息是否涉密进行判断，主要依据国家有关主管部门的书面确认。对存在涉密信息申请豁免披露的，发行人在履行一般信息披露程序的同时，还应落实如下事项。

（1）提供国家主管部门关于发行人申请豁免披露的信息为涉密信息的认定文件。

（2）发行人关于信息豁免披露的申请文件应逐项说明需要豁免披露的信息、认定涉密的依据及理由，并说明相关信息披露文件是否符合有关保密规定和招股说明书准则要求，涉及军工的是否符合《军工企业对外融资特殊财务信息披露管理暂行办法》，豁免披露后的信息是否对投资者决策判断构成重大障碍。

（3）发行人全体董事、监事、高级管理人员出具关于首次公开发行股票并上市的申请文件不存在泄密事项且能够持续履行保密义务的声明。

（4）发行人控股股东、实际控制人对其已履行和能够持续履行相关保密义务出具承诺文件。

（5）对证监会审核过程提出的信息豁免披露或调整意见，发行人应相应回复、补充相关文件的内容；有实质性增减的，应当说明调整后的内容是否符合相关规定、是否存在泄密风险。

（6）说明内部保密制度的制定和执行情况，是否符合《中华人民共和国保守国家秘密法》等相关法律法规的规定，是否存在因违反保密规定受到处罚的情形。

11

CHAPTER ELEVEN

第十一章

注册制下 IPO 审核的十大难点：给保荐人等中介机构的建议

一是企业与监管机构的双重关注。IPO，意味着企业从创立开始第一次向公众出售股份，这种大的飞跃和质的改变对于拟 IPO 企业来说，其重要程度是不言而喻的，任何拟 IPO 企业都非常希望顺利过会……

一、IPO 审核为什么难

站在保荐人、律师、注册会计师等中介机构的角度来看，IPO 审核为什么这么难呢？有 6 个方面的因素。

一是企业与监管机构的双重关注。IPO，意味着企业从创立开始第一次向公众出售股份，这种大的飞跃和质的改变对于拟 IPO 企业来说，其重要程度是不言而喻的，任何拟 IPO 企业都非常希望顺利过会。

也正是因为首次挂牌上市，监管机构（证券交易所和证监会）无论在过会审核程序方面还是上市注册环节，都会对质量严格把关。首次上市的企业，在股票价格层面会特别受欢迎，融资的效果会非常显著。如果已通过 IPO 审核上市的企业并没有相应的实力和资质，那么会给资本市场和社会经济发展带来不可预估的影响。

二是拟 IPO 企业背景的复杂性。现代经济制度下企业成立的形式和生产经营的历史背景都变得复杂。实际控制人的确认、股权结构的复杂性、历史沿革问题、关联方与关联交易的确认与披露等，都需要保荐人、律师、注册会计师等仔细地调查、分析与判断。

三是拟 IPO 企业经营业务的复杂性及未来事项的不确定性。经营模式的复杂性、企业之间收购与兼并、持续经营能力的判断、核心技术的含金量、核心竞争能力的判断等，都需要保荐人、律师、注册会计师等仔细地调查、分析与判断。

四是拟 IPO 企业造假的风险。首次公开募股的企业，在股份制公司改造与内部控制建设方面都不会很完善。很多拟 IPO 企业想通过上市吸引更多的资金，扩大生产经营规模。正是由于 IPO 可以带来更大的利益，拟 IPO 企业造假的概率会更高，对保荐人、律师、注册会计师等中介机构来说挑战更大。

五是中介机构核查制度的局限性。在保荐人、律师、注册会计师等中介机构审查制度的安排上，本身就存在有悖市场经济规则的现象——买单的与消费的不是同一主体。而且，在很大程度上，买单与消费的两个主体还存在着很大的利益冲突。是以客户为导向，还是以社会公众利益为重，一直是保荐人、律师、注册会计师等中介机构的难题。以注册会计师为例，尽管在注册会计师的职业道德守则中写着，注册会计师必须正直、客观，必须诚实、守信。但会计师事务所不是国家拨款的非营利组织，而是要自负盈亏、自我发展的合伙制企业。会计师事务所必须按照市场营销的方式，求得客户满足，然后签约、承接业务，从而生存发展。因此，在这样的制度安排下，会计师事务所要具有超出常人的能力，既要服务买单的客户，又要满足外部会计信息使用者的需求。即使在两者利益冲突不大时，这种走钢丝式的平衡也常常令注册会计师胆战心惊。一旦拟 IPO 企业存在财务造假，试图粉饰伪装上市，两者之间就会产生明显的利益冲突。

六是中介机构核查技术的局限性。以财务数据的真实性审核为例，审阅、核对、分析是主要的方法，但这些方法都存在着一定的缺陷。IPO 审核，从某种程度上讲，就是核查人员搜集、查证审计证据，最终获取审计证据支持的过程。审阅、核对、分析等方法核查的重点在于对原始凭证合法、真实性的审核与验证上。在审核过程中非常注重有无篡改原始凭证、伪造经济事项、使用非法票据、收款收据不按顺序号使用等情况，目的是从异常数据、异常字迹、异常往来、异常账务处理等现象中查找与发现一些重要问题的线索。在核查过程中，只要发票是真实的、单据是齐全的，审核人员通常就认定这些经济业务是公允的、客观的或真实的。由于部分拟 IPO 企业存在着强烈的舞弊动机，某些舞弊者在充分了解传统审计核查的局限性，即核查人员最终只能追查至原始凭证以后，便大肆在原始凭证及单据上弄虚作假。

在实务工作中，保荐人等中介机构在 IPO 审核中的难点主要有：穿透核查、募资项目的合理性确认、财务数据的真实性的判断、关联交易的判断、特殊存货的价值认定、资产减值判断、持续经营能力的判断、信息披露的完整性认定等。

二、穿透核查查什么，如何穿透，难在哪里

从词意来说，穿透核查就是对某个事物的表面现象进行由表及里的追查，打

开事物的外壳，对内部的结构进行逐层剖析，并获知其最终层次的构造或相关安排。就注册制下 IPO 审核而言，穿透核查指对发行人股东身份及其内部股权结构的逐层核查，直至穿透披露至最终投资者，通常表现为核查至国家机关、事业单位、自然人或上市公司为止。

2021 年 2 月 5 日，中国证监会发布《监管规则适用指引——关于申请首发上市企业股东信息披露》，要求发行人承诺并披露是否存在法律法规规定禁止持股的主体直接或间接持有发行人股份的情形，并要求中介机构针对股权架构为两层以上、无实际经营业务、入股交易价格异常的公司或有限合伙企业的股东，层层穿透核查至最终持有人。上交所、深交所随即发布关于首发企业股东信息披露监管通知，进一步将股东资格核查说明范围扩大至所有直接或间接持有发行人股份的主体。作为中国证监会反馈和交易所问询的“标配”问题，穿透核查的主要目的如下：

一是核查发行人股东是否适格；

二是核查发行人股东是否存在委托持股、信托持股或其他利益输送安排关系；

三是核查发行人股东之间是否存在关联关系；

四是核查发行人股东是否存在人数超过 200 人的情形；

五是认定发行人的实际控制人。

1. 关于合格投资者定义

根据中国证监会 2014 年 8 月发布的《私募投资基金监督管理暂行办法》（证监会令［105］号），对合格投资者有如下规定。

私募基金的合格投资者是指具备相应风险识别能力和风险承担能力，投资于单只私募基金的金额不低于 100 万元且符合下列相关标准的单位和个人：

（1）净资产不低于 1 000 万元的单位；

（2）金融资产不低于 300 万元或者最近三年个人年均收入不低于 50 万元的个人。

第十三条规定，下列投资者视为合格投资者：

（1）社会保障基金、企业年金等养老基金，慈善基金等社会公益基金；

（2）依法设立并在基金业协会备案的投资计划；

（3）投资于所管理私募基金的私募基金管理人及其从业人员；

（4）中国证监会规定的其他投资者。

以合伙企业、契约等非法人形式，通过汇集多数投资者的资金直接或者间接投资于私募基金的，私募基金管理人或者私募基金销售机构应当穿透核查最终投资者是否为合格投资者，并合并计算投资者人数。但是，符合上述第（1）、（2）、（4）项规定的投资者投资私募基金的，不再穿透核查最终投资者是否为合格投资者和合并计算投资者人数。

2. 股东资格受到限制的主体

《公司法》规定了设立有限责任公司、股份有限公司的股东人数、出资、组织机构等事项，却未对股东的资格作出直接可适用的规定。对于参与市场活动的特定类型的主体是否具备股东资格，能够投资公司成为股东，这里，根据相关法律法规，对股东资格受到限制的主体整理如表 11-1、表 11-2 所示。

（1）自然人

表 11-1　股东资格受到限制的自然人

序号	身份	范围	规定	备注
1	公务员	依法履行公职、纳入国家行政编制、由国家财政负担工资福利的工作人员	《公务员法》第五十九条：公务员应当遵纪守法，不得有下列行为：……（十六）违反有关规定从事或者参与营利性活动，在企业或者其他营利性组织中兼任职务…… 第一百零七条：公务员辞去公职或者退休的，原系领导成员、县处级以上领导职务的公务员在离职三年内，其他公务员在离职两年内，不得到与原工作业务直接相关的企业或者其他营利性组织任职，不得从事与原工作业务直接相关的营利性活动	现职公务员禁止直接投资成为公司股东，已离职公务员可以有条件持股

续表

序号	身份	范围	规定	备注
2	党政机关领导干部及其配偶、子女党政机关职员	党政机关广义上包括党的机关、人大机关、行政机关、政协机关、审判机关、检察机关，也包括各级党政机关派出机构、直属事业单位及工会、共青团、妇联等人民团体	《中共中央、国务院关于严禁党政机关和党政干部经商、办企业的决定》：乡（含乡）以上党政机关在职干部（包括退居二线的干部），一律不得以独资或合股、兼职取酬、搭干股分红等方式经商、办企业；也不允许利用职权为其家属、亲友所办的企业谋取利益。 《中共中央、国务院关于进一步制止党政机关和党政干部经商、办企业的规定》第二条第二款：在职干部、职工一律不许停薪留职去经商、办企业…… 第五条：领导干部的子女、配偶，在党政机关及所属编制序列的事业单位工作的，一律不得离职经商、办企业；不在党政机关及所属编制序列的事业单位工作的，不准利用领导干部的影响和关系经商、办企业，非法牟利 《中共中央办公厅、国务院办公厅关于党政机关兴办经济实体和党政机关干部从事经营活动问题的通知》规定：县及县以上党政机关在职干部一律不得经商、办企业，不得兼有党政机关干部和企业职工双重身份 《关于“不准在领导干部管辖的业务范围内个人从事可能与公共利益发生冲突的经商办企业活动”的解释》《关于省、地两级党委、政府主要领导干部配偶、子女个人经商办企业的具体规定（试行）》省（部）、地（厅）级领导干部（以下简称领导干部）的配偶、子女，不准在该领导干部管辖的业务范围内个人从事可能与公共利益发生冲突的经商办企业活动	《关于党政机关工作人员个人证券投资行为若干规定》第三条　党政机关工作人员个人可以买卖股票和证券投资基金 党政机关工作人员不能直接投资成为公司股东，但通过基金间接入股公司未被禁止；领导干部的配偶和子女可以有条件持股

续表

序号	身份	范围	规定	备注
3	证监会系统离职人员	发行人申报时相关股东为离开证监会系统未满十年的工作人员，具体包括从证监会会机关、派出机构、沪深证券交易所、全国股转公司离职的工作人员，从证监会系统其他会管单位离职的会管干部，在发行部或公众公司部借调累计满12个月并在借调结束后三年内离职的证监会系统其他会管单位的非会管干部，从会机关、派出机构、沪深证券交易所、全国股转公司调动到证监会系统其他会管单位并在调动后三年内离职的非会管干部	《证监会系统离职人员入股行为监管指引》《监管规则适用指引——发行类第2号》 二、发行人及中介机构在提交发行申请文件时，应当提交专项说明，专项说明包括以下内容：……（二）如果存在离职人员入股但不属于不当入股情形的，应当说明离职人员基本信息、入股原因、入股价格及定价依据、入股资金来源等；离职人员关于不存在不当入股情形的承诺…… 三、不当入股情形包括但不限于：（一）利用原职务影响谋取投资机会；（二）入股过程存在利益输送；（三）在入股禁止期内入股；（四）作为不适格股东入股；（五）入股资金来源违法违规 八、本指引所称入股禁止期，是指副处级（中层）及以上离职人员离职后三年内、其他离职人员离职后二年内	证监会系统离职人员不得不当入股
4	党和国家机关退（离）休干部	县以上工会、妇联、共青团、文联以及各种协会、学会等群众组织的退休干部	《中共中央办公厅、国务院办公厅关于县以上党和国家机关退（离）休干部经商办企业问题的若干规定》第一条：党和国家机关的退休干部，不得兴办商业性企业，不得到这类企业任职，不得在商品买卖中居间取酬，不得以任何形式参与倒卖生产资料和紧俏商品，不得向有关单位索要国家的物资，不得进行金融活动	县级以上党和国家机关退（离）休干部不得持股

续表

序号	身份	范围	规定	备注
5	国有企业领导人员及其配偶、子女	国有企业领导人员是指国有独资企业、国有控股企业（含国有独资金融企业和国有控股金融企业）及其分支机构的领导班子成员	《国有企业领导人员廉洁从业若干规定》 第五条：国有企业领导人员应当忠实履行职责。不得有利用职权谋取私利以及损害本企业利益的下列行为：（一）个人从事营利性经营活动和有偿中介活动，或者在本企业的同类经营企业、关联企业和与本企业有业务关系的企业投资入股…… 第六条：国有企业领导人员应当正确行使经营管理权，防止可能侵害公共利益、企业利益行为的发生。不得有下列行为：（一）本人的配偶、子女及其他特定关系人，在本企业的关联企业、与本企业有业务关系的企业投资入股……（七）离职或者退休后三年内，在与原任职企业有业务关系的私营企业、外资企业和中介机构担任职务、投资入股，或者在上述企业或者机构从事、代理与原任职企业经营业务相关的经营活动……	国有企业领导人员及其配偶和子女仅可以有条件持股
6	国有企业职工	国有企业包括国有独资和国有控股企业	《国务院国有资产监督管理委员会关于规范国有企业职工持股、投资的意见》 （四）严格控制职工持股企业范围。职工入股原则限于持有本企业股权。国有企业集团公司及其各级子企业改制，经国资监管机构或集团公司批准，职工可投资参与本企业改制，确有必要的，也可持有上一级改制企业股权，但不得直接或间接持有本企业所出资各级子企业、参股企业及本集团公司所出资其他企业股权。科研、设计、高新技术企业科技人员确因特殊情况需要持有子企业股权的，须经同级国资监管机构批准，且不得作为该子企业的国有股东代表	国有企业职工不得直接或间接持有本企业所出资各级子企业、参股企业及本集团公司所出资其他企业股权

续表

序号	身份	范围	规定	备注
7	现役军人	中国人民解放军现役军人和单位（不含企业、事业单位），以及参训的预备役人员	《中国人民解放军内务条令（试行）》第一百零五条：军人不得经商，不得从事本职以外的其他职业和网络营销、传销、有偿中介活动，不得参与以营利为目的的文艺演出、商业广告、企业形象代言和教学活动，不得利用工作时间和办公设备从事证券期货交易、购买彩票，不得擅自提供军人肖像用于制作商品。 《中国人民解放军纪律条令》第一百一十四条：参与经商或者偷税漏税，情节较轻的，给予警告、严重警告处分；情节较重的，给予记过、记大过处分；情节严重的，给予降职（级）、降衔（级）、撤职处分	现役军人禁止入股

（2）非自然人

表 11-2　股东资格受到限制的非自然人

序号	类型	规定	备注
1	分公司	《公司法》 第十四条：公司可以设立分公司。设立分公司，应当向公司登记机关申请登记，领取营业执照。分公司不具有法人资格，其民事责任由公司承担。 第十五条：公司可以向其他企业投资；但是，除法律另有规定外，不得成为对所投资企业的债务承担连带责任的出资人	不得以分公司名义对外投资
2	一人公司	《公司法》 第五十八条：一个自然人只能投资设立一个一人有限责任公司。该一人有限责任公司不能投资设立新的一人有限责任公司	个人独资公司不得投资设立新的独资公司

续表

序号	类型	规定	备注
3	外商投资企业	《关于外商投资企业境内投资的暂行规定（2015 修正）》 第三条：外商投资企业境内投资，应遵守国家法律、法规。外商投资企业境内投资比照执行《指导外商投资方向暂行规定》和《外商投资产业指导目录》的规定。外商投资企业不得在禁止外商投资的领域投资。 第四条：被投资公司应为有限责任公司或股份有限公司。 第五条：外商投资企业应符合下列条件，方可投资：（1）开始盈利；（2）依法经营，无违法经营记录	外商独资企业满足一定条件可在一定范围内投资有限责任公司和股份有限公司
4	职工持股会	《中国证监会关于职工持股会及工会能否作为上市公司股东的复函》 职工持股会将不再具有法人资格。在此种情况改变之前，职工持股会不能成为公司的股东。 《首发业务若干问题解答（2020 修订）》 问题 2：历史沿革中曾存在工会、职工持股会持股或者自然人股东人数较多情形的，发行人应当如何进行规范？中介机构应当如何进行核查？ 答：（1）考虑到发行条件对发行人股权清晰、控制权稳定的要求，发行人控股股东或实际控制人存在职工持股会或工会持股情形的，应当予以清理。 对于间接股东存在职工持股会或工会持股情形的，如不涉及发行人实际控制人控制的各级主体，发行人不需要清理，但应予以充分披露。 对于工会或职工持股会持有发行人子公司股份，经保荐机构、发行人律师核查后认为不构成发行人重大违法违规的，发行人不需要清理，但应予以充分披露	若发行人控股股东或实际控制人存在职工持股会，应当予以清理
5	社会团体	《社会团体登记管理条例（2016 修订）》 第四条第二款：社会团体不得从事营利性经营活动	社会团体不得持股

续表

序号	类型	规定	备注
6	党政机关 事业单位 高等学校	《中共中央、国务院关于严禁党政机关和党政干部经商、办企业的决定》 第一条：党政机关不得使用公款（包括行政经费、党团费、老干部特需经费等）、贷款以及在职干部自筹资金，自办企业或与群众合办企业，不得在经济利益上与群众兴办的企业挂在一起。 《中共中央、国务院关于进一步制止党政机关和党政干部经商、办企业的规定》 一、党政机关，包括各级党委机关和国家权力机关、行政机关、审判机关、检察机关以及隶属这些机关编制序列的事业单位，一律不准经商、办企业。 《中共中央办公厅、国务院办公厅 关于党政机关兴办经济实体和党政机关干部从事经营活动问题的通知》 一、县及县以上党政机关（包括党委机关、国家权力机关、行政机关、审判机关、检察机关），要坚决执行中共中央、国务院历来的规定，不准经商、办企业。…… 《中央行政事业单位国有资产管理暂行办法》 第二十九条：各部门行政单位和参照公务员法管理的单位，不得将国有资产用于对外投资。其他事业单位应当严格控制对外投资，不得利用国家财政拨款、上级补助资金和维持事业正常发展的资产对外投资。 《教育部关于积极发展、规范管理高校科技产业的指导意见》 6. 高校要依法组建国有独资性质的资产经营有限公司或从现有校办企业中选择一个产权清晰、管理规范的独资企业（以下统称高校资产公司），将学校所有经营性资产划转到高校资产公司，由其代表学校持有对企业投资所形成的股权。高校以投入到高校资产公司的财产承担有限责任。…… 7. 高校除对高校资产公司进行投资外，不得再以事业单位法人的身份对外进行投资。高校以出资人身份向高校资产公司派出董事会和监事会成员，董事会和监事会依据《公司法》的规定行使相应职权	党政机关禁止持股，事业单位可以有条件持股，高校不得以事业单位法人身份直接对外投资，可以通过设立高校资产进行对外投资

3. 股东穿透核查的范围

《监管指引》第五条规定：发行人股东的股权架构为两层以上且为无实际经营业务的公司或有限合伙企业的，如该股东入股交易价格明显异常，中介机构应当对该股东层层穿透核查到最终持有人。在这里，《监管指引》对需要进行穿透核查的股东是有条件的，即“该股东入股交易价格明显异常”。那么，对于入股价格没有明显异常的公司或有限合伙企业，是否可以不对该等股东进行穿透核查?

2021 年 6 月 16 日，上交所、深交所发布《关于进一步规范股东穿透核查的通知》，指出对股东穿透核查时需按照实质重于形式的原则，按照企业实际情况合理确定穿透核查的范围，审慎履行核查义务，切实防范利用上市进行利益输送、违法违规“造富”等行为，并应把握好重要性原则，避免免责式、简单化的核查。对于持股较少、不涉及违法违规“造富”等情形的，保荐机构会同发行人律师实事求是发表意见后，可不穿透核查，并且明确原则上直接或间接持股数量少于 10 万股或持股比例低于 0.01% 的，可认定为持股较少。证监会出台《监管指引》的主要目的在于防范一些投资者通过股权代持、多层嵌套机构股东间接持股等方式，隐藏在拟上市企业名义股东背后，在企业临近上市前入股或低价取得股份，上市后获取巨大利益，而实现权钱交易、利益输送等问题。证券交易所对需要进行穿透核查的股东范围作出进一步的明确界定，也是与证监会的这一监管目的一脉相承的。但需要说明的是，证监会于 2021 年 5 月 28 日发布的《证监会系统离职人员入股行为监管指引》以及《监管规则适用指引——发行类第 2 号》明确要求中介机构对证监会系统离职人员的入股情况进行全面核查，即明确说明是否存在离职人员入股情形，以及是否属于利用原职务影响谋取投资机会、入股过程存在利益输送、在入股禁止期内入股等不当入股情形，故虽然证券交易所明确了持股较少的股东可结合实际情况决定不进行穿透核查，但若该等股东直接或间接出资人中存在证监会系统离职人员，中介机构仍须对该等人员的入股情况进行全面核查并出具专项意见。

4. 最终持有人与实际控制人的确认

为进一步落实《监管指引》，2021 年 4 月 25 日，科创板和创业板审核中心以问答形式发布《关于股东信息核查中“最终持有人”的理解与适用》，明确股东穿透核查的“最终持有人”范围除自然人以外，还包括：上市公司（含境外上市公司）、新三板挂牌公司等公众公司，或穿透核查至国有控股或管理主体（含事业单位、国有主体控制的产业基金等）、集体所有制企业、境外政府投资基金、大学捐赠基金、养老基金、公益基金以及公募资产管理产品。除此之外的外资股东，如果中介机构能以适当核查方式确认外资股东的出资人不存在境内主体，并充分认证该外资股东入股发行人的价格不存在明显异常，可将该外资股东视为“最终持有人”。

5. 核查方法及核查界限

案例 11-1：圣元环保（300867，创业板，2020 年 7 月上市）

反馈问题：请穿透核查发行人机构股东情况，说明发行人历史上及目前股东、间接股东是否具备法律法规等规定的资格。

核查方法：核查发行人股东名册，核查外部非自然人股东营业执照、公司章程 / 合伙协议、工商资料、盖章确认的股东调查表，并对外部非自然人股东进行穿透核查。

核查结论：中介机构对发行人机构股东股权结构穿透后就发行人历史上及目前股东、间接股东具备法定资格发表意见。

案例 11-2：康泰医学（300869，创业板，2020 年 7 月通过注册上市）

反馈问题：说明发行人自然人股东和法人股东的各层股东是否适格。

核查方法：核查发行人股东名册，核查外部非自然人股东营业执照、公司章程 / 合伙协议、工商资料、盖章确认的股东调查表，并对外部非自然人股东进行穿透核查，取得发行人的说明、发行人相关股东的说明或确认。

核查结论：中介机构对发行人机构股东股权结构穿透，并取得相关股东说明或确认，并发表发行人自然人股东及法人股东的各层股东具备法定资格意见。

三、如何核查“三类股东”

所谓“三类股东”是指契约型私募基金、资产管理计划（主要指基金子公司和券商资管计划）和信托计划；“三类股东”企业是指直接或间接投资者中含有“三类股东”的企业。

“三类股东”问题在 IPO 审核中被重点关注，是为了强调发行人股权清晰稳定，严控高杠杆及多层嵌套，执行穿透核查，预防利益输送。

审核要点主要体现在 4 个方面：

一是“三类股东”不能为拟 IPO 公司控股股东或实际控制人；

二是必须纳人金融监管部门有效监管；

三是从严监管高杠杆结构化产品和层层嵌套的投资主体，要求存在这种情况的发行人提出符合监管要求的整改计划，并对“三类股东”做穿透式披露，同时要求中介机构核查发行人及其利益相关人是否直接或间接在“三类股东”中持有权益；

四是要求“三类股东”对其存续期作出合理安排。

上述核查要点中，最难的就是“穿透”，主要难在两点：一是原始投资者很难全部找齐，已经找到的，也可能遇到不配合提交材料的情况，沟通成本也不小；二是“三类股东”中的有些产品是通过银行端进行销售的，一个产品卖给几千人，很难把投资者找全，核查成本非常大。因此，若穿透核查难度大，不如提醒拟 IPO 企业直接清理。

案例 11-3：君实生物（688180，科创板，2020 年 7 月通过注册上市）

问询问题：发行人直接和间接股东是否存在委托持股、信托持股、对赌协议等特殊协议或利益输送安排？

核查方法：核查发行人部分直接和间接股东提供的《调查问卷》、基本工商资料及承诺函。对于“三类股东”，核查其提供的产品合同、权益人信息表、穿透后的出资人名单及其出具的确认文件并查询基金业协会网站。

核查界限：发行人现有 417 名内资股股东，中介机构对以下方面进行核查并对股东不存在委托持股、信托持股、对赌协议等特殊协议或利益输送安排发表法律意见。①发行人的控股股东、实际控制人及其一致行动人。②发行人董事、监事、高级管理人员、核心技术人员。③发行人的“三类股东”。④发行人持股 5% 以上的内资股股东。

案例 11-4：圣湘生物 (688289，科创板，2020 年 7 月通过注册上市）

问询问题：发行人直接或间接股东中是否存在契约型私募基金、信托计划、资产管理计划等“三类股东”的情况，出资的资金来源是否合法合规，是否存在股份代持、委托持股等情况？

核查方法：对于直接股东，核查发行人机构股东的公司章程 / 合伙协议、工商登记资料、信息调查表及确认函。对于间接股东，利用国家企业信用信息公示系统及企查查等企业信息查询平台核查发行人及其穿透后股东信息；核查机构股东出具的关于“三类股东”的确认文件及部分发行人第一层间接股东中机构股东提供的确认函；查询基金业协会网站，核查发行人机构股东及第一层间接股东的私募基金 / 基金管理人备案公示信息。

核查界限：发行人共有 15 名机构股东，中介机构穿透核查机构股东的第一层间接股东中存在的“三类股东”，并对该等间接股东中的“三类股东”的备案情况予以披露，但未穿透披露最终权益人的信息情况，并就发行人全部股东不存在股份代持、委托持股等情况发表法律意见。

四、如何确认募投项目的合理性与必要性

募投项目成功是 IPO 成功的关键。募集资金的使用是招股说明书 4 个核心章节中的关键章节。许多案例表明，募集资金的使用不当或设计不当已成为 IPO 被拒绝的重要因素。募集资金的使用和 IPO 审计已成为设计拟上市公司募投项目时必须考虑的难点和重点。发审委将根据收集到的投资项目的市场前景、技术内容和财务数据，评估公司的投资价值和增长潜力，以评估公司是否能够成功过会。

因此，保荐人必须与拟上市公司进行仔细讨论，结合市场细分报告和拟上市公司的特点，合理预测项目前景和盈利能力，准确描述拟上市公司具有显著竞争优势和可持续盈利能力的逻辑联系，论证其可行性、必要性和可控性，设计符合 IPO 要求的适当、严格的募投项目，保证 IPO 审核通过。

虽然公司的具体情况不同，确定具体融资项目的合理性和必要性差异很大，但确定公司融资目标的合理性和必要性可以基于以下几个方面。

第一，政策的可行性。根据相关产业政策，特别证明投资和建设项目的必要性。

第二，市场的可行性。本项目的市场定位主要根据市场调研结果和预测确定。

第三，技术的可行性。特别是从项目实施的技术角度，对技术体系进行合理的设计、比较、选择和评价。

第四，经济的可行性。主要从项目和投资者的角度，设计合理的财务方案，从企业财务管理的角度进行资金预算，评估项目的财务盈利能力，考虑现金流计划和偿付能力，作出投资决策。

从现有案例分析来看，发审委在审查首次公开募投项目时，更加注重审查募投项目以及相应的资金来源和金额。拟建投资项目是否符合国家有关环境保护规定，在建项目和拟建项目是否进行环境影响评价；在募集投资项目用地方面，所有程序是否完整，并符合相关法律和行政规定也是审查重点。

一般而言，拟上市公司的资产评估、会计、法律等专业服务由相关专家提供。保荐人将结合这些专家意见，制订或提出满足拟上市公司需要的上市计划，作为公司决策的参考，使拟上市公司能够顺利获得资金。

项目融资是一个多因素、多目标系统的持续分析、研究、评价和决策过程。它需要具有各方面知识的专家合作。发起人和拟 IPO 企业必须非常重视募投项目的设计、募集资金的合理使用以及各机构的专业意见，只有这样，才能充分发挥资本的效益。

五、如何判断财务数据的真实性

从 IPO 被否企业情况分析，财务数据的真实性受到质疑的情况主要涉及：毛利率远高于同行；营业收入与营业费用匹配性存疑；原材料采购与收入趋势不匹配；存货周转率显著异于同行；应收账款周转率下降；存货周转率下降；发出商品占比高；境外销售真实性存疑；可能存在刷单、虚构交易等情况；库存商品大幅增加；寄售模式收入大幅增加；经销商采购商品没有真实销售；出口退税情况与发行人境外销售规模不匹配；综合毛利率持续上升；营业收入与净利润同比增速不相匹配；销售费用显著低于同行业或销售费用逐期减少；不同销售模式毛利率存在差异；收入增长与固定资产增加不匹配；放宽信用政策的行为提高收入；应收账款增长较快；业绩波动大；可能存在跨期确认费用等调节利润行为；等等。

对保荐人、会计师事务所等中介机构来说，财务造假是一个很容易碰到的问题，也是一个难以发现的问题。尤其是随着现在网络营销的兴起，出现了一些新的造假手段，如通过虚构客户数据、内部刷单、伪造合同文件等行为提升业绩。单纯依靠传统的财务审计或一般的内部控制难以识别企业造假。这里以收入造假为例，说明识别财务造假的逻辑。

从目前的 IPO 财务造假案例分析，比较典型的套路为：通过虚构采购、销售和伪造银行回单（如果客户配合则为真实银行回单），实现自有资金 / 体外资金循环，虚增销售收入，主要包括以下四个类别。

第一类：利用自有资金、虚构客户、伪造银行回单，虚增销售收入。

第二类：利用自有资金、借用真实客户名义、通过真实银行回单，操纵销售收入。

第三类：利用自有资金、借助关联方配合、通过真实银行回单，操纵销售收入。

第四类：利用虚拟资金、通过内部刷单、伪造合同文书等，虚增销售收入。

（一）识别财务造假“财务逻辑”

不管什么样的财务造假，都会反映在三张财务报表之中。因此，我们可以通过三张财务报表的联动性和现金流来进行核查。

1. 从资产负债表中寻找“突破口”

虚增的营业收入在资产负债表中必然会留下痕迹，要么是应收账款、货币资金的增加，要么是预收账款的减少，但通常还是体现为应收账款的增加。这时，我们可以通过计算财务指标来发现异常。比如，应收账款的增长率大大超过销售收入的增长率；应收账款周转天数延长等。同时我们需要关注资产、负债的变动给利润表、现金流量表项目可能带来的影响，如利润增长率大大超过经营活动现金流入量增长率，现金净流量下降等。

2. 从现金流的核查中寻找“突破口”

虚增的应收账款总是要收回的，要么是回收现金，要么是坏账注销，但坏账注销会引起利润下降。为了掩盖造假可能带来的“应收账款”占比过高的情况，有时就需要借助于关联方来完成现金流的回笼。当然实务中还有更隐蔽的“收回”应收账款的办法，就是通过长期资产付款来完成现金流“闭环”的体外循环。比如对于在建工程，通过提高工程造价或变更工程预算等方式，或者通过高估值溢价收购等形式，以应收账款作为对价支付，将应收账款变成难以核实的长期资产，较为“完美”地掩盖了造假痕迹。

可见，我们不仅要看报表本身，还要看背后的现金流明细，以现金流排查作为突破口，从发行人、供应商、客户、股东账户之间的资金关系中查找出异常。特别需要关注以下两类异常现金流：一是既是收款人又是付款人的异常现金流转；二是金额相同、日期相同、交易对手为同一实际控制人的资金对倒。

此外，这也给我们识别财务造假带来一些“非财务特征”的启发，重点关注大股东的现金流异常预警信号，例如 IPO 申报期内持续现金分红、大股东低估值转老股、企业货币资金充足情况下仍大额举债（即存贷双高）、异常规模的票据背书、工程付款进度异常、结算周期异常等。

（二）识别财务造假的“业务逻辑”

会计在本质上是基于企业业务交易的经济实质进行会计确认、计量与报告的过程，它实质上应如实反映企业的财务状况与经营成果，并为财务信息使用者做出经济决策提供支持。因此，除了从财务逻辑上来识别财务造假迹象之外，另一条思路就是从业务逻辑上去判断与识别财务造假迹象。

1. 从行业惯例入手发现异常

一是从产品的生产经营特点去分析。多数产品的投入产出比、能耗比是有行业标准的，比如养鸡（猪）有料肉比、产销率、单羽疫苗费等业务指标。可以通过行业惯例去推算企业相应的业务指标，从生产周期、产能配比等业务数据来验证财务数据的合理性。

二是从产品的销售特点去分析。某些产品运输方式具有特殊性，比如：某些产品仅能通过汽车来运输；某些产品运输半径存在固有限制，比如水泥、沥青类产品的路途时间需要控制在两小时以内。某些产品销售模式决定了其销售推广费用比重高，比如制药企业等。这里面的行业惯例对应的业务数据，也可以验证财务数据的合理性。

三是从项目交付的时间周期去分析。某些项目的施工与交付周期具有特殊性，例如房地产施工企业从签约、施工到销售确认收入需要一定的时间周期，此时对项目交付的时间周期合理性的判断，可以进一步验证财务数据异常变动的合理性。

2. 从商业合理性入手发现异常

一是产品销售毛利率明显高于同行业。比如，某建材类拟 IPO 企业，为提高销售，售价低于同行业上市公司 5% 左右，但其毛利率却高于同行业上市公司 10%，这就比较异常。经进一步分析，该异常主要是因为其主要材料采购成本低于同行业上市公司 15%~20%，但我们了解到其上游主要材料供应商平均毛利率仅有 15%。据此，我们判断该企业的采购成本不符合正常的商业合理性，存在财务造假的可能性。

二是不同寻常的特殊销售模式。比如，某拟 IPO 企业在申报期前两年采用完工百分比法确认收入，但在申报期最后一年临时改变销售模式，将原来的软硬件整体解决方案拆分为硬件销售合同与软件安装技术服务合同，以便将硬件销售收入提前确认。该事项就需要重点关注与核实。

三是产品销售单价明显高于同行业。比如，某拟 IPO 企业在申报期内销售收入大幅增长，特别是最后一期，经核实其产品销售单价远远高于同类型顶尖品牌的产品销售价格，明显不具备商业合理性。

（三）识别财务造假的又一利器——奔福德定律

前面我们是基于财务逻辑和业务逻辑相结合的办法，识别拟 IPO 企业财务造假。这里，我们再介绍一种新的利器——奔福德定律，以帮助保荐人、会计师事务所等中介机构识别企业财务造假情形，防范与降低保荐风险。

1. 奔福德定律简介

奔福德定律（Benford’sLaw）是早在 1881 年就被偶然发现的一个奇妙的数学定律。该定律揭示了序数 0~999 在不同数位上出现 0~9 的概率分布规律。此后，学者们进一步研究，拓展了数字 0~9 在数据的第二位、第三位、第四位数的分布概率（见表 11-3）。

表 11-3　奔福德定律中各位数字出现的概率

数字	首位	第二位	第三位	第四位
0		0.119 68	0.101 78	0.100 18
1	0.301 03	0.113 89	0.101 38	0.100 14
2	0.176 09	0.108 82	0.100 97	0.100 10
3	0.124 94	0.104 33	0.100 57	0.100 06
4	0.096 91	0.100 31	0.100 18	0.100 02
5	0.079 18	0.096 68	0.099 79	0.099 98
6	0.066 95	0.093 37	0.099 40	0.099 94
7	0.057 99	0.090 35	0.099 02	0.099 90
8	0.051 15	0.087 57	0.098 64	0.099 86
9	0.045 76	0.085 00	0.098 27	0.099 82
合计	1	1	1	1

从表 11-3 中可以看出，数字“0”从第二位开始也成了被研究对象，随着数字“0”的出现，数字 1~4 的出现概率明显有了减少，而 5~9 的出现概率有了一定的增加，随着位数的增加，各个数字出现的概率逐渐趋于 10%。

奔福德定律被提出以后，人们在相当长的时间里不断发现新的证据表明该定律在多个领域数据的适用性，其中包括人口普查、股票指数、地理、传染病学、会计等领域。尤其是它在会计、审计、经济领域的应用引起了人们的广泛兴趣。

Nigrini（1997）首次在舞弊审计中系统地引入了奔福德定律。①Nigrini 首先用大量的财务数据证实了奔福德定律在会计领域中的有效性。样本足够大的、真实的财务数据都很好地服从奔福德定律。但当数据出现人为修改时，无论修改的目的是什么，都较少符合奔福德定律。具体研究表明，在一般情况下，存在舞弊行为或是编写行为的数据中首位出现“1”的概率会远小于奔福德定律中首位出现

①NIGRINI M J，MITTERMAIER L.The use of Benford"s Law as an aid in analytical procedures in Auditing［J］.A Journal of Practice and Theory，1997（16）:52-67.

“1”的概率。另外，数据表明，人们往往倾向于将数字改写为“6”“5”“4”等中间数字。与此同时，各数字在首位容易出现等概率的情况。之后，他开发了对财务数据进行奔福德定律测试的计算机软件，并成功地应用到美国公司的财务审计中，取得了相当好的效果。

当然，并非所有的数据都符合奔福德定律，符合奔福德定律的数据一般应满足以下条件。

第一，数据应该是以某种方式涉及（或从属于）某种现象，换句话说，是由于某种原因（某一现象或事件）而产生数字。比如，股票价格的形成要受到股票市场、与经济和金融环境有关的竞争力的影响。

第二，数据没有最大值或最小值的限制，比如科学家的年龄、人的体重、人的身高、田径运动员 100 米跑的成绩、小时工资额等数据就不符合。

第三，数据应该完全是自然产生，不能是人为预先安排有特定含义的数字，如手机号码。我国的手机号码被认为以赋值方式产生，统一由 1 开头，便失去了研究首位出现数字概率的意义。类似的如身份证号、股票代码、社会保险号等，就不符合奔福德定律。这类数据也不能是人头脑中想出来的数字，如 ATM 自动取款机上的取款金额，也不符合。

第四，数据既不能是完全随机数，也不能是有规律的数列。如福利彩票号码，其各个数字出现的概率是相等的，这种等概率的现象是由其产生的随机性所决定的。

第五，数据的形成受多种因素综合作用，尤其适合分别来自两个以上系统的数据再经过一定运算后形成的数据。

一般认为，与会计、审计、统计、税收、金融等有关的各种数字可以很好地服从奔福德定律。

2. 利用奔福德定律识别单个企业财务舞弊的程序

由于 IPO 审核工作通常都是针对单个企业，故此，本研究主要针对单个企业财务舞弊识别。

（1）原始数据的选取。对于特定拟 IPO 企业，按报表的性质分别选取资产负债表、利润表、现金流量表中的全部数据，从三个角度对数据拟合奔福德定律的程度进行研究。

（2）数据处理方法和过程。可以直接利用 Excel 对被审计单位的财务报表数据进行处理，分为以下 5 步。

第一步，建立一个 Excel 表格，将被审计单位的财务报表的所有数据，导入 Excel 中（导入时可以不分项目，只导入数据即可）。

第二步，调整财务数据为符合奔福德定律的数据。奔福德定律要求首位数据必须为非零和非负的数据，以及对于小数不能直接将零作为首位，而需要选取小数点后出现的第一个非零的数字。因此，在导入数据之后，需要做如下处理：①对于负值，运用公式 ABS（number）来进行处理；②对于小于 1 大于 0 的小数，可以通过 Excel 多重复合函数 LEFT（MID（A（*i*），FIND（"."，A（*i*））+1，100）*1，1），得到小数点后第一个非 0 数字。其中，A（*i*）为待处理小数的单元格地址。比如，A17=0.000874，若在单元格 A18 中，输入“=LEFT（MID（A17，FIND（"."，A17）+1，100）*1，1）”，则 A18 显示为 8。

第三步，提取样本数据的首位数字。利用 Excel 中 LEFT（test，num_chars）函数[①]，令 num_chars 为 1，或省略，即利用 LEFT（test），对所有被选数据进行处理，便可得到一列关于原始数据首位数的新数据（首位数据）。如：LEFT（38573，1）=3，或者 LEFT（38573）=3，此即首位数。

第四步，计算首位数据中出现整数 1~9 的频率，并计算概率。运用 Excel 中的 COUNTIF（range，criteria）函数[②]，分别取 COUNTIF（range，1）、COUNTIF（range，2）、COUNTIF（range，3）……COUNTIF（range，9），可以分别得出整数 1~9 出现在首位的频率（次数），运用简单的除法可计算出相应的概率。

第五步，将上步所计算出的概率与奔福德定律进行比较、拟合。运用 Excel

---

①LEFT（text，num_chars）函数，能够根据指定的字符数返回文本串中的第一个或前几个字符。其中：text 为包含需要选取字符的文本串或单元格引用，num_chars 指定返回的字符串长度，LEFT 指从文本串的左边开始算起。num_chars 的值必须等于或大于 0。如果 num_chars 大于整个文本的长度，LEFT 函数将返回所有的文本。如果省略 num_chars，则默认值为 1。例 :LEFT（"Fine software"，8）等于“Fine sof”。如果单元格 A3 中含有“853742”，则 LEFT（A3）等于“8”，即首位数。

②COUNTIF 函数的语法为 COUNTIF（range，criteria），其中 range 参数是计算其中满足条件的单元格数目的单元格区域，criteria 参数为确定哪些单元格将被计算在内的条件，其形式可以为数字、表达式或文本。

中 CORREL[①] 函数，计算两组数据的相关系数。通常，可以将相关系数的测试值划分为“正常”“关注”“可疑”三个级别（见表 11-4）。相关系数是检验数据是否符合奔福德定律的重要指标，审核人员可以根据实测的相关系数分别采取不同的舞弊审计对策。

表 11-4　相关系数分级表[②]

分级	相关系数 r 分级标准	舞弊识别与审计对策
正常	$0.990\,0 < r \leqslant 1.000\,0$	不需要进行特别检查
关注	$0.970\,0 < r \leqslant 0.990\,0$	存在一定程度的财务舞弊征兆，对重要的报表项目进行重点关注与监控
可疑	$r \leqslant 0.970\,0$	出现财务舞弊显著迹象，需要视具体情况实施财务舞弊的特别审计程序，运用分析性复核等方法，对可疑项目进行进一步的深入分析与检查，收集舞弊证据

下面以某公司 20×1—20×4 年财务报表数据为例，分析其财务数据是否符合奔福德定律。

第一步，根据中国证券监督管理委员会发布的该公司创业板首发招股说明书（申报稿）和年度报告，取得该公司近 4 年的财务报表数据（见表 11-5、表 11-6、表 11-7）。

表 11-5　近 4 年资产负债表[③]

单位：元

项目	20×4-12-31	20×3-12-31	20×2-12-31	20×1-12-31
流动资产：				
货币资金	388 666 614.30	57 563 162.25	43 142 178.61	15 997 600.55
交易性金融资产	0	7 783 481.00	0	0
应收账款	36 992 705.84	8 093 368.24	5 783 767.39	7 716 265.72
预付款项	0	21 727 227.92	15 644 348.76	31 817 774.90

①CORREL 函数语法：CORREL（array1，array2），其中 array1 为第一组数值单元格区域，array2 为第二组数值单元格区域。返回结果为单元格区域 array1 和 array2 之间的相关系数。

② 许存兴、张芙蓉、王大江．基于奔福德定律的上市公司审计意见实证分析［J］．财会通讯，2010（21）．

③ 为节省空间，表格中没有数据的项目已经删除。

续表

项目	20×4-12-31	20×3-12-31	20×2-12- 31	20×1-12-31
其他应收款	3 463 867.16	580 421.50	538 054.09	372 060.75
存货	245 085 757.49	190 132 426.61	196 285 972.85	142 529 915.41
流动资产合计	674 208 944.7	285 880 087.52	261 394 321.70	198 433 617.33
非流动资产：				
投资性房地产	1 126 305.12	1 192 353.84	1 258 402.56	0
固定资产	142 300 097.72	141 875 626.08	106 196 227.50	88 049 004.20
在建工程	86 750 113.38	47 425 895.55	1 478 663.15	17 160 095.73
无形资产	28 792 474.90	29 338 961.59	11 833 564.33	11 089 488.00
递延所得税资产	499 226.94	365 808.37	121 966.07	431 280.30
非流动资产合计	259 468 218.06	220 198 645.43	120 888 823.61	116 729 868.23
资产总计	933 677 162.7	506 078 732.95	382 283 145.31	315 163 485.56
负债和所有者权益				
流动负债：				
短期借款	290 000 000.00	220 000 000.00	193 970 000.00	174 400 000.00
应付票据	20 000 000.00	0	0	0
应付账款	3 837 516.99	4 770 702.22	2 179 561.00	1 476 928.95
预收款项	86 661 523.95	1 361 508.05	3 540 196.91	11 957 791.46
应付职工薪酬	1 225 523.95	366 278.02	379 538.55	1 260 672.52
应交税费	-204 297.93	1 654 121.80	3 092 447.89	5 840 799.36
其他应付款	4912 482.75	4 386 628.07	4 685 942.01	31 411 709.16
一年内到期的非流动负债	5 000 000.00	0	0	0
流动负债合计	333 437 378.25	232 539 238.16	207 847 686.36	226 347 901.45
非流动负债：				
长期借款	45 000 000.00	55 000 000.00	15 000 000.00	18 000 000.00
递延收益		3 550 000.00		
非流动负债合计	49 550 000.00	58 550 000.00	15 000 000.00	18 000 000.00
负债合计	382 987 378.25	291 089 238.16	222 847 686.36	244 347 901.45

续表

项目	20×4-12-31	20×3-12-31	20×2-12- 31	20×1-12-31
所有者权益：				
股本	67 000 000.00	50 000 000.00	50 000 000.00	20 000 000.00
资本公积	477 473 930.24	99 663 389.24	99 663 389.24	22 000 000.00
盈余公积	12 559 470.21	6 532 610.56	977 206.97	2 881 558.42
未分配利润	113 035 231.81	58 793 494.99	8 794 862.74	25 934 025.69
归属于母公司所有者权益合计	670 068 632.26	214 989 494.79	159 435 458.95	70 815 584.1 1
股东权益合计	670 068 632.26	214 989 494.79	159 435 458.95	70 815 584.11
负债和股东权益总计	1 053 056 010.51	506 078 732.95	382 283 145.31	315 163 485.56

表 11-6 近4年利润表

单位：元

项目	20×4-12-31	20×3-12-31	20×2-12-31	20×1-12-31
一、营业收入	553 239 972.71	433 588 472.61	327 645 800.83	228 244 196.83
减：营业成本	428 949 747.27	329 850 230.02	246 847 546.91	176 246 169.47
税金及附加	1 603 005.11	1 386 787.56	364 735.39	36 845.49
销售费用	14 064 161.78	12 170 233.19	10 259 124.63	2 736 231.87
管理费用	29 196 367.82	23 683 739.95	18 604 109.96	4 918 641.57
财务费用	17 258 666.33	11 976 834.09	10 486 075.84	11 525 554.02
资产减值损失	2118 837.13	396 235.36	-912 014.10	126 877.36
加：公允价值变动收益（损失以“-”号填列）	1 229 380.00	-1 229 380.00	0	0
投资收益	-2 170 060.00	537 590.00	0	0
二、营业利润	59 108 507.27	53 432 622.44	41 996 222.20	32 653 877.05
加：营业外收入	8 696 172.52	7 783 451 .35	2 554 596.52	580 000.00
减：营业外支出	1 047 829.41	34 910.00	547 224.73	32 701.00
其中：非流动资产处置损失	962055.81	0	0	0

续表

项目	20×4-12-31	20×3-12-31	20×2-12-31	20×1-12-31
三、利润总额	66 756 850.38	61 181 163.79	44 003 593.99	33 201 176.05
减：所得税费用	6 488 253.91	5 627 127.95	4 439 719.15	7 542 954.80
四、净利润	60 268 596.47	55 554 035.84	39 563 874.84	25 658 221.25
归属于发行人股东的净利润	60 268 596.47	55 554 035.84	39 563 874.84	25 658 221.25
少数股东损益				
五、每股收益				
（一）基本每股收益	1.12	1.11	0.85	1.28
（二）稀释每股收益	1.12	1.11	0.85	1.28
六、其他综合收益	0	0	0	0
七、综合收益	60 268 596.47	55 554 035.84	39 563 874.84	25 658 221.25
归属于母公司所有者的综合收益	60 268 596.47	55 554 035.84	39 563 874.84	25 658 221.25

表 11-7　近 4 年现金流量表

单位：元

项目	20×4-12-31	20×3-12-31	20×2-12-31	20×1-12-31
一、经营活动产生的现金流量：				
销售商品、提供劳务收到的现金	622 884 177.90	493 429 034.46	374 484 273.93	266 640 180.96
收到其他与经营活动有关的现金	10 235 992.70	23 509 283.57	4 324 164.17	17 654 092.36
经营活动现金流入小计	633 120 170.60	516 938 318.03	378 808 438.10	284 294 273.32
购买商品、接受劳务支付的现金	533 889 963.60	384 724 934.36	323 839 072.25	274 728 519.88
支付给职工以及为职工支付的现金	10 860 039.47	9 994 169.70	6 444 604.87	2 665 607.64
支付的各项税费	25 715 503.87	25 238 316.58	12 542 145.39	693 380.22

续表

项目	20×4-12-31	20×3-12-31	20×2-12-31	20×1-12-31
支付其他与经营活动有关的现金	29 250 550.20	25 346 956.05	23 353 593.82	4 156 425.00
经营活动现金流出小计	599 716 057.14	445 304 376.69	366 179 416.33	282 243 932.74
经营活动产生的现金流量净额	33 404 113.46	71 633 941.34	12 629 021 .77	2 050 340.58
二、投资活动产生的现金流量：				
收回投资收到的现金	13 767 530.00	0	0	0
取得投资收益所收到的现金	0	537 590.00	0	0
处置固定资产等长期资产所收回的现金净额	0	0	481 807.00	0
收到其他与投资活动有关的现金	0	0	0	0
投资活动现金流入小计	13 767 530.00	537 590.00	481 807.00	0
购建固定资产、无形资产和其他长期资产所支付的现金	145 926 921.68	103 128 214.62	9 793 278.35	37 814 809.74
投资所支付的现金	4 000 000.00	9 012 861.00	0	0
投资活动现金流出小计	149 926 921.68	112 141 075.62	9 793 278.35	37 814 809.74
投资活动产生的现金流量净额	-136 159 391.68	-111 603 485.62	-9 311 471 .35	-37 814 809.74
三、筹资活动产生的现金流量：				
吸收投资收到的现金	399 750 000.00	0	49 056 000.00	0
取得借款收到的现金	396 000 000.00	412 000 000.00	301 330 000.00	209 590 000.00
筹资活动现金流入小计	795 750 000.00	412 000 000.00	350 386 000.00	209 590 000.00
偿还债务支付的现金	331 000 000.00	345 970 000.00	315 999 831.46	163 174 286.00

续表

项目	20×4-12-31	20×3-12-31	20×2-12-31	20×1-12-31
分配股利、利润或偿付利息支付的现金	17 152 510.73	11 639 472.08	10 559 140.90	11 601 618.15
支付其他与筹资活动有关的现金	13 738 759.00	0	0	0
筹资活动现金流出小计	361 891 269.73	357 609 472.08	326 558 972.36	174 775 904.15
筹资活动产生的现金流量净额	433 858 730.27	54 390 527.92	23 827 027.64	34 814 095.85
四、汇率变动对现金及现金等价物的影响	0	0	0	0
五、现金及现金等价物净增加额	331 103 452.05	14 420 983.64	27 144 578.06	-950 373.31
加：期初现金及现金等价物余额	57 563 162.25	43 142 178.61	15 997 600.55	16 947 973.86
六、期末现金及现金等价物余额	388 666 614.30	57 563 162.25	43 142 178.61	15 997 600.55

第二步，将上述三张报表的数据导入 Excel 中。

第三步，调整财务数据为符合奔福德定律的数据。在导入数据之后，需要做如下处理：①对于负值，运用公式 ABS(number) 来进行处理；②对于小于 1 大于 0 的小数，由于财务会计中小数通常保留为小数点后两位，可以乘以 100（或者乘以 10 000）处理，即可取得小数点后出现的第一个非零的数字。

第四步，提取样本数据的首位数字。在上一步调整好的数据表的右侧，另建一个表格，在 H4 单元格中，输入"=LEFT（B4）"（其余单元格采用下拉复制的方法），便可得到一列关于原始数据首位数的新数据（首位数据），见表 11-8。

表 11-8　利用 LEFT 函数生成的首位数据表（部分）

资产	20×4	20×3	20×2	20×1
流动资产：				
货币资金	3	5	4	1
交易性金融资产		7		

续表

资产	20×4	20×3	20×2	20×1
应收票据				
应收账款	3	8	5	7
预付款项	1	2	1	3
应收股利				
其他应收款	3	5	5	3
存货	2	1	1	1
流动资产合计	7	2	2	1
非流动资产：				
可供出售金融资产				
长期应收款				
长期股权投资				
投资性房地产	1	1	1	

第五步，计算首位数据中出现整数 1~9 的频率，并计算概率。运用 Excel 中的 COUNTIF(range，criteria) 函数，在单元格 N3 中输入“=COUNTIF(H4：K123，1)”，即可得到首位为 1 的次数是 84 次，在单元格 N4 中输入“=COUNTIF(H4：K123，2)”，即可得到首位为 2 的次数是 56 次。其余类推，可以分别得出 1~9 出现在首位的次数和概率，进而与奔福德定律中首位数字出现的概率相比较（见表 11-9）。

表 11-9　财务报表中首位数字出现的概率及其与奔福德定律对比

首位数字	次数	公司财报中首位数字出现的概率	奔福德定律中首位数字出现的概率
首位为 1 的次数	85	28.72%	30.10%
首位为 2 的次数	56	18.92%	17.61%
首位为 3 的次数	53	17.91%	12.49%
首位为 4 的次数	30	10.14%	9.69%
首位为 5 的次数	32	10.81%	7.92%
首位为 6 的次数	15	5.07%	6.70%

续表

首位数字	次数	公司财报中首位数字出现的概率	奔福德定律中首位数字出现的概率
首位为 7 的次数	9	3.04%	5.80%
首位为 8 的次数	6	2.03%	5.11%
首位为 9 的次数	10	3.38%	4.58%
合计	296	100.00%	100.00%
相关系数			0.952 59

第六步，将上步计算出的概率与奔福德定律进行比较、拟合。运用 Excel 中 CORREL 函数，计算两组数据的相关系数。

在 Excel 单元格 P14 中输入“=CORREL(P3：P11，O3：O11)”，即可计算出 O、P 两组单元格区域数据（即万福生科财报中首位数字出现的概率及其与奔福德定律中首位数字出现的概率）的相关系数为 0.950 244。

第七步，进行评价。依据表 11-8 计算的相关系数，结合表 11-2 的系数分级标准，我们发现该公司 20×1—20×4 年的财务数据不符合奔福德定律，相关系数为 0.952 59（$r \leqslant 0.970\ 0$），处于“可疑”级别，表明公司财务报表存在显著舞弊迹象，需要引起审计师的高度关注。

上面是从总体财务数据层面来分析该公司是否存在显著舞弊迹象。我们还可以利用上述方法，从三大报表角度（资产负债表、利润表、现金流量表）进一步检验分析期间具体财务数据与奔福德定律的符合程度，分析结果如表 11-10、表 11-11、表 11-12 所示。

表 11-10　该公司近 4 年资产负债表中首位数字出现的概率与奔福德定律对比

首位数字	次数	公司财报中首位数字出现的概率	奔福德定律中首位数字出现的概率
首位为 1 的次数	38	30.16%	30.10%
首位为 2 的次数	28	22.22%	17.61%
首位为 3 的次数	19	15.08%	12.49%
首位为 4 的次数	11	8.73%	9.69%
首位为 5 的次数	13	10.32%	7.92%

续表

首位数字	次数	公司财报中首位数字出现的概率	奔福德定律中首位数字出现的概率
首位为 6 的次数	4	3.17%	6.70%
首位为 7 的次数	5	3.97%	5.80%
首位为 8 的次数	5	3.97%	5.11%
首位为 9 的次数	3	2.38%	4.58%
合计	126	100.00%	100.00%
相关系数			0.968 654

表 11-11　该公司近 4 年利润表中首位数字出现的概率与奔福德定律对比

首位数字	次数 / 次	利润表中首位数字出现的概率	奔福德定律中首位数字出现的概率
首位为 1 的次数	21	28.00%	30.10%
首位为 2 的次数	12	16.00%	17.61%
首位为 3 的次数	13	17.33%	12.49%
首位为 4 的次数	6	8.00%	9.69%
首位为 5 的次数	11	14.67%	7.92%
首位为 6 的次数	7	9.33%	6.70%
首位为 7 的次数	2	2.67%	5.80%
首位为 8 的次数	1	1.33%	5.11%
首位为 9 的次数	2	2.67%	4.58%
合计	75	100.00%	100.00%
相关系数			0.903 288

表 11-12　该公司近 4 年现金流量表中首位数字出现的概率与奔福德定律对比

首位数字	次数 / 次	现金流量表中首位数字出现的概率	奔福德定律中首位数字出现的概率
首位为 1 的次数	26	27.37%	30.10%
首位为 2 的次数	16	16.84%	17.61%
首位为 3 的次数	21	22.11%	12.49%

续表

首位数字	次数 / 次	现金流量表中首位数字出现的概率	奔福德定律中首位数字出现的概率
首位为 4 的次数	13	13.68%	9.69%
首位为 5 的次数	8	8.42%	7.92%
首位为 6 的次数	4	4.21%	6.70%
首位为 7 的次数	2	2.11%	5.80%
首位为 8 的次数	0	0.00%	5.11%
首位为 9 的次数	5	5.26%	4.58%
合计	95	100.00%	100.00%
相关系数			0.879 181

从表 11-8、表 11-9、表 11-10 的计算与分析结果来看，我们发现该公司近 4 年的三大财务报表数据均不符合奔福德定律，相关系数最高为 0.968 654，最低为 0.879 181（$r \leqslant 0.970\ 0$），都处于“可疑”级别。其中，现金流量表数据造假情况更为严重。事实上，该公司虚构客户、虚构合同、虚构资产、虚构销售、虚构银行对账单，最终结果都会表现为虚构现金流。

当然，我们还可以分别对该公司 4 年间各年度财报中首位数字出现的概率进行统计分析研究，并与奔福德定律对比（此处省略）。

最后的结论：无论是从 4 年的整体财务报表，还是单个财务报表，该公司财务数据的首位数字分布概率均不符合奔福德定律，都处于“可疑”级别（$r \leqslant 0.970\ 0$）。如果保荐人、会计师事务所等中介机构能够早早地运用奔福德定律，检验该公司的财务报表数据，或许可以避免该公司首发上市即被查处的情况发生。

六、如何核查关联交易

关联方的审核难点在于关联方的认定和关联交易非关联化的确定。

关联方的认定必须进行公司组织结构（外部结构）调研，目的在于确定公司的“终极股东”。核查时的可靠手段是向公司的主管工商部门进行了解，除了解营业执照的年检情况外，还应了解公司的验资报告、股权转让的备案登记资料等，同时还应核查股东，特别是控股股东的工商登记资料，从而了解公司完整的组织结构，了解公司的实际控制权在谁手里。做这项工作时最好借助律师的专业能力。

确定关联交易是否进行了非关联化，关键是查清交易中的“关键控制人”。有时候“关键控制人”并不一定是“终极股东”，而是那些名义上没有控制权，但实际有控制权的法人和自然人，如国有股股东的上级行政主管部门和炒作上市公司的机构。比如，某上市公司与一家公司进行交易，表面上两家公司无关联关系，但实际上两家由同一行政主管部门领导。在主管部门的行政干预下，上市公司才不得不与那家公司进行交易，其交易公允性令人怀疑。审计中若发现交易的获利水平明显与市场情况不符，则一定要请公司配合查清对方的主管部门。再比如，两家上市公司进行交易，表面上发现不了他们有关联关系，但实际上，两家公司的股票都受同一机构控制，机构同时操纵着这两家公司，进行此项交易的目的只是方便机构进行炒作。

七、如何确定某些特殊存货的存在性和价值

有的公司存货由于性质特殊，确定其存在性和价值相当困难，难以通过监盘、观察等常规的审计方法来实现核查目标。比如，在资本市场上引起轰动的獐子岛扇贝事件，注册会计师无法到大海里面实地监盘；医药企业的产品由于技术含量比较高，有些开发的新产品刚面市时毛利高得令人无法想象。保荐人、注册会计师等中介机构在不具备这种专业知识的前提下，难以判断存货价值。

对于难以实施实地监盘的特殊存货，要确定其存在性有两种方法。

一种方法是进行分析性复核。如有的公司存货主要是存放于水下的木材，可以分析河面的面积、水的深度，从而计算出存放木材的河段容积，最后考虑账面木材的体积是否和河段的容积及其存放量相匹配。在进行静态分析的同时，我们

还可以对公司期后的生产情况进行动态分析，以期后的一定生产量证实资产负债表日存货的存在性。方法是取得车间甚至班组的生产记录，追查到仓库的入库记录和销售的出库记录。

另一种方法是先对无法实地监盘的存货提出保留意见，待证实原账面记录无误后再消除该保留意见。如新太科技（原远洋渔业）原来的主业是远洋捕捞，因为报告期末船只在外海作业，注册会计师无法实施监盘，其财务报表被连续五年出具保留意见审计报告。但公司在报告期末自己组织所有船只进行盘点，并经相关管理部门审核，待次年船只回港期间组织全面检查，并委托注册会计师共同复验上年年末存货盘点的正确性，注册会计师复验无误后消除原保留意见。该处理方法得到证监会的认可。

对存货价值的判断，常规的方法是取得资产负债表日前后的销售价格，从而对结余的存货价值做出判断。但对停留在生产过程中的在产品，特别是某些科技含量较高的半成品，由于不直接对外销售，即使知道了数量也难以判断其价值。审核的方法之一是进行期后测试，从期后生产的产品价值来证明资产负债表日在产品的价值；方法之二是对在产品余额分类进行分析性复核，看是否有异常波动。表 11-13 是部分特殊类型存货的监盘程序。

表 11-13　特殊类型存货的监盘程序

存货类型	盘点方法与潜在问题	可供实施的审计程序
木材、钢筋盘条、管子	1. 通常无标签，但在盘点时会做上标记或用粉笔标识 2. 难以确定存货的数量或等级	1. 检查标记或标识 2. 利用专家或被审计单位内部有经验人员的工作
堆积型存货（如糖、煤、钢废料）	1. 通常既无标签也不做标记 2. 在估计存货数量时存在困难	1. 运用工程估测、几何计算、高空勘测，并依赖详细的存货记录 2. 如果堆场中的存货堆不高，可进行实地监盘，或通过旋转存货堆加以估计
使用磅秤测量的存货	在估计存货数量时存在困难	在监盘前和监盘过程中均应检验磅秤的精准度，并留意磅秤的位置移动与重新调校程序

续表

存货类型	盘点方法与潜在问题	可供实施的审计程序
散装物品（如贮窖存货，使用桶、箱、罐、槽等容器储存的液体、气体、谷类粮食、流体存货等）	1. 在盘点时通常难以识别和确定 2. 在估计存货数量时存在困难 3. 在确定存货质量时存在困难	1. 使用容器进行监盘或通过预先编号的清单列表加以确定 2. 使用浸蘸、测量棒、工程报告以及依赖永续存货记录 3. 选择样品进行化验与分析，或利用专家的工作
贵金属、石器、艺术品与收藏品	在存货辨认与质量确定方面存在困难	选择样品进行化验与分析，或利用专家的工作
生产纸浆用木材、牲畜	1. 在存货辨认与数量确定方面存在困难 2. 可能无法对此类存货的移动实施控制	通过高空摄影以确定其存在性，对不同时点的数量进行比较，并依赖永续存货记录

这里，再以獐子岛扇贝事件为例，说明如何确定这类特殊存货的存在性及价值。

獐子岛的存货应归类为生物资产。生物资产是具有繁衍性的。獐子岛集团投入幼苗，依托海洋这样的生物环境，并在其成长过程中投入饵料等，使其不断成长。每年獐子岛都会进行多次监测，实时更新水产品的成长情况。对于像獐子岛这类水产品企业的存货来说，无论是盘点，还是核销资产或计提存货跌价准备，审计难度实在是太大了。

第一，存活率无法计算。没办法要求企业留下贝类的死壳以计算死亡率，并将活体和死体合并与账面数字对照。

第二，没有进销存记录。因其存货核算采用实地盘存制而非永续盘存制，没有进销存的永续账记录，难以核实期末存货的价值，不易判断当期销售收入、成本的真实性。

第三，存货不可视，无法全面盘点。水产品处于隐蔽区域，注册会计师难以直接核查。

考虑到生物资产审核难的特点，证监会对生物资产的审核，主要关注三点：

一是关注与生物资产相关的会计处理及其依据；

二是关注与生物资产相关的包括交易对手方情况、变化趋势及具体金额比例的交易情况；

三是关注生物资产相关数据的变化趋势。

獐子岛多次出现扇贝离奇失踪事件，引起了监管部门的高度重视。虽然扇贝盘点难，但总是有办法核实的。比如，首先可以从投放幼苗入手，确定幼苗的来源，并找到对应的原始凭证，通过实地访谈，多方打听投放幼苗时的情况，收集证据综合分析是否存在异常。其次，在投放饵料这个细节上，也可能发现问题。饵料的重量与幼苗的投放量应该存在一定的比例关系，可以据此分析是否存在异常。最后，除了从獐子岛集团的生产链来梳理，我们还可以通过横向比较来分析是否存在异常。比如在 2014 年獐子岛扇贝大量死亡时，可以通过取得獐子岛相邻海域的数据，分析相邻海域的扇贝是否受到冷水团影响，来判断獐子岛扇贝大量死亡的情况是否异常。

当然，我们还可以借助高科技手段。为了查办獐子岛案，证监会最终借助了北斗导航定位系统，委托专业机构中科宇图科技股份有限公司和中国水产科学研究院东海水产研究所，通过獐子岛采捕船卫星定位数据，还原了采捕船只的真实航行轨迹，进而复原了公司真实的采捕海域，最终揭开了獐子岛财务造假手段的面纱。

调查人员还聘请了两家专业的第三方机构分别对卫星定位数据进行作业状态分析，对捕捞轨迹进行还原并计算面积，三方分别还原出来的采捕船捕捞航行轨迹高度一致。

通过对比发现：2016 年，公司实际采捕的海域面积比账面记录多出近 14 万亩（1 亩≈ 666.67 平方米），这意味着实际的成本比账面成本要多出约 6 000 万元人民币，这 6 000 万元左右的成本都被獐子岛公司隐藏起来了。

调查人员还发现，獐子岛在部分海域没有捕捞的情况下，在 2016 年年底重新进行了底播。根据獐子岛成本核算方式，重新底播的区域的库存资产应作核销处理，又涉及库存资产 7 111 万元，需要计入营业外支出，视为亏损。

通过这两种方式，獐子岛成功地在 2016 年实现了所谓的“账面盈利”，成功摘帽，保住了上市公司地位。到了 2017 年，獐子岛故技重施，再度宣称扇贝消失和死亡，借此消化掉前一年隐藏的成本和亏损，共计约 1.3 亿元。这种把 2016 年的成本和损失移转到 2017 年的做法，是典型的操纵财务报表的行为。

依据獐子岛 2019 年 7 月 11 日披露的《关于收到中国证券监督管理委员会行政处罚及市场禁入事先告知书》，证监会在对獐子岛《关于 2017 年秋季底播虾夷扇贝抽测结果的公告》的相关事实进行核实时发现，根据北京北斗星通导航技术股份有限公司提供的獐子岛科研 19 号船（公司在秋测期间使用的船只）航行定位信息，发现獐子岛科研 19 号船在秋测期间部分时间段的航行路线未经过该天公司记录的多个调查点。证监会认为獐子岛科研 19 号船在公司记录的秋测天数内，被航行轨迹证实执行计划的点位极少，而秋测抽取但未实际执行的 66 个点位已占秋测全部披露点位的 55%。其中，2014 年扇贝底播区域的 21 个点位中有 19 个点位已实际采捕，2015 年扇贝底播区域的 14 个点位中有 2 个点位已实际采捕，合计至少 21 个点位已在 2017 年秋测执行前采捕完毕。因此，证监会认为，獐子岛秋测结果公告内容已经严重失实，涉嫌虚假记载。

此后，獐子岛于 2019 年 11 月 12 日发布了《关于 2019 年秋季底播虾夷扇贝存量抽测的风险提示公告》，披露了采用底播虾夷扇贝存量抽测的具体方法，即出海前先将预先计划选取的点位分配给各拖网抽测船只，各船船长按照点位将船只开到指定海域，船上工作人员实施抽测工作，抽测人员在抽测表上记录抽测的时点、经纬度、面积、存货数值。监盘人员主要工作包括：监督实际抽测时是否按事先选定的点位实施；监督虾夷扇贝的计数、测标、称重是否正确，抽测数据是否正确、完整地记录在抽测表中。

抽测结果表明，底播虾夷扇贝还是出现大面积死亡，预计核销存货成本及计提存货跌价准备合计金额约 2.78 亿元，约占截至 2019 年 10 月末上述底播虾夷扇贝账面价值 3.07 亿元的 90%，对公司 2019 年经营业绩构成重大影响。

针对第三次发生的扇贝死亡事件，监管层也非常重视，深交所曾先后六度向獐子岛下发关注函询问情况。而对于频频上演的“黑天鹅”事件，獐子岛则在 2019 年 12 月 14 日披露称，海洋牧场三次遭受重大自然灾害，公司计划放弃海况相对复杂的海域约 150 万亩，根据海域使用相关规定，预计每年可节约用海成本约 7 000 万元。

八、如何确认资产是否减值

资产减值准备审核的难点主要表现在两个方面。

难点之一是判断计提减值准备的恰当性，特别是鲜有市场参考价值的固定资产减值准备、在建工程减值准备和无形资产减值准备。计提资产减值准备是为了挤干“水分”，避免公司一方面存在大量的不良资产甚至潜亏，另一方面报表上又体现可观的利润。但除了计提应收账款坏账准备外，其余七项资产减值准备的计提并无明确标准，大部分比较“灵活”，所以保荐人、会计师事务所等中介机构进行审核时既要关注计提的充分性，又要关注是否存在计提秘密准备，通过资产减值准备来调节利润的现象。

比较理想的审核方法是先进行资产评估，以其结果作为判断资产质量的重要依据；或者分析公司计提的方法、程序，取得公司相关的资产管理部门出具的资产质量状况的说明，对短期投资、长期股权投资等的核查可向被投资单位函证。同时，对于有形资产，核查人员应亲临资产存放现场观察、判断其价值。如固定资产减值准备审计时应到生产车间现场观察设备的使用情况，如果存在封存、停用 1 年以上和经常出废品等情况，就可以考虑全额计提减值准备。

比如，与关联方之间的应收款项是否计提坏账准备，计提多少合适，就应该具体问题具体分析，区别对待。正常经营形成的应收款项应该计提；而对募集资金投入形成的应收项目子公司的往来款项可以不计提。理由之一，后者实际性质不是往来款，正常情况是有往无来的，因为募集资金投入最终形成的是资产；理由之二，随着募集资金不断投入，往来金额越来越大，账龄也会越来越长，如果计提坏账准备，特别是按账龄分析法计提，会严重歪曲公司真实的财务状况。因此，我们可以在审计报告中以解释性说明段的形式说明其合理性。

难点之二是判断原已计提的减值准备转回处理的合理性。依据目前的企业会计准则，会计核算中减值准备不得转回的主要有：投资性房地产减值准备、无形资产减值准备、长期股权投资减值准备、固定资产减值准备。减值准备可以转回的主要有：坏账准备、持有至到期的金融资产减值准备、存货跌价准备等。但对于可以转回的金额，会计准则并没有明确的规定。如：上市公司D公司发布了《关于资产减值准备转回的议案》，相关情况公告如下。

1. 资产减值准备转回情况

20××年，公司拟转回资产减值准备总额6 957万元，具体如下。

（1）应收款项转回坏账准备6 246万元。20××年年末，D公司应收F公司货款余额为38 264万元，坏账准备余额为44 360万元。根据F公司近三年的审计报告，分析其中的财务数据并结合F公司目前的状况，D公司拟按照其欠款金额全额计提坏账准备，本年需转回坏账准备金额为6 096万元。

其余150万元主要系根据欠款单位、欠款金额，按照账龄法计算后，需转回的坏账准备金额。

（2）存货跌价准备转回711万元，主要系公司对期末存货按照成本与可变现净值的差额计算后，需转回的存货跌价准备金额。

2. 董事会关于公司资产减值准备转回的合理性说明

董事会认为：公司依据会计政策、会计估计、公司相关内部控制制度以及资产状况转回资产减值准备，依据充分，同意转回。

3. 审计委员会关于公司资产减值准备转回的意见

审计委员会认为：公司资产减值准备转回是基于资产的实际状况，根据会计政策等相关规定进行的，减值准备转回能够公允反映公司的财务状况以及经营成果，予以同意。

4. 监事会关于公司资产减值准备转回的审核意见

监事会认为：公司五届十七次董事会对相关资产减值准备转回，依据充分，程序合法，同意董事会相关议案。

5. 对本期利润影响

本期转回的资产减值准备全部计入本期损益，使本年度利润增加。

上述公告只是说明了坏账准备、存货跌价准备转回的具体数额，但并未具体说明转回的合理理由。作为中介机构的保荐人、会计师事务所，如果发现拟IPO

企业此类资产减值转回的数额非常大，并且有理由怀疑企业操纵利润，还是应要求企业充分说明转回的合理理由，并分析判断理由的充分合理性。

九、如何判断企业的持续经营能力

（一）收集与分析资料

主要包括以下方式：

（1）查阅公司的审计报告[①]；

（2）核查主要业务合同、研发投入情况；

（3）对公司管理层（包括总经理、财务总监、董事会秘书等）进行访谈；

（4）分析行业发展趋势、市场竞争状况；

（5）总结公司市场竞争地位、竞争优势和面临的风险因素；

（6）对比企业会计准则、IPO 指南等，对公司的持续经营能力进行核查、分析等。

（二）形成综合判断

在第八章“二、如何理解持续经营能力”中介绍了《54 条》问题 40 关于持续经营能力的解答，此外，还可以从以下几个方面进行综合判断。

（1）企业所处行业是否属于国家政策允许、扶持、鼓励、可持续发展的朝

① 需要说明的是，注册会计师关注客户的持续经营能力。当注册会计师对客户持续经营假设产生重大疑虑，会在审计报告中提出持续经营不确定性的非标准意见。但注册会计师对持续经营能力的关注与 IPO 审核时监管机构对持续经营能力的关注度是不同的。审计报告的初衷是提高财务报告的可信赖程度。注册会计师的责任是考虑管理层在编制财务报表时运用持续经营假设的适当性，并考虑是否存在需要在审计报告中披露持续经营能力的重大不确定性，即注册会计师关注的是客户在未来一年内会不会经营不下去。而监管部门和投资者对企业持续经营能力的判断，更加看重的是其未来的发展。因此，保荐人在关注客户的持续经营能力时，除了依赖审计报告外，还需要从财务和非财务等维度进行分析和判断。

阳产业，[①] 是否存在行业周期性风险，[②] 行业竞争环境如何，是否存在难以控制的外部风险。

（2）是否具有优秀管理团队和核心员工，包括管理层的管理理念、管理模式，股东、管理层的管理能力及稳定性等。

（3）是否具备健全有效的内部控制制度，是否存在利用私人职权优势损害公司利益的动机和风险。

（4）是否具有经营所需的资源要素；是否具有经营业务所需的全部资质（包括经营许可、认证、特许经营权等）；是否掌握必要的生产技术，且该技术尚在保护期内。企业的核心知识产权是否存在权利瑕疵、权属争议纠纷或权属不明的情形，是否具有必要的土地、厂房、设备，以及权属是否清晰。公司股权权属是否明晰、是否存在潜在纠纷、是否存在公司控制权发生变化的风险，对上下游客户是否具有严重的依赖性（当然，上下游客户是垄断性行业的，如电力企业、移动通信、石油企业等，客户依赖另当别论），是否具有独立的营销渠道。

（5）是否具有充足的现金流，企业的偿债能力如何，企业的经营收益是否稳定增长，企业的盈利状况如何，企业对于研发等成本投入是否具有持续性，研发等成本投入是否与收入、规模相匹配，企业的毛利率是否能够支持研究开发和提升产品质量和品牌形象。

（6）产品或服务的市场占有率是否稳定向上，产品或服务的可替代性如何，产品及服务的品种结构是否合理。

（7）是否存在重大违法违规行为，是否存在对企业可能产生重大不利影响的、涉及金额巨大的未决诉讼、仲裁（比如有关企业的核心资产的诉讼案件）。

（8）是否存在可能会导致公司实际控制人发生变化的对赌协议。

（9）是否存在对税收优惠政策的依赖性。

---

① 关于政策的影响，最典型的就是 2021 年教育行业“双减”政策对于校外教育培训机构的影响。在证券市场中，很多培训机构如新东方、好未来、高途等股价相对高的，直接跌去了约 90%，严重影响其持续经营能力。

② 比如近几年大家讨论很多的猪肉，之前行业景气的时候，很多养殖的企业都赚得盆满钵满，但 2021 年，随着猪肉价格的回落，很多企业出现了亏损。

十、如何评价拟 IPO 企业信息披露的完整性

这里给保荐人等中介机构提出 3 点建议。

一是要注意发行人的财务信息披露与非财务信息披露的相互印证。保荐人可参照《中国注册会计师审计准则第 1521 号——注册会计师对含有已审计财务报表的文件中的其他信息的责任》的要求，阅读发行人在招股说明书中对其经营、财务、行业趋势和市场竞争等情况的披露。保荐人在核对包含已审计财务报表的文件中的其他信息时，通常存在以下问题：①忽视招股说明书其他部分引用已审计财务报表中财务信息的准确性和一致性；②忽视招股说明书中披露的业务数据与已审计财务报表的一致性；③未结合发行人的经营特点对财务报表各项目进行客观分析。

二是应及时关注发行人在以下方面是否发生重大变化：发行人经营模式，主要原材料的采购规模及采购价格，主要产品的生产、销售规模及销售价格，主要客户及供应商的构成，税收政策以及其他可能影响投资者判断的重大事项。保荐人应在发行保荐书中说明相关结论，并在发行保荐工作报告中详细说明核查的过程、了解并收集到的相关情况、得出结论的依据。如果发行人经营状况存在重大变化，保荐人应督促发行人在招股说明书中予以充分披露。

三是要均衡考虑信息披露的完整性以及保护专有及保密信息的需要。依据《上市公司信息披露暂缓与豁免业务指引》（上证发〔2016〕20 号）规定，信息披露义务人拟披露的信息属于国家秘密、商业秘密等情形，按《上海证券交易所股票上市规则》披露或者履行相关义务可能导致其违反国家有关保密的法律法规或损害上市公司及投资者利益的，可以豁免披露。

这里所称的商业秘密，是指国家有关反不正当竞争法律法规及部门规章规定的不为公众所知悉、能为权利人带来经济利益、具有实用性并经权利人采取保密措施的技术信息和经营信息。

这里所称的国家秘密，是指国家有关保密法律法规及部门规章规定的，关系

国家安全和利益，依照法定程序确定，在一定时间内只限一定范围的人员知悉，泄露后可能损害国家在政治、经济、国防、外交等领域的安全和利益的信息。

对部分信息的豁免披露问题，保荐机构、发行人律师应依据《54 条》问题 23 解答要求，对发行人信息豁免披露符合相关规定、不影响投资者决策判断、不存在泄密风险出具意见明确、依据充分的专项核查报告。申报会计师应当出具对发行人审计范围是否受到限制及审计证据的充分性，以及对发行人豁免披露的财务信息是否影响投资者决策判断的核查报告。涉及军工的，中介机构应当说明开展军工涉密业务咨询服务是否符合国防科技工业管理部门等军工涉密业务主管部门的规定。

12

CHAPTER TWELVE

第十二章
注册制下 IPO 审核的八大痛点

痛点，是指尚未被满足的，而又被广泛渴望的需求。对拟 IPO 企业来说，痛点就是想要 IPO 成功必须要解决或者优先要解决的问题……

痛点，是指尚未被满足的，而又被广泛渴望的需求。对拟 IPO 企业来说，痛点就是想要 IPO 成功必须要解决或者优先要解决的问题。当然，也有些问题是难以解决的“长痛点”，如盈利能力下滑、核心技术瓶颈等，若遇到这类一时难以解决的“长痛点”问题，企业只有推迟上市计划，待来年再战。下面结合 IPO 审核经验，梳理了一些企业能够自行解决或有效缓解的八大痛点。

一、股权结构问题及解决

在 IPO 审核上，股权结构虽然不是硬性指标，但若股权结构过于集中，则易引起发审委对公司未来经营决策上的担忧。这种“一股独大”的局面不利于公司人力资源配置优化，不利于董事会治理结构的规范，控制人容易利用所有权和经营权合一的优势，操控董事会，损害其他中小合作者的利益。如果股权过于分散，股东之间为争夺企业控制权而展开权力斗争的概率会相应增加，并可能导致企业经营陷入困境。

事实上，公司所处生命周期阶段不同，治理要求不同。公司创业初期，公司股权集中，所有权人拥有绝对控股权，有利于公司决策和执行；在成长阶段，公司股权集中，可以保持稳定，但也可能会导致家（家庭）司（公司）不分，家族成员往往掌握着公司最好的资源，公司治理不规范，不利于吸引外来人力资源和外来管理。IPO 是公司成熟的标志之一。公司到了成熟期，为适应外部发展环境，公司战略势必要重新定位，对应的是治理结构的调整，不可避免地涉及领导班子、管理架构等人事重大调整。如果股权过于集中，公司治理结构无法调整到位，可能无法适应市场变化。因此，从公司的角度来看，IPO 之前，建议进行股权稀释，调整公司的股权结构。

如果公司存在国有股权转让和集体企业转让的不规范行为，要在 IPO 之前取得省级国资委、省政府的确认。核查范围涵盖控股股东和实际控制人的股权变动。如果企业存在股权质押，也需考虑质押比例，如果股权质押比例过大，就需要在 IPO 前清偿债务或变更担保方案。

企业在 IPO 之前应尽可能地避免股权质押。因为发行条件要求发行人的控制权应当保持稳定，如果存在股权质押情况，很可能会出现股东、实际控制人发生改变等情况，证监会会认为公司的股权架构不合理，有重大风险，从而对公司 IPO 审核产生实质性的不利影响。

当然，股权质押也并非必然导致 IPO 失败。依据《54 条》问题 9 解答，对于控股股东、实际控制人持有支配的发行人股权出现质押、冻结或诉讼仲裁的，发行人应当按照招股说明书准则要求予以充分披露；保荐机构、发行人律师应当充分核查发生上述情形的原因，相关股权比例，质权人、申请人或其他利益相关方的基本情况，约定的质权实现情形，控股股东、实际控制人的财务状况和清偿能力，以及是否存在股份被强制处分的可能性、是否存在影响发行人控制权稳定的情形等。对于被冻结或诉讼纠纷的股权达到一定比例或被质押的股权达到一定比例且控股股东、实际控制人明显不具备清偿能力，导致发行人控制权存在不确定性的，保荐机构及发行人律师应充分论证，并就是否符合发行条件审慎发表意见。对于发行人的董事、监事及高级管理人员所持股份发生被质押、冻结或发生诉讼纠纷等情形的，发行人应当按照招股说明书准则的要求予以充分披露，并向投资者揭示风险。

二、历史出资瑕疵及其解决方案

《首发办法》明确规定了发行人的发行条件之一为发行人的注册资本已足额缴纳，发起人或者股东用作出资的资产的财产权转移手续已办理完毕，发行人的主要资产不存在重大权属纠纷。然而在实务中，拟 IPO 企业存在出资瑕疵的并不少见。所谓出资瑕疵，就是公司设立或增资过程中，股东认缴的股份金额本应该要足额按期到公司账户，但没按要求按时足额到账，或者到了公司账上，利用对公司控制地位，把股本金转出，不用于公司经营。

出资瑕疵主要可以分为两大类问题：一是出资不实瑕疵；二是出资程序瑕疵。

（一）出资不实瑕疵的情形

1. 以非货币资产出资但未办理财产转移手续

根据有关法律法规的规定，以非货币资产出资的，应当依法办理其财产权的转移手续。如股东未按发起人协议或公司章程将非货币资产（通常为所有权转移需要进行变更登记的资产，尤其是房屋、土地使用权、工业产权、商标等）转让至公司名下，但相关资产实际交予公司占有及使用，且股东未就公司使用相关资产取得或按照相关安排收取费用等，则按照实质重于形式原则处理。在股东将相关资产所有权 / 使用权有效转移给公司，且由有关验资机构出具补充验资报告后，该等出资不实问题不成为 IPO 的实质性障碍。

2. 出资不足

拟上市公司历史沿革中的出资不足表现形式多样，主要形式如下。

（1）股东实际出资金额小于验资报告及协议、章程中的金额。

（2）股东以拟上市公司自身的资产对拟上市公司增资。

（3）拟上市公司以非可转增注册资本的资本公积（如企业会计制度下的接受捐赠非现金资产准备、股权投资准备、外币资本折合差额）转增注册资本。

（4）拟上市公司以资产的评估增值额增加注册资本（资产评估增值不能作为改变账面资产原值的条件）。

（5）股东以同一资产重复出资。

（6）股东从中介机构借款出资后，又归还中介机构。

3. 虚假出资、抽逃出资

《公司法》规定了公司的发起人、股东虚假出资。未交付或者未按期交付作为出资的货币或者非货币财产的行政责任，同时也规定了公司的发起人、股东在公司成立后，抽逃其出资的行政责任。前述情形情节严重的，还应追究刑事责任。

在 IPO 项目的实践中，虚假出资、抽逃出资属于性质严重的出资不实，应慎重对待。例如，公司的股东对公司进行增资，但增资资金的来源经过核查，系通过第三方占用公司资金，则此时可能会导致股东虚假出资。抽逃出资多表现为：利用股东地位，特别是控股关系，强行从公司账上划走资金或长期占用公司资金；股东利用亲属或自己控制的其他经济主体，实施关联交易，转移资金或利润。

因此，虚假出资、抽逃出资的行为必须禁止。

4. 出资未及时到位

不论是出资设立还是股权增资，相关规则都严格规定了股东出资的时间限制，出资不到位就是指股东没有在规则规定的期限内缴足出资。

5. 以与公司主营业务无关的工业产权出资

比如，某公司设立时，主要股东以某项发明专利评估作价投入公司，该项专利与公司实际从事的主营业务并无密切关系，投入公司后未产生相关效益，因此可认定股东并未真正履行出资义务。该股东应以货币或者其他与公司业务有关的非货币资产进行等额置换，否则会导致出资不实之情形出现。

（二）出资程序瑕疵的情形

1. 没有评估报告

根据有关规定，非货币性资产出资需要由资产评估机构出具评估报告。而由于管理层对于一些规则的认知不到位，没有评估报告的情况在实务中比较常见。

2. 验资瑕疵

（1）未履行验资程序。

（2）以银行出资证明替代验资报告。

3. 出具报告机构缺乏相关资质

执行上市业务的评估师和审计师必须有证券从业资格，如果没有资格或者执业情况很差，需要对其出具的报告进行复核。

（三）出资不规范的处置原则

（1）对于以非货币资产出资的，要求提供非货币资产作价公允的证据，如相同或类似资产公开的报价单；股东关于出资作价的确认文件；原出资作价所参考的评估报告，并非以出资为评估目的的，可考虑由具有证券资格的评估所出具价值复核报告。

（2）对于存在虚假出资、抽逃出资，或者出资不实所占比例较高之情形的，应慎重对待，判断该等出资不规范是否已对申请首发构成实质性障碍。

（3）对于出资方式不合格、出资不足额等情形导致的出资不实，应采取以下措施消除影响：

①经与公司其他股东协商一致，由出资不实的股东及时采取补救措施，弥补出资不实的部分（置换出资方式、补足出资额、及时办理出资资产的过户手续等）；

②如股东在补足出资之前自公司取得分红，则该股东应将出资不实部分对应的红利返还给公司；

③由相关验资机构进行复核，出具注册资本足额到位的验资复核报告；

④就相关出资不实的补救措施取得注册地工商行政管理部门的备案、认可；

⑤依据出资不实部分在注册资本中的比例，判断公司近三年经营情况是否具有可比性，以确定公司是否需要另行运营一段时间方可申请首发；

⑥弥补出资之后或者运营一段时间之后，经各中介机构确认，股东出资已足额到位，不存在产生股权纠纷的潜在风险，不存在申请首发的实质性障碍；

⑦申请首发时，如实披露历史上存在的出资不规范及其纠正情况，以便投资者做出判断。

（4）对于缺乏验资报告等问题的解决方式包括：申报会计师的验资复核，工商局出具不处罚证明，股东承诺，保荐机构发表核查意见，律师发表意见。

三、同业竞争问题

同业竞争问题虽非 IPO 的雷区，但对于中国证监会而言，原则上是禁止的。这对许多拟 IPO 企业来说，是一大痛点。解决同业竞争的主要思路如下。

（1）吸收进来，即通过重组避免同业竞争。以收购方式，将相竞争的业务集中到拟上市公司。通过实施资产重组，即由控股股东将该部分与拟上市公司的业务具有相同性质的资产整合进拟上市公司，一般通过现金购买竞争资产、股份置换或以其他非主业资产与竞争资产进行置换。这是目前解决上市公司同业竞争问题最为常见也是最彻底的解决方式之一。

（2）卖出去。将发起人所拥有的与拟上市公司有同业竞争，但又不准备投入拟上市公司的资产转让，变卖给其他公司、企业。这主要适用于这部分资产并不优良、不适合投入拟上市公司的情况。

（3）放弃，即放弃同业竞争企业或业务。

（4）协议解决。拟上市公司与竞争方股东协议解决同业竞争问题，包括存在同业竞争的企业改变经营业务范围，竞争方股东作出今后不再进行同业竞争的书面承诺；或者直接注销存在同业竞争的关联方企业或将主要资产投资转让后注销关联方企业。

四、对赌协议威胁

在 IPO 过程中，对赌协议是个敏感的话题。由于各方诉求不同，在企业还未实现上市的情况下，让投资者主动放弃对赌权利，着实有些为难。为维护投资方和企业方的利益，他们之间“磨合”出了一种“附恢复条件的终止”，即约定对赌协议在企业申报上市时终止，在撤回上市或上市被否时恢复。

因此，对于存在对赌协议的企业，多数会与投资方签署补充协议，约定终止对赌协议时间，以推动企业快速上市。

信大捷安是个典型的例子。信大捷安是一家以国家商用密码体系为技术核心基础的信息安全企业，致力于移动互联网、物联网信息安全领域产品的研发、生产、销售，主要产品是以国密安全芯片为基础的安全终端类产品、安全平台类产品。招股说明书显示，信大捷安 2016 年至 2018 年经营活动产生的现金流量净额分别为 -8 254.60 万元、-806.72 万元、-13 206.63 万元。为缓解现金短缺，信大捷安不得不进行股权融资。2019 年 1 月，信大捷安向 9 名股东定向发行 1 200 万股股份，发行价格为 15 元 / 股，融资 1.8 亿元。巨大融资的背后是对赌协议在支撑。9 名股东中，5 名与信大捷安签订对赌协议，内容包含首发上市、净利润水平、回购等。信大捷安在招股说明书中表示：2019 年初参与增资的对赌方均与信大捷安签署过附加条款，若信大捷安首发上市未通过，或因其他原因终止上市流程，那么对赌协议将自动恢复效力。

信大捷安的这一对赌协议自然也引来了监管部门的首轮问询，内容包括对赌协议是否彻底解除、是否为附条件的终止、是否存在其他替代性利益安排等。信大捷安在回复函中表示：基于投资者对信大捷安业务情况及研发实力之了解及信任，同意彻底解除相应的对赌协议。

但在排队 9 个月后，2020 年 7 月 23 日信大捷安科创板 IPO 终止审核。

监管部门之所以如此关注对赌协议，是因为对赌协议可能损害公司及股东利益。对于这一痛点，一般的建议是通过终止或解除的方式来彻底清理。依据《54 条》问题 5 的解答，投资机构在投资发行人时约定对赌协议等类似安排的，原则上要求发行人在申报前清理，但同时满足以下要求的可以不清理：一是发行人不作为对赌协议当事人；二是对赌协议不存在可能导致公司控制权变化的约定；三是对赌协议不与市值挂钩；四是对赌协议不存在严重影响发行人持续经营能力或者其他严重影响投资者权益的情形。

保荐人机构及发行人律师应当就对赌协议是否符合上述要求发表明确核查意见。发行人应当在招股说明书中披露对赌协议的具体内容、对发行人可能存在的影响等，并进行风险提示。

五、过度依赖供应商 / 大客户

拟 IPO 企业若过于依赖前五大供应商 / 客户，一旦与其中一家供应商 / 客户关系不稳定或发生较大变故，对公司业绩将产生极为不利的影响，从而成为企业成长道路上的一颗定时炸弹。这个定时炸弹不发作则已，一旦发作，后果就非常严重。虽然重大供应商/客户依赖不是首发上市的实质性障碍，但却是一个重要的审核风险。无论是投行等IPO中介机构，还是发审委，对该类企业都会非常谨慎，因为这直接影响到企业独立性的判断，而独立性是首发上市的重要门槛之一。

以博众精工为例。作为苹果公司的设备供应商，2019年4月，博众精工首次申报科创板上市，经过三轮问询后快速过会并进入注册阶段。但2020年4月27日，博众精工撤回注册申请文件，成为科创板第三家科创板过会但终止注册的公司。

在问询函中，上市委列出7条关于供应商的问题，包括：客户基本情况；交易产品、金额、数量占比情况；各报告期来自苹果公司及其指定代工厂的收入占比；主要客户的采购要求和计划；是否具有替代风险；公司同主要客户交易是否具有可持续性；苹果公司本身是否发生重大不利变化，从而影响企业持续经营能力等。这7条归纳起来实际上就一句话：如果苹果公司不再与博众精工合作，企业还能继续正常运营并保证营收稳定吗？

依据博众精工的招股说明书，博众精工业绩出现较大波动，公司2020年第一季度营业收入约1.24亿元，净利润亏损约1.2亿元。而报告期内，苹果为公司第一大客户。2017年至2019年，公司对苹果产业链的收入占比超过70%；2020年1—3月受新冠肺炎疫情及苹果公司产品下单节奏影响，收入占比大幅下降。但是总体而言，公司面向苹果产业链公司销售收入占发行人营业收入的比例仍然较高。

除了苹果，博众精工对于其他四大客户的依赖程度一直都很高。2017年至2019年，公司来自前五大客户的营业收入占比分别为78.87%、58.82%及57.03%。一般而言，“50%”已经是红线。在相关政策法规中，无论是单个客户，还是前五大客户合计接近50%这个限值，都会引发监管层关注。

同理，对大供应商的依赖，也成为许多拟IPO企业的一个“痛点”。一旦所依赖的大供应商不再与企业合作，对于其大供应商处在高度竞争市场中的企业来说，也许只会导致短暂的产能下降；但如果大供应商是行业内的龙头企业，或者掌握着难以被仿制的高端技术，将对企业的生产经营造成大影响。

那么，拟 IPO 企业应该如何解决这个问题呢？这里以对大客户的依赖为例，给拟 IPO 企业提出三方面的建议。

第一方面建议：给出合理的解释，打消发审委的疑虑。

并不是所有的大客户依赖都会成为阻碍 IPO 的因素，有时甚至成为加分因素。IPO 的审核史上曾有很多存在大客户依赖问题仍顺利上市的公司，比如公司对第一大客户的营业收入占比达 97.8% 的永吉股份；对中航工业下属单位依赖度达到 98.11% 的加工飞机精密零部件的爱乐达；对惠普的依赖度达到 90% 主营供应链管理业务的东方嘉盛等。这些公司全都顺利上市了。所以，关键是看企业如何给出合理的解释，打消发审委的疑虑。

1. 充分说明被依赖客户的类型与性质

若被依赖客户是属于通信、烟草、能源等半垄断性质的行业，这些行业，一般都是由大型国有企业经营。这些国有企业信用好、盈利能力强、地位高，所以拟 IPO 企业的客户集中于这些行业寡头存在一定合理性，若涉及军工、精密制造等特殊行业甚至可能成为加分项。相反，若拟 IPO 企业依赖的是相对开放市场的非寡头企业或寡头垄断市场内的不知名企业，那么就会给发审委留下公司客户渠道有限，经营发展受到限制和存在重大客户依赖的印象，从而引起发审委对其客户依赖合理性的质疑。

2. 采取降低依赖程度的措施

降低依赖程度比例，企业就必须采取适当的措施。其中，开拓新客户和开发新市场，不断优化客户结构，被认为是降低对单一客户依赖最有效的方法之一。在很多行业，尤其是寡头垄断行业，大客户依赖是很多企业无法回避的问题。如果公司对前五大客户或单个客户销售收入占比较高，也未必不能 IPO，主要看报告期内对重大客户的依赖比例是否呈逐年下降趋势，至少最近一期能降到 50% 以内。

3. 如实披露大客户依赖并作出重大风险提示

若拟 IPO 企业存在依赖重大客户的问题，除了采取必要的措施降低依赖程度外，还可以借助信息披露渠道，在招股说明书中进行合理解释。如果依赖问题主要由行业特性导致，那么，拟 IPO 企业可以从行业特点的角度，对业绩稳定增长的合理性作出解释。如果拟 IPO 企业的大客户依赖并非行业特性导致，那么，拟拟 IPO 企业可以从依赖的必要性、是否属于相互依存关系、合作是否具有稳定性和可持续性、是否存在关联关系、交易价格是否公允、是否存在降低依赖度的其他选择、是否采取措施以降低依赖度等几个角度进行阐述。

第二方面建议：提高公司综合盈利能力和抗风险能力，消除发审委的疑虑。

发审委对拟 IPO 企业的客户集中度高的担心，主要是出于对企业的盈利能力和抗风险能力的考量。若拟 IPO 企业自身具有较强的议价能力、较有优势的盈利能力，与主要客户的关系是相互依赖，就能够消除发审委对企业盈利能力和抗风险能力的担忧。如果拟 IPO 企业的营业收入、净利润过小或是波动比较大，说明企业的抗风险能力低。如果面对可能出现的大客户重大变故的风险，拟 IPO 企业自身的盈利能力、持续经营不会受到太大影响，业绩仍能保持稳定，就不会引起发审委的疑虑。

企业提高盈利能力，一方面要注重宏观经营方向的把握，即企业战略的选择，应结合自身优势，选择最有市场空间的项目进行建设，以避免低层次重复建设而陷入被动的恶性竞争中。很多民企在前期盲目投资，盲目扩产建设，导致后期项目陷入困局。因此在投资前进行项目可行性研究和细分市场研究十分必要。

企业综合盈利能力的微观经营方式也尤为重要，包括企业的客户结构、产品结构、价格结构、区域结构，以及供应链管理、成本控制、生产管理、人才管理等，它直接关系到企业经营质量与经营能力的成长问题。因此，对公司的内控体系进行持续优化与完善也极其重要。

定价模式往往能反映企业与客户的议价能力强弱。若拟 IPO 企业对主要客户定价模式多样，没有统一的定价模式，说明企业在客户面前缺乏话语权，只能迁就不同客户的不同定价模式要求，这就印证了企业对大客户的依赖性。

如果一家拟 IPO 公司对上面的几点都能完美地规避或做出合理的解释，客户依赖就不会成为企业 IPO 路上的拦路虎。但如果再出现其他规范运行问题或财务数据的疑点，IPO 被否则无法避免。

第三方面建议：采取可行措施，降低对大客户的依赖风险。

企业可考虑采取下列措施。

1. 进行产品线扩张，调整产品结构

很多企业经营业务领域狭窄，品牌单一、品类单一，甚至品项单一，必然导致客户的行业结构单一。单品风险不仅仅来自大客户，更来自产品自身的局限性。虽然多元化经营、多品牌经营亦是风险，却可分散或降低企业因客户结构单一而潜藏的经营风险。

对于产品单一的企业，进行产品线扩张是分散风险的有效措施。通过产品线扩张或增加品项来对抗风险是出于对新产品可面向新市场、新客户、新渠道，成为企业新的销售增长点与销售利润源的期待。同时更具有竞争力的产品可以获得更为强大的话语权，有利于摆脱大客户的操控、打压与挤榨。

产品线扩张有以下三种方式。

（1）产品线衍生，即企业开创新品类，通过新品类分担单一产品线经营风险，其本质是多元化经营。

（2）产品线延伸，即通过定位延伸，导入新产品，增加产品线深度，如从低端产品向中、高端产品延伸或者从中、高端产品向低端产品延伸。

（3）产品线补充，针对某一品类市场进行细分，然后针对空白的细分市场推出新产品，使产品线更加完整。

2. 开发新客户，把大客户做“小”

基于特定产品，企业通过开发新客户来降低单一大客户的采购规模与总体销售规模的比重。当这个比重控制在 20% ~ 30% 时，大客户的不确定风险提示为风险状态；当这个比重控制在 20% 以内时，大客户的不确定风险提示为可控状态。一个成功的企业，既要学会把小客户做“大”，也要学会把大客户做“小”。后者所说的小，即降低大客户在企业中的综合影响力。因为大客户的影响力不仅仅在于可以造成企业收入波动，也在于合作过程中的话语权，这也是合作条件的筹码。

实际上如果企业下游客户市场为单一行业，那么企业开发多行业客户则显得尤为重要。如果出现产业性危机或者行业性萧条或者局部性社会危机，则可能给企业带来灾难性甚至毁灭性的打击。而同时服务多个行业客户，除非是全局性经济危机，否则不至于同时波及多个行业而导致企业下游市场整体不景气或全面衰退与萧条。

宁波申洲针织有限公司是国内最大的纵向一体化针织服装制造及出口商，可以说是行业里的“贴牌大王”。多年来这家企业扮演的都是给别人贴牌的角色。企业固然尝到了与大品牌紧密合作的甜头，但如果没有自己的女装品牌就缺少了市场根基。于是企业推出了“童话森林”和“马威”两个自主女装品牌，坚持两条腿走路，用从外贸赚来的钱来培育自主女装品牌，用自主女装品牌大力开拓海内外市场。

3. 拓展营销渠道

（1）创新营销思路。卡士奶在刚进入市场时走 KA 场渠道，即针对重点客户需求量身定制，代价高，效果也不是很好。于是，卡士奶独辟蹊径，走餐饮渠道，并推出“餐前奶”概念，效果斐然，不但提升销量，培养了消费习惯，而且一定程度上为 KA 场的渠道扫清障碍。

（2）学习了解新渠道的发展趋势。例如：开辟网络销售渠道。网络销售渠道的营销模式，是给企业营销渠道注入快速的反应能力，以改善产销关系，提高渠道运行的效率；以企业自身的核心优势为依托，如品牌的优势、行销通路、研发能力、产品设计等，借助互联网建立对市场变化作出快速反应的营销体系。在具体的运作上，通过借助网络销售平台实现网上零售与线下零售互补结合。

4. 进行资本融合，与大客户协同发展

企业与大客户之间相互依赖，是共荣共生的关系。这种依赖关系有两种：客户主导型与供应商驱动型。在客户主导型模式下，企业与供应商常常是被动响应关系，或者说企业跟着大客户“跑”，需要按照客户制定的“游戏规则”来合作。供应商驱动型合作则是企业领着大客户“跑”，企业立足于自身的整体素质、资源与能力，凭借自身的独特能力与竞争优势引领大客户产品创新与大客户商业变革，实现帮助客户成长并与客户共同成长的目的。

过度依赖大客户的企业，主要是客户主导型模式。在这种情况下，企业可以通过大客户投资或吸引大客户对企业投资，或者双向持股，来有效增强合作的稳定性。这对于防止大客户流失具有很强的固化作用。这方面，格力空调是比较成功的例子。作为我国最大的家用空调生产商，格力空调在无法忍受家电连锁大卖场的“压榨”与“盘剥”之后毅然走上了自建渠道之路：以股份制的形式组建合资销售公司。其由格力控股、各商家（大经销商）联合组建，向格力空调总部承担一定数量的销售计划并同总部结算价格。通过在终端模式上主推专卖模式，格力专卖店的销售贡献已经达到 80%。

六、诉讼缠身

在 IPO 过程中，市场舆论较为关注的事项之一是各类诉讼。诉讼的发生对企业 IPO 的进程可能产生负面影响。尤其是专利纠纷，已经成为企业科创板 IPO 的绊脚石。依据公开资料统计，仅 2020 年，28 家已在科创板上市的企业累计发布 65 份涉诉公告，其中近五成为专利纠纷公告，达 30 件之多。

以 2020 年 9 月 1 日 IPO 终止审核的智神信息为例，企业在申请科创板 IPO 时被上交所问询，其中提及其与深圳大疆灵眸的专利诉讼纠纷。

2021 年 7 月 IPO 被否的另一家企业赛赫智能，在收到上交所问询的 18 个问题中，其中三个与知识产权相关，主要围绕企业技术先进性以及自主研发能力展开。涉及的知识产权问题包括：专利应用及技术来源、专利数量不高的原因，以及是否存在技术秘密外泄风险等。

通过证券交易所对智神信息、赛赫智能的提问，不难发现，监管部门非常关注科创板 IPO 企业的核心技术及专利情况，对知识产权涉及诉讼的问题审查非常严格。那么，诉讼缠身的企业该怎么办呢?

综合起来，IPO 诉讼主要有以下几个方面。

一是知识产权引发的诉讼。对于具有一定品牌影响力的企业，以及依赖某项专利技术的高科技企业，如果其所涉及的商标或专利等知识产权尚在诉讼或仲裁的泥潭，则上市之路注定坎坷。对于商标、专利等知识产权诉讼，发审委在反馈时一般都会进一步让企业作出以下披露：①发行人涉诉知识产权及产品的具体情况；②相关知识产权诉讼的进展情况；③发行人涉及诉讼的产品数量及占比；④若败诉对发行人生产经营的影响；⑤发行人核心专利技术是否存在纠纷或潜在争议等。

二是因产品质量、安全事故引发的诉讼。由于这类诉讼事关社会稳定，通常都会引起发审委的关注。如报告期内发行人是否存在产品质量安全事故、是否由此引发纠纷或诉讼，如果存在相关诉讼或行政处罚，则请说明发行人与主要客户之间是否存在产品质量责任追溯或赔偿等机制或类似安排等。更深入地说，需要反馈说明发行人产品质量控制制度的执行情况及其有效性。

三是与劳动权益相关的诉讼。拟 IPO 企业一般都有一定的规模，所聘员工众多，劳动者利益维护的问题也涉及得较多。如果拟 IPO 企业涉及这类问题，也会引起发审委的关注。如发行人与某员工存在未决的劳动争议诉讼，发审委会要求发行人详细披露上述诉讼发生的原因、诉讼的进展情况、发行人败诉的财务处理、对发行人财务状况的影响。当拟 IPO 企业报告期内存在因工伤引发的诉讼，则发审委会要求中介机构核查公司劳动用工和劳动保障等方面是否符合国家法律法规规定，以及有关人员出现工伤是否会影响公司正常生产经营。

四是股权纠纷引发的诉讼。股权稳定、清晰、合法合规，是企业 IPO 审计通过的必备条件。因此，当拟 IPO 企业的股权存在相关的未决诉讼，发审委极大可能会予以关注。

五是子公司注销引发的诉讼。报告期内，子公司或其他重要关联方如有注销的情况，发审委一般会关注子公司注销的原因，要求说明被注销公司的主营业务和历史沿革情况，说明其存续期间是否存在重大违法违规行为、是否存在诉讼或其他纠纷，是否存在影响本次发行条件的情况。

六是买卖纠纷引发的诉讼。拟 IPO 企业与客户或供应商因为买卖合同产生纠纷，并且涉及金额很大，或者报告期内发生了多起这类事件，则比较容易引起发审委的相关疑问，即企业的商业模式是否出现了问题。

总体来说，对于拟 IPO 企业，如果存在正在进行的诉讼事项，尤其是知识产权诉讼，企业及中介机构一定要非常重视。有许多拟 IPO 企业因知识产权问题上市失败。

当然，也存在少数拟 IPO 企业“带诉过会”的情况。比如，2021 年 1 月 29

日获批在科创板上市的纵横股份（688070）就属于“带诉过会”的情形，并在行业内引起了很大的关注。笔者认为，该“带诉过会”企业的成功案例可以为未来拟 IPO 企业提供一定的指导和借鉴。以下是纵横股份“带诉过会”的情况。

成都纵横自动化技术股份有限公司（以下简称“纵横股份”）是一家以工业无人机有关产品的产品研发、生产制造、销售及服务为主营业务的企业，其产品主要运用于测绘与地理信息、巡检、安防监控等领域。纵横股份科创板 IPO 申请于 2020 年 4 月 20 日受理。2020 年 5 月，雄安远度起诉纵横股份 5 件专利权（包括 4 件发明专利、1 件实用新型专利），共计索赔人民币 2000 万元。

2020 年 6 月，纵横股份收到诉讼材料后，立即委托代理律师及其他相关专业机构，对公司涉诉产品和原告涉诉专利进行分析，收集公司涉诉产品不存在侵犯原告专利权的证据，根据诉讼程序规定准备应诉。与此同时，纵横股份立即向专利复审委员会针对原告涉诉专利提起无效宣告请求。针对纵横股份提出的无效请求，雄安远度于 2020 年 7 月向上交所科创板上市审核机构提交了《反映“成都纵横自动化技术股份有限公司”有关问题的函》。在该函件中雄安远度举报纵横股份 11 项授权发明专利中 5 项与形成主营业务收入无关、1 项涉嫌抄袭、4 项缺乏新颖性和创造性，纵横股份不符合《科创属性评价指引（试行）》“形成主营业务收入的发明专利 5 项以上”的必要条件。

针对该函件，纵横股份委托专门机构对截至 2020 年 7 月 31 日已取得专利证书的 12 项发明专利进行了稳定性复核，根据检索的文献以及技术特征对比，确定发行人该等发明专利具备新颖性和创造性，专利具有稳定性，被整体宣告无效的风险较低。

2020 年 8 月雄安远度又提起纵横股份 5 件专利无效，纵横股份继续委托专门机构进行无效应对。双方针对专利展开的鏖战虽未定论，但纵横股份凭借其快速专业的响应、4 次问询中的稳健答复，成功打消了证监会对诉讼事项对其经营活动和持续盈利能力产生重大影响的疑虑。最终，纵横股份在 2020 年 9 月 17 日 IPO 过会，2021 年 1 月 29 日获批发行，成功挂牌科创板。

从纵横股份“带诉过会”的成功案例可以看出，上市审核机构现在对于企业 IPO 期间涉及知识产权诉讼的问题审核重点非常明确：只有当知识产权诉讼影响到发行人的持续经营，给发行人的持续盈利能力造成较大影响的，发行人才会被认定为不符合 IPO 条件。

因此，笔者认为，拟 IPO 企业为了最大限度避免因涉诉讼问题（尤其是知识产权诉讼问题）影响过会，应重点围绕如何避免影响营业收入和持续盈利能力方面进行相关的工作。

七、核心技术的独立性

核心技术通常是指企业通过较长时期积累形成的具有较大经济价值的技术或者能力。目前并无相关的法规或指导意见对核心技术进行定义，但结合 IPO 相关案例及审核实践，核心技术主要包括专利、非专利技术、著作权、商业秘密等。核心技术的独立性属于发行人上市过程中关键的问题之一，审核的重点是发行人的核心技术是否为自有技术，是否存在使用主要股东、董监高或其他第三方技术的情况。核心技术若不独立，容易使监管机构质疑发行人的业务稳定性。

比较典型的案例是西点药业。西点药业曾于 2016 年提出 IPO 申请但被否决，主要原因是公司对于主要产品的核心技术不拥有完整的产权等。西点药业的核心产品之一为利培酮口腔崩解片（商品名为“可同”），其销售收入约占公司总销售收入的 30%。该药品涉及的专利技术及相关的商标、商品名均为自然人郭夏控制的企业所有。虽然西点药业与郭夏控制的公司签署了无偿使用“可同”产品涉及的商品名、商标、专利的相关协议、确认函，但因西点药业的核心技术来源于第三方的授权，核心技术存在不确定性风险，最终 IPO 被否。

时隔 5 年，2021 年 7 月，西点药业再度提出 IPO 申请，针对此前 IPO 被否的致命因素——西点药业对于主要产品的核心技术不拥有完整的产权，创业板上市委肯定会再次关注。上市委称，报告期内，西点药业与郭夏控制的企业围绕公司第二大产品可同存在多项交易，要求西点药业说明：与郭夏控制的企业之间专利权、商标权争议及和解的背景与原因，与郭夏控制的企业之间的产品销售、委托研发、采购推广服务和 2017 年专利权、商标权转让是否构成一揽子交易，公司对郭夏控制的企业在技术研发、药品推广与销售渠道等方面是否存在依赖。对此，西点药业应对充分。2017 年，西点药业以合计 500 万元向郭夏控制的企业购买“可同”相关专利与商标，已将这一历史遗留问题予以清除，最终西点药业成功过会。

因此，拟 IPO 企业应提高知识产权保护意识，尤其是要重视核心技术的管理问题。

1. 加强核心技术保护意识

无论是高科技企业还是传统产业领域，企业的核心竞争力都是企业形成持续经营能力的关键。企业如果缺乏相关核心技术的保护意识，缺乏战略眼光，那么在核心技术方面可能会受到致命打击。有些企业因为要上市，必须符合一些硬性指标，所以在上市前突击申请专利，而不是从企业战略的角度建立知识产权战略意识，结果被创业板与科创板“拒之门外”。

2. 提升核心技术管理能力

以专利技术管理为例，一般应注意以下几方面的工作。

（1）专利申请决策。是否提出专利申请、何时提出专利申请、提出何种专利申请、哪些技术方案或产品方案提出专利申请、向哪个国家提出专利申请，这些都需要从企业发展的战略高度考虑。

（2）专利申请管理。申请不等于授权。提出专利申请后，应该有人跟踪，积极与专利管理部门沟通，避免“视为撤回申请”的情况发生。

（3）专利权维护管理。获得专利授权后，每年要按时缴纳年费，避免没有按时缴纳年费而导致专利效力终止。专利权是有时间性的，还要注意专利权是否期限届满。

（4）专利权属管理。专利权是否因出资、转让等行为发生转移，是否涉嫌侵权诉讼等。

3. 建立核心技术管理专职人员

中小企业一般没有专职核心技术管理人才。但企业若想上市，必须建立包括核心技术在内的知识产权管理专职人员。对于权属不清、未过户、归属存在争议或者潜在纠纷的核心技术，拟 IPO 企业在申请前必须加以认真清理整改，消除隐患。

八、内部控制规范问题

内部控制规范问题之所以会成为许多拟 IPO 企业的一个“痛点”，是因为该问题的出现与解决不是一朝一夕的事情。因此，对于内部控制问题，尤其是财务基础工作规范问题，拟 IPO 企业必须要提早重视和解决。假如企业提出 2022 年左右达到 IPO 条件，则按三年一期的要求，即 2020 年、2021 年、2022 年及其后的时间将构成上市报告期。即从 2020 年开始，该企业的财务相关工作需要按 IPO 报告期的相关要求逐步进行规范，否则由于内部控制不够规范，后面 IPO 时的财务真实性及合理性核查难以通过。在部分原始单据难以补回的情况下，企业只能延长 IPO 申报期。

下面对拟 IPO 企业内部控制规范问题提出一些建议。

（一）重视控制环境建设

内部环境是企业实施内部控制的基础，一般包括公司治理结构、机构设置及权责分配、发展战略、人力资源政策、社会责任和企业文化等。从 IPO 被否企业的内部控制缺陷类型来看，与控制环境直接相关的是产品质量、安全生产、环境保护三大社会责任问题。资金活动中的关联方资金占用、无真实交易背景的票据融资、银行贷款受托支付以及销售业务中的商业贿赂等问题，虽然直接被归为控制活动类缺陷，但其产生的根源更多和企业的控制环境有关。这些控制缺陷的出现主要是由于企业治理层和管理层的规范运作意识不足，高层决策机制存在缺陷，因此具体业务活动经办过程中存在违反公司章程甚至法律法规的情形。

所以拟 IPO 企业必须高度重视控制环境的建设，建立规范的公司治理结构和议事规则。董事、高级管理人员必须发挥主导作用，自上而下地从根本上树立起现代公司管理理念。只有这样，才能让企业各层人员充分认识到内部控制的重要性，并在具体的控制活动中主动地按规章制度落实执行。

（二）全方位梳理业务流程，尽可能地减少内部控制缺陷

内部控制的有效性审核是 IPO 审核的重点。一般情况下，企业从内部控制架构的搭建，到业务流程的梳理，再到内部控制制度的制定与实施，往往需要经历 2 年至 3 年，甚至更长的时间。事实上，内部控制涵盖了企业的方方面面。《企业内部控制应用指引》中，虽然将企业内部控制应用划分为 18 个业务模块，并进行了具体的规定，但也只是最基本的划分。企业应严格按照指引中的规定，结合企业的具体业务类型，充分梳理业务流程，紧紧围绕主要风险源和关键控制点，科学设计与有效实施内部控制。尤其是以下三个方面，要特别重视。

1. 现金流管理

一要加强现金预算管理，合理规划和实施项目融资方案，优化企业资本结构，加强资金的安全性、流动性管理。

二要严格现金收支预算控制，及时组织预算资金的收入，严格控制预算资金的支付，重点监测经营性现金流与到期债务的偿还等情况，调节资金收付平衡，严格控制支付风险。

2. 采购与付款

一要建立供应商准入评价制度，侧重对采购商品的性能、质量、价格、付款条件及供应商信誉的综合评价。办理付款业务时，要对采购合同约定的付款条件、采购数量和质量验收证明等相关凭证的真实、完整、合法性进行严格审核。

二要建立采购招标机制，成立由企业管理层，采购、生产、财务、质检、法律等部门负责人组成的采购招标委员会，实施大额定单集中采购或以招投标方式确定采购价格，并密切跟踪市场价格动态，完善价格调整机制，以提高采购效率，降低采购成本和费用。

三要加强存货管理，建立存货预警机制，科学确定存货的最佳采购批量与资金占用，适时采购，有效控制储存成本，提高企业盈利能力。

3. 销售与收款

一要建立销售价格管理制度。根据区域市场的需求情况，制定相应的区域价

格、折扣政策、收款政策，定期审阅并严格执行。

二要建立赊销政策审批机制。在客户选择上，应充分了解客户的偿债信誉、经营能力、财务状况等有关情况，有效防范应收账款的坏账风险。

三要建立销售合同审批制度。在合同审批环节，应就销售价格、信用政策、收款方式、违约责任等具体事项进行审查，根据预期收益、资金周转、市场竞争等要求，适时调整价格策略。

四要建立应收账款管理责任制，健全应收账款账龄分析和逾期催收制度，跟踪客户履约情况，定期评估客户信用风险，及时采取应对措施。通过有效的激励与警戒机制，将货款回笼率与销售人员的业务考核挂钩，落实收款责任，有效规避坏账损失风险。

（三）财务报告和非财务报告内部控制建设并举

从与财务报告的相关性来看，内部控制可以分为财务报告内部控制和非财务报告内部控制。《首发办法》要求发行人的内部控制制度健全且被有效执行，能够合理保证财务报告的可靠性、生产经营的合法性。《首发办法》还明确要求发行人生产经营合法合规、依法纳税，不存在重大违法违规、关联方违规担保及资金占用情况，强调发行人的内部控制在所有重大方面是有效的。从实际审核过程和结果来看，无论是主板、创业板、科创板还是北交所的拟IPO企业，都要遵守以上内部控制相关规定。

针对当前IPO被否案例中频频出现的第三方回款、个人卡收款、无真实交易背景的票据融资等内部控制缺陷，企业在建立与实施内部控制时，必须要十分注意资金流和实物流的一致性。另外，当前IPO内部控制审核中体现了内部控制有效的“可证伪性”，即从现象推导发行人内部控制的有效性。例如，从会计差错更正较多判断出会计基础工作薄弱；从受到产品质量处罚、安全事故频发等现象认定质量控制、安全生产领域存在重大内部控制缺陷。因此，对于拟IPO企业而言，在内部控制实施过程中，应当尽力减少和避免以上控制偏差事项的出现。

（四）内部控制实施过程中要注意“留痕”

所谓“留痕”，是指内部控制的有效性必须具备可验证性。在 IPO 审核中，企业需要提供充分的、相关的证据，以证明某项控制活动的实施过程和实施效果。例如，工程施工类企业完工百分比法确认收入的相关内部控制是否有效，需要查看每月工程进度表是否经过监理单位、建设单位签字、盖章确认；对发出商品的控制是否有效，需要查看出库单是否经过审核、审批；农产品采购业务相关内部控制是否有效，需要查看过磅单、农产品收购发票、收据，而且最好能有对应的外部银行流水作为证明。

拟 IPO 企业在内部控制实施过程中，应当注意“留痕”，做到“管理制度化、制度流程化、流程表单化、表单信息化”。总之，企业需要保证相关控制活动得到适当记录，具备可追溯性、可验证性。只有这样，拟 IPO 企业在进行内部控制有效性自我评价时才能够做到“自证清白”，保荐机构、会计师事务所在保荐、审计过程中才能够正确发表意见。

（五）建立健全内部审计制度，谨防 IPO 内部控制红线

“损害社会公众利益，遭受重大行政处罚，财务基础薄弱和报表失真，企业重要人员犯罪”，这几项是构成 IPO 审核一票否决的因素，被称为 IPO 内部控制红线。企业在建立或执行内部控制过程中，应做好内部控制培训宣贯工作，时刻提醒企业管理层及各层级员工，坚决杜绝以上事项发生。同时，内部审计既是内部控制的有效组成部分，又是企业内部控制和风险管理的最后一道防线（详细介绍参见本书第六章“二、内部控制设计的健全性审核”）。拟 IPO 企业必须充分重视三道防线的建设，建立健全内部审计制度，充分发挥内部审计在促进内部控制有效性中的作用。